Alfred A. Tomatis

Der Klang des Lebens

Vorgeburtliche Kommunikation – die Anfänge der seelischen Entwicklung

Deutsch von Hainer Kober

Einführung und Bearbeitung Sabina Manassi
Institut für Audio-Psycho-Phonologie,
Zürich

Rowohlt

1. Auflage Oktober 1987
Copyright © 1987 by Rowohlt Verlag GmbH,
Reinbek bei Hamburg
Die Originalausgabe erschien 1981 unter dem Titel
«La nuit utérine» im Verlag Éditions Stock, Paris
«La nuit utérine»
Copyright © 1981 by Éditions Stock, Paris
Alle deutschen Rechte vorbehalten
Umschlaggestaltung Manfred Manke
Textabbildungen Guy Plomion
Die Grafiken auf den Seiten 12, 13, 16, 112 und 289
zeichnete Hans Baumer, Pfaffenhofen
Satz Sabon (Lasercomp) bei LibroSatz, Kriftel
Gesamtherstellung Clausen & Bosse, Leck
Printed in Germany
ISBN 3 498 06491 6

Inhalt

Meinen Kindern

«Alles ist Gedächtnis . . . Das Lebewesen empfindet, speichert. Der Organismus vergißt nie etwas. Die Genetik hat den Code entdeckt, mit dessen Hilfe die Erbinformation endlos weitergegeben wird. Durch Reproduktion verleiht das Individuum seinem Dasein von Generation zu Generation ewige Dauer. Die Welt, in der es lebt, verwandelt sich. Zur Vielfalt der im Erbgut sich mischenden Faktoren gesellen sich die Umwelteinflüsse. Die einen von den anderen zu unterscheiden macht einen Großteil unserer Aufgabe aus.

Will man gewisse ärgerliche Konsequenzen verstehen, etwas gegen sie unternehmen und sie möglicherweise ausschließen, muß man sehen, was für unsere Augen nicht sichtbar ist, begreifen, was für unseren Verstand schwer faßbar ist, und Gesetze aufstellen, da das größte Wunder, wie Einstein gesagt hat, darin besteht, daß die Welt für uns verständlich ist.»

Robert Debré

«Das Leben ist molekular.»

Pierre Auger

Pädagogik
des Horchens

Eine Einführung

Wenn wir im Rahmen der Tomatis-Methode von Hörerziehung oder Hörtraining sprechen, erhalten diese Begriffe eine neue, erweiterte, ich möchte sagen «konkretere» Bedeutung. Dies dank dem sogenannten «Elektronischen Ohr», einem Apparat, dessen Anwendung die Grundlage dieser Methode bildet und der es ermöglicht, die Hörweise eines Menschen entscheidend zu verändern: subjektiv deutlich erlebbar und mit Hilfe eines besonderen Hörtests objektiv meßbar.

Hinsichtlich der Hörweise möchte ich gleich eine Unterscheidung einführen: die zwischen Hören und Horchen. Das Horchen, das uns allein beschäftigt, setzt eine gute Unterscheidung des Gehörten, die Fähigkeit zur Klanganalyse voraus: Es ist dies die Fähigkeit, die zum Beispiel ein Dirigent in hohem Maße besitzen muß, um aus dem Klangkörper des Orchesters jedes einzelne Instrument heraushören zu können; die zum Beispiel jeder von uns beim Schreiben einsetzt, um jedes Wort rasch und sicher in seine einzelnen Laute zu zerlegen. Es ist aber auch die Fähigkeit, sich auf die «Wellenlänge» seines Gegenübers einzustellen, ihn wirklich zu verstehen.

Die Tomatis-Methode dient der Erziehung des Ohres zum Horchen, zum besseren analytischen Hören. Der verwendete Hörtest *(test d'écoute)* ist genauer ein «Zuhör»- oder «Horch»-Test und hat somit sehr wenig mit der Audiometrie des HNO-Arztes gemein. Der einzige Berührungspunkt besteht darin, daß eine hinreichende Hörfähigkeit natürlich eine der Voraussetzungen dafür ist, horchen zu können. Ein schlechtes Ohr, das horchen, gut zuhören kann, ist einem sehr guten Ohr vorzuziehen, das nicht zu horchen vermag.

Die Leistungsfähigkeit des «Elektronischen Ohres» und die Differenziertheit des «Horchtests» haben sich in Wechselwirkung im Laufe der letzten 35 Jahre immer mehr gesteigert. Diese Entwicklung wird durch die unermüdliche Forschungsarbeit des französischen HNO-Arztes Alfred A. Tomatis ständig vorangetrieben. Seine Vorgehensweise bestand immer darin, durch Versuche möglichst viel empirisches Material zu sammeln und erst später eine theoretische Erklärung für das Beobachtete zu suchen. Darum ist ihm der direkte Kontakt mit den Klienten bis heute unerläßlich für seine Forschung geblieben. Wenn ich somit seine Theorien darstelle, handelt es sich auschließlich um Schlußfolgerungen aus Versuchsergebnissen.

Die Anfänge

Tomatis, der bis 1970 in Paris als Spezialist für Kopfoperationen eine große chirurgische Praxis geführt hat, erhielt unmittelbar nach dem Zweiten Weltkrieg von der französischen Luftwaffe den Auftrag, den Zusammenhang zwischen Lärmeinwirkung und Gehörschädigungen bei Piloten und Flugzeugwerftarbeitern zu untersuchen. Bei dieser Arbeit stieß er auf zwei grundlegende Ergebnisse:

1. Die gemessenen Hörschwellen werden von der Psyche, also vom Hören- oder Nichthörenwollen, unbewußt beeinflußt.

2. Es besteht eine Beziehung zwischen dem Gehör und der Stimme der Versuchsperson.

Der zweite Punkt leuchtet ein: Wir brauchen nur an den ausdruckslosen, unangepaßten Stimmklang eines Schwerhörigen zu denken. Aber Tomatis untersuchte die Beziehung zwischen Stimme und Gehör näher: Entsprechend der durch die Audiometrie* erhaltenen Hörschwellenkurve ermittelte er eine zweite, die die Intensität der in der Stimme der Versuchsperson vorhandenen Obertöne darstellte. Und er stellte fest, daß die beiden Kurven praktisch deckungsgleich waren. Diese Erkenntnis wurde später zum ersten der drei «Tomatis-Gesetze»: *Die Stimme enthält als Obertöne nur die Frequenzen, die das Ohr hört.*

Während der Zeit, in der Tomatis für die Luftwaffe arbeitete, behandelte er in seiner HNO-Praxis zahlreiche Sänger, da sein Vater ein bekannter Opernsänger – einer der letzten «basso nobile» – war, der ihn von früher Kindheit an mit der damaligen Opernwelt bekannt gemacht hatte. Die Sänger, die Tomatis in der Praxis aufsuchten, hatten teilweise stimmliche Schwierigkeiten, denen mit Hilfe der Medizin abgeholfen werden sollte, nachdem dies zuvor den Gesangspädagogen nicht gelungen war. Da aber auch Medikamente zu keiner Besserung führten, erwog Tomatis einen möglichen Zusammenhang zwischen den Symptomen und dem Gehör der Sänger. Messungen, wie er sie bei den Piloten vorgenommen hatte, ergaben tatsächlich, daß den verschiedenen Stimmproblemen jeweils charakteristische auditive Eigenschaften entsprachen, die sich beim Hörtest deutlich zu erkennen gaben. Nach zahllosen Versuchen konnte Tomatis definieren, worin sich die Hörtestergebnisse eines Musikers von denen eines Nichtmusikers prinzipiell unterschieden und wie die Hörkurve im Idealfall bei Sängern verschiedener Stimmgattungen und bei Spielern verschiedener Instrumente auszusehen hatte. Das Gehör eines Tenors unterscheidet sich nämlich von demjenigen eines Basses, wobei es bemerkenswert ist, daß der gute Baß nicht weniger obertonreich hört und singt als der Tenor oder sogar der Sopran.

* Wichtige Fachbegriffe werden im Glossar genauer erklärt.

Eine Eigenschaft ist allen Musikerohren gemeinsam: Die hohen Frequenzen werden besser gehört als die tiefen. Die Hörkurve zeigt einen mehr oder weniger steil ansteigenden Verlauf von 125 bis zu 3000 oder gar 4000 Hertz, um dann wieder leicht abzufallen.

Die erste – nicht die einzige – Voraussetzung, damit analytisches Hören überhaupt stattfinden kann, ist eine ansteigende Hörkurve. Nur in den Frequenzbereichen, in denen die Hörkurve einen ansteigenden Verlauf zeigt, kann «analysiert» werden. Bei flacher oder fallender Hörkurve übertönen die tiefen Frequenzen die hohen, und die Klanganalyse wird schwierig oder gar unmöglich.

Die Sänger mit Stimmproblemen zeigten in ihrer Hörkurve Unregelmäßigkeiten, ja sogar Verzerrungen; gewisse Frequenzen hörten sie zu wenig, andere verhältnismäßig zu gut. Jetzt suchte Tomatis nach einer Möglichkeit, ihre Hörfehler zu korrigieren, in der Hoffnung, damit ihre Stimme zu verbessern. Dazu baute er einen Apparat, den Vorläufer des «Elektronischen Ohres»:

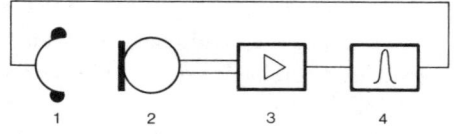

1 Kopfhörer – 2 Mikrofon – 3 Verstärker – 4 Filter

Die Sänger sangen vor einem Mikrofon und hörten sich simultan über Kopfhörer, wobei ihre Stimme durch ein Zusammenwirken von Verstärkern und Filtern verändert, verbessert wurde. Ihrem Gehör entsprechend zu stark in der Stimme enthaltene Frequenzen wurden abgeschwächt, zu schwach enthaltene hingegen verstärkt.

Der Versuch war über Erwarten erfolgreich. Das Ergebnis wurde später im zweiten «Tomatis-Gesetz» formuliert: *Gibt man dem Ohr die Möglichkeit, nicht mehr oder nicht gut wahrgenommene Frequenzen wieder korrekt zu hören, so treten diese augenblicklich und unbewußt wieder in der Stimme in Erscheinung.*

Sobald aber der Sänger ohne Kopfhörer sang, traten die stimmlichen Schwierigkeiten wieder auf. Der nächste Schritt bestand deshalb darin, ein Gerät zur Konditionierung des Ohres zu entwickeln:

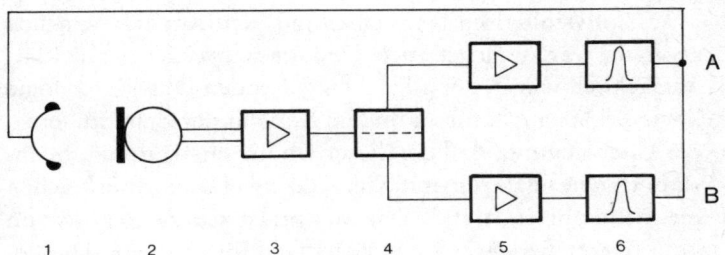

1 Kopfhörer – 2 Mikrofon – 3 Verstärker – 4 Bilateraler Schalter – 5 Verstärker – 6 Filter – A Oberer Kanal – B Unterer Kanal

Beim Singen ins Mikrofon fand die Korrektur erst mit dem Anheben der Stimme, mit dem Erreichen einer gewissen Intensität statt, beim ersten Laut einer Phrase oder eines Wortes (mit anderen Worten dann, wenn auch die Kontrolle durch das Ohr wirksam werden mußte). Auch wurden Umweltgeräusche in den Phonationspausen und die noch nicht voll klingende Stimme etwas verändert, aber im Sinne einer Verstärkung der Fehler, also der Hörweise des Sängers entgegenkommend.

Das bedeutete im Apparat ein wiederholtes Hin- und Her-kippen zwischen einem unteren und einem oberen Kanal mit verschieden eingestellten Verstärkern und Filtern. Die Bedienung erfolgte zu Beginn auf sehr umständliche Art mechanisch, konnte dann dank der Entwicklung der Elektronik – daher der Name «Elektronisches Ohr» – automatisiert werden, was auch den Vorteil hatte, daß der Übende nicht durch Schaltgeräusche gestört wurde.

Das Ergebnis dieser zweiten Folge von Versuchen war wiederum überaus positiv und ist Inhalt des dritten «Tomatis-Gesetzes»: *Die über eine bestimmte Zeitdauer wiederholte akustische Stimulation führt zur endgültigen Veränderung des Gehörs und folglich der Phonation.*

Was physiologisch beim Üben mit dem Apparat wirklich geschah, war zunächst auch Tomatis selbst nicht ganz klar. Tatsächlich war in der allgemein geltenden Ohr-Physiologie keine Erklärung dafür zu finden. Erst mit der Zeit kam er zu der Überzeugung, daß bei dieser Übung ein Training, buchstäblich eine «Mikrogymnastik», der zwei Gehörmüskelchen im Mittelohr stattfand. Darum sprach ich zu Beginn von konkreterer Bedeutung des Begriffs «Hörtraining». Die beobachtete Auswirkung dieses Trainings erlaubte es erstmals, die Bedeutung der beiden Muskeln, über die bisher nicht viel mehr als Hypothesen vorlagen, genauer zu erfassen. Und für die Gesangspädagogik war ein Hilfsmittel von bahnbrechender Bedeutung gefunden worden.

Das Lernen von Fremdsprachen

Die heute sehr vielschichtige Tomatis-Methode hat also ihre Wurzel im soeben beschriebenen audiovokalen Training unter dem «Elektronischen Ohr». Der Apparat macht dem Klienten vorübergehend erlebbar, wie er hören sollte. Tomatis arbeitete mit Sängern, mit Schauspielern und mit Instrumentalisten. Vor dem Mikrofon spielend, konnten diese über Kopfhörer ihr Instrument besser hören.

Einer der nächsten Schritte war, das «Elektronische Ohr» in der Schule zu verwenden, um den Kindern beim Lernen der englischen Sprache zu helfen. Tomatis hatte nämlich feststellen können, daß es ein «ethnisches Ohr» gibt. So wie das Ohr von Individuum zu Individuum verschieden ist, so unterscheidet es sich gesamtheitlich auch von Gegend zu Gegend, von Land zu Land. Ein Engländer stellt beim Sprechen im Durchschnitt sein Ohr anders ein als ein Franzose, dieser anders als ein Deutscher. Mit dem «Elektronischen Ohr» kann man nun jemandem erlebbar machen, wie Menschen aus einem anderen Sprachraum die Umwelt und sich selber hören; ihm das Gehör und damit den «Sinn» für eine Fremdsprache geben.

Sie sehen auf der folgenden Seite Beispiele ethnischer Hörkurven. Das italienische Ohr ist mit seiner Kuppe zwischen 2000 und 4000 Hertz zugleich das ideale Sängerohr. Die bei 1500 Hertz liegende Spitze des französischen Ohrs ist verantwortlich für die Nasalität dieser Sprache. Das besonders gute Hören der hohen Frequenzen, das sich beim englischen Ohr zeigt, bewirkt die typischen durchdringenden Zischlaute s, sch, z, th, deren Obertöne sich bis zu 20 000 Hertz erstrecken. Die zwei starken Gegensätze etwa zwischen dem Englischen und dem Spanischen lassen die Gründe erahnen, warum man für eine Sprache begabt sein kann (sie «hört»), während man zu einer anderen auch bei größtem Bemühen keinen Zugang findet (sie eben nicht «hört»).

Bei diesen Beispielen habe ich nur *einen* für jede Sprache charakteristischen Parameter berücksichtigt. Es gibt natürlich andere, zum Beispiel die Latenzzeit, hinsichtlich deren sich die Sprache – und somit das Gehör – von Land zu Land, von Gegend zu Gegend, letztlich von Individuum zu Individuum unterscheidet. Auch auf die Latenzzeit kann heute mit dem «Elektronischen Ohr» Einfluß genommen werden.

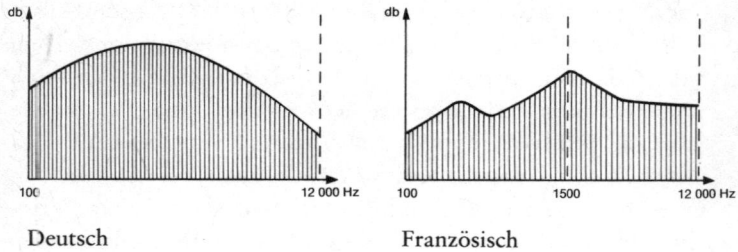

Deutsch

Französisch

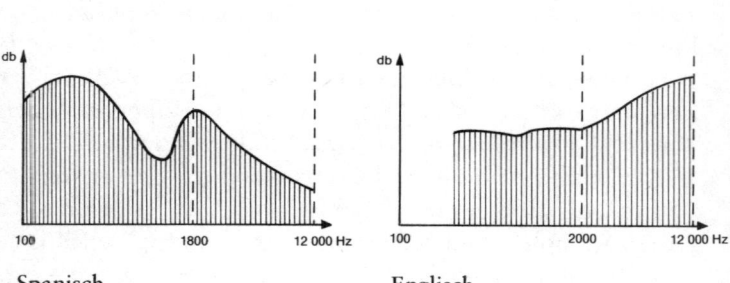

Spanisch

Englisch

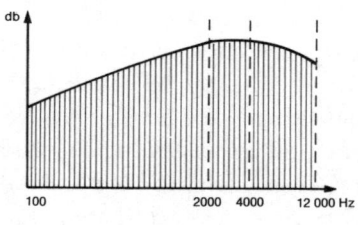

Italienisch

Die vielfältigen Funktionen des Ohres

Sie haben bisher erfahren, wie ein wirksames Hilfsmittel gefunden worden war, um das Gehör und zugleich die Stimme, die Sprache, die Aussprache zu verbessern. Daneben geschah aber noch viel mehr. Die geschilderte Veränderung war offenbar von einer so zentralen Bedeutung, daß sie zu wichtigen «positiven Begleiterscheinungen» führte. Im Volksmund heißt es: «Die Stimme ist der Spiegel der Seele» – ein Hinweis darauf, daß eine Veränderung der Stimme mit einer seelischen Veränderung einhergeht . . .

Tomatis befaßte sich gründlich mit Neurologie, Physiologie, Psychologie, mit der phylogenetischen und der ontogenetischen Entwicklung des Ohres. Durch die mit dem «Elektronischen Ohr» erzielten Resultate erschienen teilweise bekannte, aber bis dahin wenig beachtete und therapeutisch nicht genutzte Tatsachen in einem neuen Licht. Ich möchte zuerst auf die verschiedenen uns nicht bewußten Funktionen des Ohres zu sprechen kommen.

Das Ohr als Energiezentrale

Das Hören und das Horchen bilden zusammen, sowohl in der Phylogenese wie in der Ontogenese, nur die letzte Entwicklungsstufe einer immer differenzierter werdenden Kommunikation des Organismus mit der Umwelt und mit sich selbst. Doch ist das Ohr darüber hinaus für eine viel ursprünglichere Art der Kommunikation verantwortlich, die in einem Energieaustausch besteht. Es hat die Aufgabe, unsere Hirnrinde mit Energie zu versorgen, ähnlich wie der Dynamo die Batterie eines Autos auflädt. Das Hirn braucht zum Leben Zucker und Sauerstoff, kann damit allein aber noch lange nicht denken. Für diese Funktion benötigt es eine andere Art von Nahrung: Stimuli, die aus allen Sinnesorganen als Fortleitung elektrischer Potentiale zu ihm gelangen. (In den Sinneszellen oder Rezeptoren bewirken die für sie relevanten Reize Potentialänderungen, die den Charakter von Informationen haben und in den Nervenfasern fortgeleitet und an andere Zellen weitergegeben werden.)

Das hierfür weitaus wichtigste Sinnesorgan ist das Ohr, das ungefähr mit 90 Prozent an der Energiezufuhr zur Hirnrinde beteiligt ist; und dies fast ausschließlich durch den Empfang *hoher* Frequenzen. In der Schnecke (Cochlea)*, dem Hörorgan des Innenohrs, befinden sich im Bereich der Wahrnehmung hoher Frequenzen viel mehr Sinneszellen als im Bereich der tiefen. Hohe Frequenzen setzen sich somit in eine unverhältnismäßig größere Zahl von Impulsen um, die eine wahre «Aufladung», eine Belebung der kortikalen Tätigkeit bewirken (im EEG sichtbar). Das bedeutet Bewußtsein, Denkfähigkeit, Gedächtnis, Wille usw. – kurz: geistige Wachheit, aber auch Vitalität und Kreativität.

Hier liegt ein wichtiger Grund, warum zunehmende Schwerhörigkeit in der Regel mit zunehmender Ermüdbarkeit, Unlust (die bis zur Depression führen kann), Konzentrationsschwäche, Vergeßlichkeit einhergeht: Die hohen Frequenzen fallen aus! Ein taub werdender Mensch leidet psychisch mehr als ein Erblindender. Die Suizidquote ist bei den Hörbehinderten höher als bei allen anderen Behinderten. Immerhin hat auch der Gehörlose noch die Möglichkeit der Aufladung: Das Gleichgewichtsorgan (Vestibularapparat), das mit dem Hörorgan, der Schnecke, eine Einheit bildet, ist meist auch bei gänzlicher Taubheit noch intakt. Es ist immerhin mit etwa 60 Prozent an der Hirnaufladung beteiligt.

Ein uns allen bekanntes Beispiel für die Aufladung, Belebung, Anregung über das Ohr ist die Marsch- oder die Tanzmusik im Gegensatz zur Disko-Musik. Der Rhythmus wird durch tiefe Instrumente gegeben (Trommel, Baßgeige

* Siehe schematische Darstellung des Ohres, S. 289.

usw.), deren tiefe Frequenzen unseren Körper anregen, mitvibrieren lassen. Wir werden durch sie dazu mitgerissen, uns im gleichen Takt zu bewegen. Die hohen Frequenzen der die Melodie spielenden Blas- oder Streichinstrumente laden uns gleichzeitig auf, verhindern das Ermüden.

Die zu Beginn dieser Einführung für das Horchen geforderte gute Wahrnehmung der hohen Frequenzen ist also notwendig, damit das Ohr seine primäre Aufgabe, die Hirnrinde mit Energie zu versorgen, erfüllen kann. Darum wirkt eine «Horcherziehung» auch psychotherapeutisch: Durch das gestärkte Bewußtsein (deutlich vom rein intellektuellen Wissen zu unterscheiden) werden Probleme zwar nicht beseitigt, aber in ihrer eigentlichen Dimension gesehen, in die richtige Distanz gerückt.

Der Hör- bzw. Horchtest gibt also nicht nur Aufschluß über die Musikalität, die Fähigkeit, analytisch zu hören, zu horchen, sondern auch über Ermüdbarkeit oder Vitalität, Konzentrationsfähigkeit oder Ablenkbarkeit, eher depressive oder dynamische Veranlagung usw. Überall hier kann die Horcherziehung Einfluß ausüben.

Das Ohr als Gleichgewichtsorgan

Bei der Marsch- oder Tanzmusik sind wir bereits der Beziehung zwischen Ohr und Körper begegnet und damit einer weiteren wichtigen Funktion, die das Ohr noch vor dem eigentlichen Hören und Horchen hat. Der «Gleichgewichtsorgan» oder «Vestibularapparat» genannte Teil des Innenohres hat jeden Muskel des Körpers unter seiner Kontrolle. Jeder Muskel steht über das Rückenmark mit dem Nerv des Gleichgewichtsorgans, der sich mit dem Nerv des Hörorgans zum Nervus vestibulo-cochlearis (stato-acusticus) vereint, in Verbindung. Somit sitzt unser «Körpergefühl» im Ohr: Verteilung von Spannungen im Körper, Verkrampfung oder

Schlaffheit, Muskeltonus, Haltung, Motorik und Feinmotorik werden durch das Ohr als Kontrollorgan reguliert. Man spricht von einem kybernetischen Regelkreis: Hirn (Befehl) – Muskel (Ausführung) – Ohr (Kontrolle) – Hirn (Korrektur des Befehls).

Es ist üblich, das Gleichgewichtsorgan und das eigentliche Hörorgan (Cochlea) getrennt voneinander zu betrachten. Zusammen bilden sie aber, wie schon angedeutet, einen einzigen, mit derselben Flüssigkeit (der Endolymphe) gefüllten Membransack, das häutige Labyrinth oder Innenohr (das wiederum in einer Flüssigkeit, der Perilymphe, schwimmt und vom knöchernen Labyrinth umgeben ist). Darum wirkt ein rein akustischer Reiz über das Gleichgewichtsorgan auch auf den Körper. Wir hören rhythmische Klänge und verspüren den Drang, uns danach zu bewegen. Der Schall, in der Schnecke als solcher wahrgenommen und analysiert, wird im Gleichgewichtsorgan als rhythmisches Phänomen registriert. Die tiefen Frequenzen regen vor allem die unteren Körperteile, die Grobmotorik an: Mit dem Horchtest kann festgestellt werden, ob ihre Wahrnehmung mehr oder weniger korrekt erfolgt. Er gibt somit Aufschluß über Körpergefühl, Grobmotorik, rhythmisches Empfinden, aber auch über Orientierungssinn und Schwindelanfälligkeit. Ein gutes Unterscheidungsvermögen hinsichtlich der mittleren und hohen Frequenzen hingegen ermöglicht die Differenzierung der Grobmotorik zur Feinmotorik, wie sie etwa für das Sprechen, das Schreiben, das Spielen eines Instrumentes erforderlich ist.

Bei einer Horcherziehung unter dem «Elektronischen Ohr» ist der Einfluß auf das Gleichgewichtsorgan – obwohl die Stimulation rein akustisch erfolgt – an den oben beschriebenen Auswirkungen erlebbar und beobachtbar; manchmal augenblicklich, immer aber nach sehr kurzer Zeit. Besonders auffällig ist dies natürlich bei Kindern, die noch nicht zu lange eingeschliffene Gewohnheiten haben: So können sich zum Beispiel Legastheniker, die zu Beginn in der für sie typischen gekrümmten Haltung dasitzen, schon in den ersten ein bis zwei Wochen für ihre ganze Familie sichtbar aufrichten. Darum nützt es so wenig, wenn Eltern sich aufregen und immer wieder ihr Kind ermahnen, geradezusitzen: Solange das Ohr nicht auf natürliche Weise für eine gute Haltung sorgt, fühlt sich das Kind – und genauso der Erwachsene – mit geradem Rücken unbequem, überanstrengt. Es sinkt in sich zusammen, sobald es vergißt, die Haltung bewußt zu kontrollieren.

Auf die Beziehung zwischen Ohr, Stimme und Sprache möchte ich Sie in diesem Zusammenhang nochmals aufmerksam machen. Das zweite «Tomatis-Gesetz» besagt, daß sich bei einer Veränderung des Gehörs die Stimme automatisch entsprechend verändert. Die veränderte Stimme aber verlangt wiederum eine andere Art, den Mund zu öffnen, eine andere Zungenstellung, Atmung, Haltung usw., die ebenso automatisch erfolgen. Das ist möglich, da sich, wie erwähnt, im Ohr das Kontrollorgan für den Stimmklang mit dem Kontrollorgan für jede Muskelaktivität vereint.

Bedenken Sie, daß kein Organ unseres Körpers von vornherein für die Sprache geschaffen ist. Wir benutzen für sie überwiegend Teile unseres Verdauungsapparates und unseres Atmungsorgans. Diese aber unterscheiden sich nicht prinzipiell von denen der höheren Säugetiere. Im Unterschied zu den Säugetieren hingegen besitzt der Mensch eine stark entwickelte Hirnrinde und ein äußerst differenziertes Ohr. Ihre Zusammenarbeit ermöglicht es, den menschlichen Körper als Instrument für eine so differenzierte Funktion wie die gesprochene und gesungene Sprache einzusetzen. Darum sind mehr oder weniger günstige körperliche Voraussetzungen nicht unbedingt entscheidend für die Qualität der Stimme, der Aussprache usw. Doch je ungünstiger die körperlichen Gegebenheiten, das Instrument, desto wichtiger ist ein möglichst gutes Ohr, um einerseits eine klare Vorstellung des gewünschten Klanges oder Lautes und andererseits die genaue Kontrolle des dazu notwendigen muskulären Einsatzes zu gewährleisten.

Je besser das Ohr, desto rascher und durchschlagender der Erfolg jedes Übens. Und «besser» bedeutet im Falle des Ohres ja auch, daß es die Hirnrinde stärker auflädt, was auch zu psychologisch günstigeren Voraussetzungen führt. Gerade bei einem körperlich Behinderten, der seine Behinderung akzeptieren und daraus das Bestmögliche machen muß, ist diese Funktion des Ohres, und damit die Erziehung zum Horchen, von wesentlicher Bedeutung.

Das vegetative Gleichgewicht

Am Trommelfell und im äußeren Gehörgang kommen sensible Fasern des *Nervus vagus* an die Hautoberfläche. Dieser ist als wichtigster parasympathischer Nerv in hohem Maße für unser vegetatives Gleichgewicht verantwortlich und versorgt die meisten Organe, die dazu neigen, psychosomatische Symptome auszubilden. Ich denke, um einige Beispiele zu nennen, an den Rachenraum (die Worte Angina und Angst haben dieselbe Herkunft), den Kehlkopf («etwas schnürt mir die Kehle zu»), das Herz (Herzklopfen), die Lunge («der Atem stockt», Asthma), den Magen («etwas liegt mir auf dem Magen», Magengeschwür) usw.

Man kann sich nun vorstellen, daß Schall einen Einfluß auf den Vagus und somit auf unser vegetatives Gleichgewicht hat, da er das Trommelfell in Schwingung versetzt. Tiefe Frequenzen lassen das Trommelfell mit größerer Amplitude vibrieren und haben daher eine stärkere Auswirkung bis in unsere tiefen Eingeweide hinein. Hohe Frequenzen hingegen bewirken kleinere Schwingungsbewegungen des Trommelfells und eine schwächere Reizung des Vagus. Bei einem guten Ohr, das also die hohen Frequenzen besonders gut wahrnimmt, wird das Trommelfell – durch den Muskel des

Hammers (eines der drei Gehörknöchelchen) – immer maximal gespannt sein und nicht übermäßig vibrieren. Dies ist notwendig für ein gutes vegetatives Gleichgewicht.

Reaktionen vegetativer Natur sind tatsächlich das erste, was man gleich zu Beginn der Sitzungen unter dem «Elektronischen Ohr» beobachtet. Appetit, Schlaf, Wasserhaushalt sind zum Beispiel sehr häufig, manchmal augenblicklich, betroffen. Es kann dabei vorübergehend zur Verstärkung psychosomatischer Symptome wie Herzarhythmien, Magen- und Kopfschmerzen kommen. Dies ist, wenn auch unangenehm, so doch ein sicheres Zeichen dafür, daß der Organismus anspricht und die Symptome mit der Zeit, durch die Behebung der Ursache, endgültig ausbleiben werden.

Die Lateralität

Als Tomatis noch vorwiegend mit Sängern und Musikern arbeitete, stellte er eine auditive Lateralität fest: Entsprechend den Augen, bei denen eines führend wird, sobald man auf etwas zielen will (deshalb wird meistens das andere Auge geschlossen), übernimmt auch beim «Zielen auf Töne» – beim Horchen – ein Ohr eindeutig die Führung. Bei allen großen Musikern ist, wie breite Untersuchungen gezeigt haben, dieses führende Ohr das rechte. Tomatis beschreibt, wie das Maskieren des linken Ohres durch ein «weißes Rauschen» während des Singens oder Spielens eines Instrumentes einen Musiker keineswegs behindert, wohingegen das Maskieren des rechten Ohres sich *augenblicklich* negativ auswirkt, und zwar auf die Kontrolle aller vier Parameter der Musik: Klangqualität, Intonation, Rhythmus und Lautstärke – auch bei erfahrenen, routinierten Musikern.

Nur das rechte Ohr ist für das Horchen, das analytische Hören geeignet. Der Laie lernt eine Melodie anscheinend schneller über das linke Ohr, das ganzheitlicher hört, als über das rechte; der Musiker kann sich eine Melodie schneller über das rechte Ohr merken, da er mehr analytisch hört (Ergebnis einer unabhängig von Tomatis durchgeführten Untersuchung).

Im Deutschen wie im Englischen spricht man von Rechts- und Linkshändigkeit anstatt, was umfassender wäre, von «Seitigkeit». Die Hand ist nicht entscheidend für die Lateralität. Wenn man sogenannte Linkshänder auf die Seitigkeit ihrer Ohren, Augen, Hände und Füße bei verschiedenen Tätigkeiten untersucht (was zum Horchtest gehört), so findet man, daß die große Mehrzahl von ihnen viel richtiger als «dyslateralisiert» bezeichnet werden müßte. Reine Linksseiter bilden die Ausnahme. Tomatis ist aus guten Gründen der Auffassung, daß selbst diese nicht «Linksseiter» *sind*, sondern nur eine Gewohnheit angenommen haben. Um verständlich zu machen, wie dies gemeint ist, muß ich etwas weiter ausholen.

Die Lateralität wird durch das «Elektronische Ohr», über das Gehör, beeinflußt. Es gehört zur Horcherziehung, daß man lernt, sein rechtes Ohr als führendes Ohr zu benutzen, sowohl zum Horchen nach außen als auch zur Kontrolle der eigenen Stimme. Um eine bessere Vorstellung davon zu bekommen, können Sie den Versuch machen, auf einen Sprechenden oder auf Musik abwechselnd mit dem rechten und mit dem linken Ohr zu horchen, indem Sie das andere zuhalten. Mit dem rechten Ohr werden Sie einen volleren, helleren Klang wahrnehmen, der Ihnen auch näher vorkommen wird. Derselbe Klangunterschied wird Ihnen mit etwas Übung (und gutem Gehör!) auch Aufschluß darüber geben, ob jemand, wie Tomatis sagt, rechts oder links spricht, das heißt, ob er sich beim Sprechen mit dem rechten oder mit dem linken Ohr kontrolliert. Sie können es aber auch sehen: Die Mundhälfte auf der Seite des Kontrollohres zeigt eine lebhaftere, ausgeprägtere Mimik als die andere, die eher passiv mitvollzieht.

Dieses Rechts- oder Links-Sprechen und -Zuhören kann bei demselben Individuum auch zeitweilig von der einen zur anderen Seite wechseln, je nach seiner momentanen psychischen Verfassung oder je nachdem, ob er sich an jemanden rechts oder links von sich wendet. Dies ist ein Anzeichen für eine mehr oder weniger stark ausgeprägte «auditive Dyslateralisierung»: Der Betreffende hat seine Stimme nicht in jeder Situation genügend unter Kontrolle. Ein auffälliges Beispiel dafür ist das Stottern, auf dessen vielschichtige Hintergründe ich aber in diesem Rahmen nicht eingehen kann.

«Rechtsohrig» zu sein heißt für die Kommunikation den neurologisch kürzeren Weg benutzen. Dies trifft für alle Menschen zu, da die Asymmetrie des Nervensystems – der Asymmetrie der inneren Organe entsprechend – bei allen gleich ist. Wenn man links hört, dauert der Weg bis zur bewußten Wahrnehmung so lange, als wäre man von der Schallquelle bis zu 120 Meter weiter entfernt. Die hohen Frequenzen werden dabei abgeschwächt: daher die undifferenzierte Klangempfindung, aber auch eine weniger wirksame Stimulierung der Hirnrinde. Wenn man links spricht, benutzt man ebenfalls einen längeren Regelkreis. Der Kehlkopf wird nämlich motorisch von zwei Ästen des Nervus vagus innerviert, den Rekurrensnerven, von denen der linke, der sich bis unter die Aorta erstreckt, länger ist als der rechte, dessen Weg direkt unter der Arterie des Schlüsselbeins durchführt. Die Verzögerung ist ungefähr von der Dauer einer Silbe. Je nachdem, welche Seite «führt», paßt sich zeitmäßig der längere Weg dem kürzeren an oder umgekehrt.

Die Lateralisierung findet in den ersten Lebensjahren statt. Die «Wahl» des kürzeren oder des längeren Weges kann mehr oder weniger zufällig geschehen oder auch tiefe psychologische Gründe haben: Manchmal kann es wünschenswert erscheinen, in eine nicht zu direkte Kommunikation mit der Umwelt zu treten, sich etwas vor ihr zu schützen ... Ein Nachteil ist, daß der Dyslateralisierte, wie der «Linksseiter», in allem sehr oft langsam ist, auf alle Fälle weniger rasch, als er sein könnte.

Wenn man jemanden mit dem «Elektronischen Ohr» zur Rechtsohrigkeit erzieht, wird – eine bemerkenswerte Tatsache – auch seine körperliche Lateralität beeinflußt. Links Schreibende haben mit der Zeit das Bedürfnis, umzulernen und mit der rechten Hand zu schreiben. Man macht die Erfahrung, daß die Frage der Übung dabei eine relativ kleine Rolle spielt. Wenige Wochen genügen – ich betone: sobald das Bedürfnis, die Bereitschaft dazu geweckt ist –, um die rechte Hand zu trainieren.

Jedermann nach rechts lateralisieren zu wollen, heißt nicht etwa, die Rechte zu bejahen und die Linke zu verneinen, sondern beide Seiten optimal zu nutzen. Indem der neurologisch kürzere Weg, der rechte, eindeutig die Führung übernimmt, zieht er den linken, längeren, bis zur Anpassung mit. Man könnte anstelle des Wortes «Lateralisieren» das Wort «Organisieren» benutzen, das den Sachverhalt besser beschreibt und nicht die Bevorzugung einer Seite suggeriert. Rechts und links sind eine Dualität wie Energie – Masse und Dynamik – Statik, die überall, bis in jede Zelle unseres Körpers hinein, zu finden ist.

Auch das Hirn teilt sich bekanntlich in zwei Hemisphären, die sich in ihren Aufgaben unterscheiden und ergänzen. Gute Lateralisierung bedeutet auch hier gute, klare Organisation, was zur Folge hat, daß unser gesamter Organismus in seiner geistigen wie in seiner körperlichen Aktivität optimal funktionieren kann. Ein Beispiel dafür ist ein bei der Erziehung zum Horchen immer wieder beobachtbares Phänomen: Die linke Hand wird geschickter, was zur tatsächlichen Ambidextrie führt, mit der die Dyslateralisierung so oft verwechselt wird.

Lateralität und Vertikalität zusammen beschreiben, wie wir uns gegenüber den drei Achsen im Raum, aber auch gegenüber der Schwerkraft verhalten – wie wir uns orientieren, körperlich und geistig zurechtfinden.

Beide werden durch das Ohr kontrolliert, wie die Sprache, in deren Dienst sie ihrerseits stehen. Das Kind spricht nicht, wenn es sich nicht aufrichtet. Ohne gute Lateralisierung ist eine vollständige Beherrschung der Sprache (und der Stimme) nicht möglich. Weil der Mensch, besser gesagt: das menschliche Nervensystem, den Körper als Instrument für die Sprache benutzt, muß dieser sich auf eine bestimmte Weise organisieren. Dies geschieht, indem er sich aufrichtet und lateralisiert, was dank der Kontrolle und Koordination durch das Ohr möglich wird. Daß sowohl die aufrechte Haltung als auch die vollkommene Lateralisierung und somit die wahrhaft schöpferische Sprache noch nicht ganz erreicht sind, sondern von dem, der sie anstrebt, Schritt um Schritt erkämpft werden müssen, ist für jeden von uns erlebbar . . .

Was Sie bis jetzt andeutungsweise über die Bedeutung des Ohres erfahren haben, genügt vielleicht schon, um zu verstehen, daß das Ohr weit mehr ist als ein Sinnesorgan. Zumindest nimmt es unter den Sinnesorganen eine Ausnahmestellung ein.

Unsere Zivilisation ist stark visuell orientiert. Oft stellt man mir die Frage: Könnte man nicht über das Auge ebenso Bedeutendes erreichen wie über das Ohr? Offenbar nicht. Was den Menschen vom Tier unterscheidet, ist die Fähigkeit zu benennen, was er sieht, die Sprache, das abstrakte Denken. Dabei ist das Auge, wenn auch für das Erleben wichtig, von sekundärer Bedeutung. Daß sogar für das Lesen nicht das Auge allein entscheidend sein muß, zeigt die Blindenschrift. Wir benutzen die Augen – oder die Finger! – entsprechend dem Wiedergabekopf eines Tonbandgerätes. Die wahrgenommenen Symbole haben nur einen Sinn, weil sie vom Ohr in klingende Worte zurückverwandelt werden. Man liest mit den Ohren, wie Tomatis sagt. Die sehr feine Koordination Ohr – Auge geschieht dabei durch das Ohr; erinnern Sie sich an die Verbindung jedes Muskels zum

Gleichgewichtsnerv! Tatsächlich mache ich immer wieder die Erfahrung, daß auch die sogenannten visuellen Buchstabenverwechslungen der Legastheniker letztlich auf ein ungenügend analytisches Hören zurückzuführen sind. Durch eine entsprechende «Horcherziehung» bildet sich diese Störung zurück.

Die Tomatis-Methode heute

Sie erinnern sich, daß die Methode ihren Anfang in einem audiovokalen Training nahm. Die Erfahrung und die Forschung auf verschiedenen Gebieten brachten immer wieder neue Erkenntnisse, was dazu führte, daß die zur «Horcherziehung» eingesetzten Mittel ständig verfeinert und erweitert wurden. Das «Elektronische Ohr» arbeitet nach wie vor nach dem geschilderten Prinzip, aber einige andere Elemente sind hinzugekommen: vor allem, zusätzlich zum Kopfhörer, die Verwendung eines Vibrators, der auf der Stirn oder auf dem Mastoidknochen (hinter der Ohrmuschel) angebracht wird, manchmal sogar mehrere Vibratoren an verschiedenen Körperstellen. Denn wir hören auch durch die Haut und über die Knochenleitung, wobei jene Körperteile, die bei der Lotosstellung nach vorn und oben zeigen, besonders schallempfindlich sind. Ein Grund mehr, warum die Haltung so wichtig ist. In aufrechter, gerader Haltung hört man besser: Wenn etwas «spannend» ist, hört man «gespannt» zu.

Der Vibrator ermöglicht es, einen direkteren Einfluß auf das Körpergefühl – also auf das Gleichgewichtsorgan – auszuüben sowie die Hautsensibilität und die Knochenleitung zu fördern und bewußtzumachen. Besonders für die Kontrolle der eigenen Stimme ist dies sehr wichtig: Der Stotterer zum Beispiel kann seine Knochenleitung gar nicht nutzen, während ein guter Sänger sich ausschließlich über sie kontrolliert.

Zu den Sitzungen zum audiovokalen Training, in denen also mit Hilfe des «Elektronischen Ohrs» das Sprechen und Singen «aktiv» geübt wird, kommen sogenannte «passive» Sitzungen. In diesen hört man über Kopfhörer und Vibrator vor allem besonders ausgewählte und je nach Indikation auf verschiedene Art gefilterte Musik: Dies bewirkt ebenfalls eine ständige Anpassung, also ein Training der beiden Muskeln des Mittelohres, indem die Musik abwechslungsweise durch den oberen oder den unteren Kanal des «Elektronischen Ohrs» übertragen wird. Aufmerksames Zuhören ist hierzu weder notwendig noch erwünscht.

Eine Reihe individuell sehr verschiedener «passiver» Sitzungen geht den «aktiven» als Vorbereitung voraus. Dabei sollen das Bedürfnis nach Kommunikation, die Beziehung zum gesprochenen und geschriebenen Wort und damit die Bereitschaft für das aktive Üben geweckt und gefördert werden. Denn wo die Ursache der Störung besonders schwerwiegend ist oder zeitlich weit zurückliegt, ruft ein rein audiovokales Training zu große bewußte und unbewußte Widerstände hervor und kann daher nicht das erwünschte Resultat bringen.

Die Reihenfolge der Sitzungen ist so gestaltet, daß sie der Entwicklung des Gehörs entspricht, die in der vorgeburtlichen Zeit beginnt: Die verschiedenen Phasen, die eine sich stetig verändernde und im Idealfalle immer besser analysierbare Klangwelt bedeuten, werden akustisch nachvollzogen, wobei man so lange in jeder einzelnen verbleiben kann, bis die Bereitschaft zur folgenden gereift ist.

Der ersten, der «intrauterinen» Phase, kommt eine große Bedeutung zu. Man hört die Stimme der Mutter so, wie das Ohr des Fetus sie durch das Fruchtwasser hindurch wahrnimmt. Interessanterweise dringen vorwiegend die hohen Stimmfrequenzen, auf deren Wichtigkeit ich ja schon hingewiesen habe, zum Fetus durch. Wir benutzen für die Simulation dieser Phase eine Aufnahme der Mutterstimme, deren

niedrige Frequenzanteile durch einen Hochpaßfilter eliminiert worden sind. Es bleiben Geräusche, die einem Zischen
ähneln und aus denen nur nach langem Hinhören manchmal
noch einzelne Wörter verständlich werden. Wenn die Stimme
der Mutter nicht verfügbar ist, verwendet man Musik – und
zwar ausschließlich aus Werken von Mozart –, auf dieselbe
Art gefiltert. Warum Mozart? Um diese Frage zu beantworten, wäre ein ganzes Buch notwendig. Es ist eine Tatsache,
daß von aller bisher verwendeten Musik nur Mozartsche
Kompositionen den erwünschten therapeutischen Erfolg
bringen und bei jedem und in verschiedenen Erdteilen eingesetzt werden konnten.

Es waren persönliche Erlebnisse sowie klinische Beobachtungen, die Tomatis dazu veranlaßten, mit der Mutterstimme zu experimentieren; aber auch eine kurze Bemer-
kung, die er in einem umfangreichen Werk des englischen
Kehlkopfspezialisten V. E. Negus gelesen hatte, wies ihn in
diese Richtung. Zu einer Zeit, als Forschungsergebnisse wie
die von Konrad Lorenz noch nicht Allgemeingut waren,
zeigte Negus auf, daß Singvögel, die von Hennen einer nicht
singenden Art ausgebrütet werden, später nicht singen; und
daß solche, die von einer anderen Art von Singvögeln ausgebrütet werden, einen Gesang entwickeln, der weder der eigenen noch der anderen Art ganz entspricht.

Die immer wieder beobachtbare Wirkung der gefilterten
Mutterstimme auf Kinder und Erwachsene bestärkte Tomatis
in seiner Überzeugung, daß der Fetus hört und daß in der vorgeburtlichen Zeit etwas ganz Entscheidendes für die spätere
Entwicklung der Sprache geschieht. Als er Ende der vierziger
Jahre anfing, darüber zu berichten, stempelten ihn die damaligen Mediziner als Scharlatan ab. Inzwischen ist es wis-
senschaftlich allgemein anerkannt, daß das Ohr spätestens
viereinhalb Monate nach der Empfängnis hörfähig ist. Der
Hör- und Gleichgewichtsnerv ist als erster des Nervensystems
zu diesem Zeitpunkt «myelinisiert» – von einer Art Isolier-

schicht umgeben, die ihn voll funktionstüchtig macht –, während die Myelinisation des ganzen Nervensystems erst im Alter von 42 Jahren vollzogen ist! Ein weiterer Hinweis auf die Ausnahmestellung des Ohres im Organismus.

Offensichtlich rührt man mit der gefilterten Mutterstimme – etwas abgeschwächt auch mit gefilterter Mozart-Musik – an sehr tiefe Schichten des Unterbewußtseins, an frühe Hirnengramme. Kinder, die nicht wissen, daß sie die Stimme ihrer Mutter hören, und die sie aufgrund der Filterung auch nicht erkennen können, zeigen dies besonders deutlich in ihrem Verhalten: in der Wahl der Spiele, in Träumen, Zeichnungen, Aussagen, manchmal durch das kurze erneute Auftreten psychosomatischer Symptome, an denen sie ganz früh gelitten hatten.

Die «intrauterine» Phase dauert in unserem Programm wenige Stunden bis zu mehreren Wochen; ein Sänger, der das hohe C nicht mehr trifft, und ein autistisches Kind werden nicht dasselbe Nachholbedürfnis haben! Die Beurteilung des Horchtests – der in regelmäßigen Abständen wiederholt wird –, Gespräche, beim Kind auch genaue Beobachtung sowie die Aussagen der Eltern, ermöglichen die Entscheidung, wann die Phase der «akustischen Geburt» *(accouchement sonique)* beginnen soll. Diese besteht in einem schrittweisen Übergehen von gefilterten zu ungefilterten Tönen, das dem Übergang vom Hören durch Wasser zum Hören durch Luft entspricht – ein Prozeß, der nach der wirklichen Geburt eine sehr schwierige, mehrere Jahre dauernde Anpassung des Ohres verlangt. Die «akustische Geburt» wird in jedem Falle vorbereitend mit Mozart-Musik durchgeführt und zusätzlich mit der Mutterstimme, sofern die Mutter psychisch nicht zu sehr belastet ist. Offensichtlich wird die «akustische Geburt» wie eine Wiedergeburt erlebt: oft befreiend, beglückend, oft aber auch schwer, mühsam. Diesem Erleben entsprechen Verhalten, Träume, Zeichnungen usw.

Nun ist das Ohr bereit für die «vorsprachliche» Phase. Auf

besondere Weise gefilterte Bänder, in denen aber die Musik
gut erkennbar ist, bereiten auf das Frequenzspektrum der
Sprache vor: Neben der Instrumentalmusik hört man Grego-
rianischen Gesang, Kinderlieder, Texte, wobei nach wie vor
auf hohe Obertöne bis mindestens 16 000 Hertz geachtet
wird. Darum müssen die verwendeten Geräte und Tonbän-
der von bester Qualtität sein.

In dieser Phase findet die erste Begegnung mit der eigenen
Stimme statt. Mit Mikrofon und Kopfhörer wird zunächst
das Summen, dann das Nachsingen von Vokalisen geübt. Im
Kinderzimmer steht ein Mikrofon, so daß die Kinder beim
Spielen während der Musiksitzungen sich selber im Kopfhörer, also deutlicher als in Wirklichkeit hören. Außerdem
zeigen wir ihnen Übungen zur Förderung eines bewußteren
Hörens, kurz: des Horchens, die sie fortan zu Hause durchführen sollen.

In der «sprachlichen» Phase wechseln individuell bestimmte «passive» Sitzungen mit «aktiven» ab. Diese bestehen darin, laut zu lesen, Phrasen nachzusingen, Texte und
Wörter nachzusprechen, den persönlichen Schwierigkeiten
angepaßte Stimm- und Sprachübungen zu machen; natürlich
immer mit Mikrofon, Kopfhörer und Vibrator. Hervorzuhe-
ben wäre noch, daß unter anderem eine Serie von 21 Bändern
verwendet wird, die Wörter und kurze Texte mit sehr vielen
Zischlauten (s, z, sch, ch, die besonders reich an hohen
Obertönen sind) enthalten. Auf jedem neuen Band sind immer mehr tiefe Frequenzen herausgefiltert, was den Übenden
dazu zwingt, auf hohe Frequenzen zu horchen, um überhaupt zu verstehen. Und diese Einstellung des Ohres wird
gleich zum Vorteil der eigenen Stimme und Aussprache beim
Wiederholen genutzt.

Oft wird die Frage gestellt, wie nachhaltig der Erfolg einer
Horcherziehung mit dem «Elektronischen Ohr» ist. Sie ist
positiv zu beantworten: Die nachhaltige Wirkung der Erziehung zum Horchen gleicht der Endgültigkeit des Erwerbs

einer Fremdsprache. Die Sprache muß natürlich weiterhin geübt werden; dasselbe gilt für das Gehör. Aber das ist nicht schwer und eigentlich durch ein normales Berufs- und Familienleben gewährleistet. Nur einfache Verhaltensregeln müssen beachtet werden. Diese bestehen im wesentlichen darin, das Ohr genügend zu stimulieren, sei es durch die eigene Sprache und das Anhören anderer, sei es durch das tägliche Hören von klassischer Musik, besonders von Streichinstrumenten, die das höchste Obertonspektrum aufweisen. Sobald die Voraussetzung für ein gutes analytisches Hören – für das Horchen – und somit für eine gute obertonreiche Stimme gegeben ist, sind Sprechen und Singen die beste Übung für das Ohr. Auch das Hirn muß mindestens viereinhalb Stunden pro Tag über das Ohr stimuliert werden!

Bei Kindern, die noch sehr beeinflußbar sind, ist es für einen nachhaltigen Erfolg der Horcherziehung sehr wichtig, daß die Umwelt (vor allem die Eltern) die notwendigen Bedingungen dafür erfüllen können. Darum werden die Eltern immer mit einbezogen. In einem getrennten Raum führen wir auch für die Mutter Sitzungen unter dem «Elektronischen Ohr» durch. Das entspannt sie, gibt ihr Energie und hilft ihr, mehr Distanz zu den Problemen des Kindes zu gewinnen, die oft schon lange auf ihr gelastet haben. Der Vater wird mindestens zu Gesprächen hinzugezogen, wenn es ihm seine Zeit nicht erlaubt, ebenfalls an Sitzungen teilzunehmen.

Nun möchten Sie vielleicht genauer erfahren, an wen sich die Tomatis-Methode wendet. Aufgrund dieser Informationen über die Bedeutung des Ohres für den menschlichen Organismus können Sie sich vielleicht vorstellen, wie weit das Anwendungsgebiet ist. Die Arbeit gilt erst in zweiter Linie den Symptomen. Im Vordergrund steht vielmehr ein grundsätzliches Phänomen: Kommunikationsschwierigkeiten im weitesten Sinne, das heißt *alle* Stimm-, Sprech-, Sing-, Lese- und

Schreibschwierigkeiten, motorische Störungen und Haltungsfehler, psychische Probleme (die immer Kommunikationsprobleme sind), aber auch Hirnfunktionsstörungen und Hirnschäden. Bei letzteren erzielt man oft überraschende, in ihrem Ausmaß nur teilweise voraussehbare Wirkungen, weil eben die Hirnzellen sehr stark stimuliert und aktiviert werden.

Es scheint vielleicht viel, was mit ein und demselben Mittel bewirkt werden soll, aber nur, weil die zentrale Bedeutung des Ohres und damit die zentrale Auswirkung, die jede Beeinflussung dieses Organs hat, noch nicht in unser Bewußtsein vorgedrungen ist. Ein einfacher Hörtest – wenn man seine Ergebnisse interpretieren kann, und dazu bedarf es jahrelanger Erfahrung – gibt Aufschluß über Seelisches und Körperliches sowie über die Art des Dialogs mit der Umwelt und mit sich selbst; erstaunlich viele Einzelheiten sind darin sichtbar, aber immer als Teilaspekte eines Ganzen.

Ich hoffe, durch diese Einführung in die Begriffe Hören und Horchen eine weitere, tiefere Dimension für Sie spürbar gemacht zu haben. Eine positive Einflußnahme auf das Ohr, gleichgültig ob mit der Tomatis-Methode oder mit einer anderen, ist deshalb – wie ich zu Beginn erwähnt habe – viel mehr als eine Therapie: Es ist eine echte Erziehung. Der Weg zum Horchen ist auch ein Weg zum guten Einverständnis, zum «Einklang» mit dem eigenen Körper und der eigenen Seele.

Sabina Manassi

Bestimmt nicht

«Bestimmt nicht!» lautete die entschiedene Erwiderung eines Vaters, dessen Kind unter Kommunikationsstörungen litt. Für mich gab es indessen keine Zweifel an der Richtigkeit der Antwort, die ich ihm auf seine Frage gegeben hatte.

Diese barsche Absage traf mich besonders hart, weil es um eine Auffassung ging, die ich seit langer Zeit hegte und für die ich auch Beweise zu haben meinte. Darum gingen mir seine rüden Worte eine lange Woche durch den Kopf, bis ich erneut mit ihm zusammentraf – in einem Kontrollgespräch, das nach der ersten Sequenz von Sitzungen mit seiner Tochter stattfand.

Die vierjährige Isabelle, letztes Kind in einer Reihe von fünf Geschwistern, war uns von der Mutter vor einiger Zeit vorgeführt worden, weil sie nicht sprach. Ihr Verhalten offenbarte charakteristische Anzeichen, die darauf hindeuteten, daß Isabelle die Kommunikation mit der Umwelt, vor allem mit der Mutter, abbrechen wollte. Das Kind war wohlauf, aber isoliert in seiner eigenen Welt, ohne Beziehung zu der der anderen.

Um die Kommunikation zwischen Kind und Mutter wiederherzustellen, schlug ich einen dreiwöchigen Aufenthalt in unserem Pariser Institut vor. Wir führten mit Isabelle eine intensive Schulung des Gehörs mit Hilfe einer Spezialtechnik durch, die sich der Mutterstimme bedient und die in dem kleinen Mädchen den Wunsch wecken sollte, die Kommunikation mit der Mutter aufzunehmen – einen Wunsch, der eingeschlafen oder nie geweckt worden war.

Isabelles Fall gehört zu einer klassischen Kategorie von Hörschwierigkeiten und war nicht weiter beunruhigend. Deshalb stellten sich schon bald die ersten Ergebnisse ein. Nach einer Woche zeigte das Kind Interesse an der Außenwelt, reagierte auf seine Umgebung und begann zu plappern. Diese raschen Erfolge verbesserten glücklicherweise auch unsere Beziehungen zum Vater, der «Land sah», auch im engeren Sinne des Wortes, denn er war Seemann, Kapitän eines Frachters, der Lebensmittel an der afrikanischen Atlantikküste beförderte, und befand sich für einige Wochen an Land.

Bei unserem ersten Zusammentreffen hatte er kein Blatt vor den Mund genommen, kein Hehl aus seiner Skepsis gegenüber unserer Behandlungsmethode gemacht. Er hielt nichts von Psychologie und schon gar nichts von meinen Gehörtheorien. Da ich mich solchen Argumenten nicht zum erstenmal gegenübersah, schlug ich ihm vor, seine Tochter versuchsweise an einer einwöchigen Intensivsitzung teilnehmen zu lassen, worauf er bereitwillig einging, gemäß dem Wunsch seiner Frau, die im Gegensatz zu ihm durchaus bereit war, einen Versuch mit unserer Methode zu wagen.

Der Vater war also in dieser Woche zu Hause und kümmerte sich um alles, während Mutter und Kind ihre Sitzungen abhielten. Er verhielt sich sehr fair, erkannte die positiven Ergebnisse vorbehaltlos an. Die Mutter fühlte sich durch den Gang der Ereignisse natürlich in ihren Überzeugungen bestätigt.

In diesem zweiten Gespräch, zu dem er das Kind mitgebracht hatte, teilte mir der Vater mit, daß ihm an Isabelles Verhalten etwas Merkwürdiges aufgefallen sei. Das Kind versuchte sich jetzt zu äußern, bisweilen sogar in einer verständlichen Weise. Sie verstand alles und wollte alles wissen, schien aber den Sätzen zur Verblüffung des Vaters besser folgen zu können, wenn die Eltern sich englisch unterhielten, was sie gelegentlich taten, wenn es um Themen ging, die nicht für die Ohren der Kinder bestimmt waren. Und dann fragte er mich, ob ich dafür eine Erklärung hätte. Woraufhin ich ihm mit großer Gewißheit antwortete: «Dann hat Ihre Frau gewiß englisch gesprochen, als sie Isabelle erwartete.» An diesem Punkt unseres Gesprächs verschloß mir das «Bestimmt nicht!» des Kapitäns den Mund und ließ mir keine Möglichkeit der Erwiderung.

Schließlich kam das letzte Kontrollgespräch, mit dem der erste Trainingsabschnitt seinen Abschluß fand. Gleich zu Beginn erklärte mir der Vater, sehr direkt und sympathisch in seiner offenen Art, die vielen Seeleuten eigen ist: «Mit dem Englischen neulich haben Sie recht gehabt. Ich habe nachgeforscht, und meine Frau und ich haben uns erinnert, daß sie in den ersten drei Monaten der Schwangerschaft in einer Import/Export-Firma gearbeitet hat, in der sie ausschließlich englisch gesprochen hat.»

Ich muß gestehen, daß mir diese Erklärung eine gewisse Genugtuung bereitete. Zum einen bestätigte sie etwas, wovon ich schon längere Zeit überzeugt war: daß ein Kind schon vor der Geburt die Stimme der Mutter hört. Zum anderen ließ sie eine Vermutung wahrscheinlicher werden, die ich ebenfalls schon seit einiger Zeit hegte. Ich war der Meinung, daß der Embryo bereits im Mutterleib Informationen aufnimmt und speichert, «engrammiert», wie es neuerdings heißt.

Ich habe diesen Vorfall erzählt, um anekdotisch zu verdeutlichen, worum es in diesem Buch vor allem geht: um das Entdecken des Horchens* und um das «Erhorchen des Lebens» durch die Stimme der Mutter hindurch.

---

* Eine klare Unterscheidung zwischen zwei «Arten» des Hörens kennt die deutsche Sprache im Gegensatz etwa zur englischen *(to hear – to listen)* oder französischen *(entendre – écouter)* nicht. Natürlich gibt es Wörter wie «zuhören», «hinhören», «vernehmen», «lauschen», aber sie

Ich könnte noch von vielen ähnlichen Fällen berichten, doch würden sie den Rahmen dieser Einleitung sprengen. So möchte ich zum besseren Verständnis der folgenden Ausführungen nur noch ein, zwei Vorfälle der gleichen Art erzählen.

Vor einigen Jahren kam eine Südamerikanerin aus Venezuela zu mir. Sie hatte einen unverkennbaren indianischen Einschlag, war sehr temperamentvoll, sympathisch, energisch. Sie stellte mir zwei Adoptivkinder vor. Es ging um meinen Rat und gegebenenfalls um meine Hilfe bei der Lösung der Probleme, die Anlaß ihres Besuches waren.

Sie kam aus Caracas, wo ihr unser Pariser Institut von einer Ärztin empfohlen worden war. Diese hatte sich in früherer Zeit an uns gewandt, da ihr Letztgeborener, Daniel, unter einer extremen Rechtschreibschwäche in Verbindung mit erheblichen Leseschwierigkeiten gelitten hatte. Zwei längere Aufenthalte in unserem Institut hatten ihn von seinen Schulproblemen befreit. Die Mutter konnte also die Wirksamkeit unserer Arbeit beurteilen. Nach verschiedenen Versuchen mit medizinischen und heilpädagogischen Verfahren, nach Psychiatrie und Spezialunterricht, vor allem Logopädie, nach Gruppen- und Einzeltherapie hatte sie auf einem amerikanischen Kongreß über Lernbehinderungen gehört, daß es eine Methode gibt, die weder medizinisch noch heilpädagogisch, weder psychiatrisch noch logopädisch orientiert ist, sondern schlicht in einer Schulung des Ohres besteht. Eine Schulung des Ohres, die den Wunsch zu horchen wecken soll, erschien ihr so überzeugend, daß sie beschloß, uns in Paris aufzusuchen. Seither weiß sie Rat in Fällen, die dem ihres

alle sind für den Kontext dieses Buches in ihrer Bedeutung zu eingeschränkt oder weisen in eine falsche Richtung. Wir haben uns schließlich dafür entschieden, «écouter» mit «horchen» zu übersetzen, doch muß dieses Wort hier in seiner Bedeutung erweitert und frei von Assoziationen aufgefaßt werden, die es mit heimlichem Tun («an der Tür horchen») oder einem Examinieren («behorchen», «aushorchen») verknüpfen. *Anm. d. Red.*

Sohnes ähneln – keine schweren Fälle, sondern solche, in denen die Kommunikationsmittel, vor allem Lesen und Schreiben, beeinträchtigt sind.

Auf ihre Empfehlung hin kam also diese Adoptivmutter, eine wahrhaft überwältigende Person – gewaltig und bizarr, verschlingend und enthusiastisch, erdrückend in ihrer Großzügigkeit, überschäumend in ihrer Vitalität, kurzum ungewöhnlich in jeder Hinsicht, in Erscheinung wie Wesen. Sie überschüttete uns mit einem spanischen Wortschwall, ohne die Antworten auf ihre rhetorischen Fragen abzuwarten, wobei sie alles mit durchdringender Stimme in farbigster Ausdrucksweise vorbrachte. Sie war alles andere als eine Frau, deren Adoptivkind man hätte sein mögen – und doch hatten ihre Großmut und ihre finanzielle Situation sie mehrfach dazu veranlaßt, Kinder zu adoptieren. Überdies gehörte sie einer engagierten humanitären Bewegung an und war natürlich eines der aktivsten Mitglieder dieser Organisation.

Doch trotz meiner Bedenken, die ja lediglich persönliche Projektionen waren, bewunderte ich diese Frau, die soviel Anteil an der sozialen Situation ihres Landes nahm. Damals – das heißt Mitte der siebziger Jahre – wurden in Venezuela fünfzig Prozent der Kinder ausgesetzt, und Gott sei Dank gab es zahlreiche Frauen, die sich dieser verlorenen Geschöpfe erbarmten und ihnen ein Heim gaben.

Doch kommen wir auf den Grund dieses Besuches zurück. Die Mutter führte uns also zwei ihrer Adoptivkinder vor; beide waren sie zwölf Jahre alt, doch unterschieden sie sich grundlegend voneinander. Der eine Junge war groß und kräftig für sein Alter. Das Gesicht, flach und blaß, fast bleich, zeigte indianische Züge. Er schielte. Seine Haltung war schlaff – Folge einer Hypotonie. Er war gutartig, umgänglich, schwerfällig und langsam, ohne Merk- und Konzentrationsfähigkeit. Er wirkte wie eine Pflanze, die zu rasch gewachsen war, wie ein Fall von hormonell beschleunigtem Wachstum.

Der andere, sein «Adoptivzwilling» gewissermaßen, war

offensichtlich von ganz anderer Herkunft, wenn diese auch ebenso unbekannt war wie die des ersten. Er war von dunkler Hautfarbe, so klein wie der andere groß, so hager wie der andere schlaff und weich, und hatte knochige, markante, scharfe Gesichtszüge. Sein Blick, in dem unsägliche Traurigkeit lag, machte mich betroffen. Offenbar versuchte das Kind aus einem endlos scheinenden Tunnel herauszufinden. Seine Sprache klang fremd, als käme sie von weither. Obwohl die Stimme flach und ausdrucksarm war, die Worte unsicher, ungeschickt gewählt, äußerte sich das Kind bereitwillig und ohne Zögern.

Die beiden hatten eines gemeinsam: Sie waren mit einem normalen Gehör ausgestattet, aber nicht fähig, auf ihre Umgebung zu «horchen». Jeder weiß, daß es nichts nützt, ein gutes Gehör zu haben, wenn man es nicht versteht, sich seiner zu bedienen. Nach Abschluß aller psychologischen und pädagogischen Untersuchungen waren wir davon überzeugt, daß wir den beiden Jungen helfen konnten.

In einem «ontogenetischen Programm»* versuchen wir, das Kommunikationsbedürfnis, das in enger Beziehung zum Wunsch zu hören steht, neu zu beleben. Bevor ich mit der Schilderung fortfahre, sind einige Anmerkungen zu unserem Verfahren erforderlich. Laute aus einer Schallquelle von großer Qualität, zum Beispiel einem Studiotonbandgerät, werden durch ein «Elektronisches Ohr» geschickt und mit Hilfe eines Kopfhörers und eines Vibrators** wahrgenommen. Als

---

* Die Reihenfolge der Sitzungen ist so gestaltet, daß sie der Entwicklung des Gehörs, die in der vorgeburtlichen Zeit beginnt, entspricht: Die veschiedenen Phasen, die eine sich stetig verändernde und im Idealfall immer besser analysierbare Klangwelt bedeuten, werden akustisch so lange nachvollzogen, bis die Bereitschaft zur folgenden gereift ist. S. M.

** Der Vibrator wird auf der Stirn oder auf dem Mastoidknochen (hinter der Ohrmuschel) angebracht. Da wir auch durch die Haut und über die Knochenleitung hören, ermöglicht es der Vibrator, einen direkten Einfluß auf das Körpergefühl – also auf das Gleichgewichtsorgan –

Elektronisches Ohr bezeichnen wir ein Gerät, das im Laufe der Zeit häufig verändert wurde, weil sich die Technik weiterentwickelte oder weil wir die Mechanismen des Gehörs besser verstehen lernten.

Vor dreißig Jahren begannen wir, einen «Hörsimulator» zu entwickeln, ein Gerät, das ähnlich arbeitet wie das menschliche Ohr. Allmählich haben wir uns dabei einem «Modell» genähert, das sich verhält wie das Ohr, bevor sich die Schallwellen auf das Cortische Organ, das eigentliche Sinnesorgan des Ohres verteilen. Ich will hier nicht auf technische Einzelheiten eingehen. Nur soviel sei gesagt: Die Elektronik besteht aus mehreren Stufen, mindestens zwei. Durch Kippschalter läßt sich die Information von einer Stufe auf die andere weitergeben und dabei verformen. Gleichzeitig kann man Latenzzeiten (Verzögerungen) einführen, die den physiologischen Abläufen entsprechen. Ferner bieten die technischen Fortschritte der letzten Jahre die Möglichkeit, eine Serie von Schaltungen zu verwenden, die allein durch die Schallintensität ausgelöst werden. Das war vor fünfundzwanzig Jahren noch nicht denkbar.

Setzt man eine Versuchsperson den genannten Bedingungen aus, das heißt, läßt man sie mit zwei Ohrhörern und einem Vibrator den Schall über das Elektronische Ohr aufnehmen, das seinerseits mit einer ganz bestimmten Schallquelle verbunden ist, so setzt ein Prozeß des Horchens ein, der vom bloßen Hören, der reinen auditiven Sinneswahrnehmung, grundverschieden ist. Ein Mensch, der sich dem geschilderten Vorgang hingibt, hört sich und andere nicht nur, sondern wird sich und anderen gegenüber ganz horchend. Die Einstellung zur Klanginformation ist völlig anders. Sie ist keine passive Hinnahme mehr, sondern aktive Forderung, der Wille, die Information aufzunehmen.

auszuüben sowie die Hautsensibilität und die Knochenleitung zu fördern und bewußtzumachen. Besonders für die Kontrolle der eigenen Stimme ist dies sehr wichtig. *S. M.*

Kehren wir zunächst wieder zum Fall unserer kleinen Venezolaner zurück. Den Gedanken, für ihre Sitzungen die Stimme der Adoptivmutter zu verwenden, verwarf ich sofort – obwohl wir dieses Verfahren bei einigen Adoptivkindern durchaus verwenden. Angesichts des Eindrucks, den wir von der Mutter gewonnen hatten, verzichteten wir lieber darauf, weil zu befürchten war, daß die Kinder erdrückt und überwältigt, mit Haut und Haar verschlungen werden würden.

So verwendeten wir im Elektronischen Ohr statt der Mutterstimme Musik von Mozart, die die Jungen, wie bei uns üblich, zunächst nach Art des Fetus wahrnahmen. Nach ganz kurzer Zeit reagierte der kleinere der beiden heftig und unerwartet. Am vierten Tag fing er an zu plappern, und es klang portugiesisch, was die Angehörigen, vor allem die Mutter, in höchstes Erstaunen versetzte. Das Kind war niemals mit Portugiesen in Berührung gekommen, sondern mit der venezolanischen Sprache aufgewachsen, die spanischen Ursprungs ist. Für mich gab es nur eine Erklärung: die unbekannte leibliche Mutter mußte Brasilianerin sein.

Solche Reaktionen haben natürlich weitreichende Bedeutung, und man fragt sich mit gutem Recht, ob sie nicht Reaktionen auf Ereignisse sind, die sich irgendwo eingeprägt haben, in jenem Bereich, den wir, vielleicht zu Unrecht, «Gedächtnis» nennen. Die geschilderten Fälle lassen darauf schließen, daß es ein fetales und sogar embryonales Gedächtnis gibt.

Damit kein Mißverständnis aufkommt: Es geht hier nicht um die Reaktionen, die auf weit archaischere Ereignisse zurückgehen, charakteristisch für die ganze Art sind, in immer der gleichen Weise ablaufen und sich unter dem Begriff des Instinktverhaltens zusammenfassen lassen. Wir beobachten ganz bestimmte, individuelle Verhaltensweisen, typisch für einen bestimmten Menschen, einen bestimmten Fetus, einen bestimmten Embryo und sie alle charakteristisch für die Erfahrungen im Mutterleib. Durch diese Verhaltensreaktionen wird in der Gebärdensprache etwas bereits Erlebtes und Bekanntes zum Ausdruck gebracht, das zu einem Zeitpunkt stattfand, als die gesprochene Sprache noch nicht angelegt war.

Ich werde zeigen, daß sich diese gespeicherten Vorstellungen abrufen lassen, und werde mehrfach auf diesen Punkt zurückkommen, weil solche Speicherprozesse im eigentlichen Sinne des Wortes häufig mit dem verwechselt werden, was in der Psychologie herkömmlich als «Regression» bezeichnet wird – ein sehr verschwommener Begriff, so allgemein er auch verwendet wird. Doch bevor ich mich mit diesem Begriff auseinandersetze, will ich zunächst auf die Frage eingehen, ob sich diese scheinbar ungewöhnlichen Phänomene überhaupt mit dem heutigen Erkenntnisstand vereinbaren lassen, denn sie sind nur schwer in unserem wissenschaftlichen Begriffssystem unterzubringen, einem System, dem zu enge Grenzen gezogen sind, um allzu phantasievolle Aufschwünge zuzulassen. Und doch ist es stets solchen Ausflügen in die Bereiche jenseits der gebahnten Wege zu verdanken, daß unser Erkenntnishorizont erweitert und die Grenzen unseres Wissens hinausgeschoben werden.

Die neuen Fakten mit dem zu verknüpfen, was wir bereits wissen, ist leicht und knifflig zugleich. Es hängt ganz einfach davon ab, ob man sich mit der Darstellung der Empfindungen begnügt, die sich im Laufe der Zeiten in der poetischen Tiefenschicht einer jeden Sprache sammeln – Beispiele für die Anerkennung dieser verborgenen Wirklichkeit gibt es genug –, oder ob man sich auf die rationalen, meßbaren und quantifizierbaren Dimensionen der bekannten und klassifizierten Fakten beruft.

Tief im Innern weiß jeder Mensch, daß mit ihm vor seiner Geburt etwas Entscheidendes im Leib der Mutter geschehen ist. Wenn es uns gelingt, den starren Zwang unserer Erziehung abzuschütteln, spüren wir, daß es, sich gründend auf

die vorgeburtlichen Erfahrungen, in uns eine unleugbare
Wirklichkeit gibt, mag sie auch noch so schwer zu entdecken
sein. Was zeitweilig verborgen ist, muß deshalb noch lange
nicht unfaßbar sein. Angefangen bei den Dichtern aller Zeiten, in deren Versen die Erinnerung an dieses präexistente
Leben im Mutterleib mitschwingt, bis hin zu jenen noch
flüchtigeren und subtileren Empfindungen, die sich in unser
aller Fleisch und Blut im Dialog mit dem Leben selbst nach-
drücklich zu Wort melden, offenbart sich uns allen diese
Urwahrnehmung. Als Ausdruck der Schöpfung selbst nimmt
sie in jeder Zelle Gestalt an. Hören wir nur, wie hellsichtig
und einfühlsam Menschen spüren können, daß der Schöpfer
des Lebens sie schon im Mutterleib ergreift und formt:
«Deine Augen sahen mich, da ich noch nicht bereitet war,
und alle Tage waren in dein Buch geschrieben, die noch
werden sollten, und von denen keiner da war» (Psalm 139).

Aber man muß sich seines Glaubens schon ziemlich sicher
sein, um so unverhohlen und entschieden zum Ausdruck zu
bringen, was der Wissenschaftler allenfalls für ein reizendes
poetisches Bild hält. Doch wie oft gehen solche Bilder den
wissenschaftlichen Beweisen, die dann nur eine verspätete
Bestätigung solcher phantasievollen Vorahnungen sind, um
Jahrtausende, Jahrhunderte oder Jahrzehnte voraus! Der
Wissenschaftler verleugnet den Dichter in sich, weil er Angst
hat, daß ihn seine Kollegen nicht mehr ernst nehmen. Doch
ein Forscher ohne die schöpferische Phantasie des Dichters
ist das Musterbeispiel eines sterilen Pseudowissenschaftlers,
der dennoch seinen Beitrag leisten mag, indem er durch
Messungen und statistische Daten erhärtet, was der Dichter
geschaut hat.

Aus diesen Fakten, die uns unmittelbar zugänglich sind, wird
deutlich, daß das Leben nicht mit der Geburt beginnt. Man
betrachte nur den Ablauf einer Schwangerschaft. Welche
Wandlungen vollziehen sich bei einer Frau, die Mutter wird!

Von einem Tag zum anderen verändert sie sich, stellt sich physisch und psychisch auf die Schwangerschaft ein, die sie mit einer Fülle unverbrauchter Energien erfüllt. Dafür gibt es eine Vielzahl von Anzeichen. Die auffälligsten könnten die Frauen selbst beschreiben, während sie sich auf ihren neuen Zustand einlassen. Der Wissenschaftler muß auf die Laborergebnisse warten. Wenn er mit seinen Beweisen endlich auf der Bildfläche erscheint, ist der Prozeß des Lebens schon weit fortgeschritten.

Ich möchte den vorstehenden Überlegungen noch eine Beobachtung nachschicken, der man häufig begegnen kann und die mir bemerkenswert erscheint. Wenn eine Mutter mit einem Kind unter zwei Jahren erneut schwanger wird, verändert das Baby vom ersten Tag der neuen Schwangerschaft an sein Verhalten. Es ist bedrückt, nervös und unruhig. Es verliert seine Mutter, die es ganz allein besessen hat, und spürt bereits, daß es gezwungen sein wird, sie zu teilen. Wer kann mir diesen Tatbestand erklären? Doch auch er ist bei eingehenderem Nachdenken normal und einleuchtend. Natürlich müssen sich in einer werdenden Mutter tiefgreifende Veränderungen bemerkbar machen, die zwar physiologisch und psychologisch noch kaum erfaßbar sind, wohl aber für einen Säugling, der in einer ganz ursprünglichen und intensiven Beziehung zu seiner Mutter steht. Er nimmt diese Veränderungen so deutlich wahr, weil er so jung ist, weil seine Bindung an die Mutter von besonderer Art ist und weil er sie als einzigartig empfindet. Da das Nervensystem eines so kleinen Kindes noch nicht zum Lernen erzogen, um nicht zu sagen dressiert ist, reagiert es spontaner und feinfühliger nach Gesetzen, dank deren es die Dinge spürt – sie wittert wie ein Tier. Verhält sich der Säugling also ohne Intelligenz? Bestimmt nicht. Es handelt sich um eine sehr intelligente Reaktion, das heißt eine Reaktion, die der Situation in hohem Maße angepaßt ist. Sein Nervensystem, das bereits aktiv funktioniert, registriert und integriert Ereignisse, die mit

Sicherheit eine emotionale Färbung annehmen. Dieser erste Eindruck kann natürlich zu einer Verfälschung aller weiteren Informationen führen. Es besteht die Gefahr, daß die schmerzliche Urerfahrung fortan die Verarbeitung von Informationen stark verzerrt.

Sicherlich ist ein Psychologe besser gerüstet, um solche Reaktionen zu untersuchen. In seinen Forschungsbereich fallen sowohl die Anpassungsmechanismen als auch die sensorischen und motorischen Reiz-Reaktionsmuster. Zu seinem Aufgabengebiet gehört ferner die Beschäftigung mit den Phänomenen des Gedächtnisses, der Wachsamkeit, der Aufmerksamkeit, der Konzentration. Gewiß sind das alles schwer faßbare Phänomene, aber es gibt sie nun einmal, und sie lassen sich messen und einordnen, wobei Kriterien anzulegen sind, die die geographischen und kulturellen Bedingungen, die Erziehung, den Einfluß von Gesellschaft und Sprache zu berücksichtigen haben.

Wie erklärt also der Psychologe die Erfahrungen im Mutterleib, und was fängt er mit den oben geschilderten Beobachtungen an? Ohne sich weiter auf die physiologischen und anatomischen Grundlagen einzulassen, mit denen er sich zwar vertraut machen, aber nicht sonderlich belasten muß, kommt er gewiß zu dem Schluß, daß es die Wiederkehr, ein erneutes Lebendigwerden früherer Erlebnisse gibt. Damit hätte er nicht unrecht. Andere Wissenschaftler, die erklären müssen, wo und wie solche Erscheinungen stattfinden, meinen, daß die Wiederkehr eine Reaktion von besonderer Heftigkeit ist, deren Wirkung weit über das hinausgeht, was man ursprünglich hätte erwarten können. Ein Beispiel kann vielleicht deutlicher machen, was ich zu erklären versuche.

Vor einigen Jahren nahm ich an einem Kongreß über Musiktherapie teil. Nachdem ich einen Vortrag über die neurophysiologische Wirkung von Tönen gehalten hatte, bat mich ein Zuhörer, der interessiert, neugierig und für ungewohnte Ansichten offen war, um eine Unterredung. Es handelte sich um einen erfahrenen Psychiater, Chefarzt einer großen Station, der nach neuen Möglichkeiten suchte, seinen Patienten zu helfen. Besonders interessierten ihn die Probleme der Hysterie, und er hoffte, den Zustand der in Anstalten untergebrachten Geisteskranken mit Hilfe der Musik verbessern zu können. Seit drei Jahren beschäftigte er sich mit Musiktherapie, hatte aber seine Schwierigkeiten mit dem Widerstand, auf den unvermeidlich jeder Versuch stößt, eine Neuerung in einer psychiatrischen Klinik einzuführen. Diese Einrichtungen zeichnen sich ja zugleich durch Unbeständigkeit und Unbeweglichkeit aus.

In dem Gespräch mit mir äußerte er den Wunsch, sich versuchsweise einer Reihe von Sitzungen zu unterziehen, wobei ihn vor allem der Prozeß interessierte, der mit dem intrauterinen Leben zu tun hat. Als seriöser Arzt verheimlichte er mir nicht, was ihn interessierte und daß er sich nach dem Vorbild des ungläubigen Thomas erst einmal von der Richtigkeit meiner Thesen überzeugen wollte. Einerseits war er interessiert an meinen Auffassungen, andererseits aber skeptisch, ob meine Methoden etwas bei ihm ausrichten könnten. Schließlich war er durch die praktische Erfahrung mit verschiedenen psychotherapeutischen und psychoanalytischen Verfahren mit allen Mechanismen der Selbstkontrolle vertraut. Er war ein hervorragender Kenner der Materie und hochintelligent, ein ausgesprochener Verstandesmensch. So machte er kein Hehl aus seinem wissenschaftlichen Zweifel und hielt sich an die kartesische Methode. Geschützt vom *dubito*, dem Prinzip des Zweifels, und im sicheren Bewußtsein seiner Selbstbeherrschung wollte er sehen, was es mit unserem Verfahren auf sich hat. Für meine Ausführungen über die fetale Gedächtnisspeicherung hatte er nur ein Lächeln übrig. Ohne sie offen in Zweifel zu ziehen, tat er sie im stillen wohl als Hirngespinste ab. Daraus war ihm kein Vorwurf zu machen.

Der Psychiater erschien zum verabredeten Termin und ließ

sich auf alle Bedingungen des Verfahrens ein. Der Weg in die intrauterine Klangwelt, das heißt die Wahrnehmung eines Schallmaterials, das immer stärker durch das Elektronische Ohr gefiltert wird, war für ihn eine angenehme Überraschung, und schon bald spürte er einen Zuwachs an Energie. Als ihm die gefilterten Töne dann wirklich auf intrauterine Weise zugespielt wurden, erlebte er tief im Innern eine Fülle von Vorgängen. Dieser Mann, der wie ein Riese gebaut war, saß in fetaler Stellung in seiner Kabine, nicht auf dem Stuhl, sondern auf dem Fußboden, rief wie ein Kind um Hilfe und verlangte, daß man seine Frau, die nicht in Paris war, sofort herbeitelefonierte, damit sie ihn so rasch wie möglich holte – was sie auch tat.

Was war geschehen? Er war nicht zerbrochen, seine Persönlichkeit hatte keinen Schaden genommen, aber es hatte sich etwas in seiner Tiefenschicht bewegt. Dieser Versuch veranlaßte ihn zu einigen Fragen nach den Prozessen, die in ihm ausgelöst worden waren. Durch das intensive sensomotorische Wiedererleben frühester Erlebnisse war er, wie er feststellte, auf die Orientierungspunkte gestoßen, anhand deren er die gesamte Erfahrung seiner Existenz organisiert hatte.

Ein solcher Vorgang ist sicherlich aufschlußreicher als jede theoretische Erörterung. Er zeigt unzweifelhaft, daß es ein Wiedererleben, eine Rückkehr intrauteriner Erinnerungen gibt. Er war überrascht, daß er trotz seines athletischen Körperbaus nicht hatte unterdrücken können, was so heftig zum Ausdruck drängte. Die Erinnerung meldete sich mit solcher Macht zu Wort, daß es sich als unmöglich erwies, sie unter Verschluß zu halten. Wäre er nicht mit soviel Skepsis an die Sache herangegangen, hätte er von vornherein an sie geglaubt, dann wäre ihm das Experiment leichter gefallen, und er wäre nicht auf die Schwierigkeiten gestoßen, die für ihn, den Experten auf diesem Gebiet, so überraschend kamen. Er erlebte sich als ohnmächtiges Geschöpf in Mamas

Bauch und rief um Hilfe, ohne daß ihm sein Wissen, seine Ausbildung oder die Kraft seiner Muskeln etwas nützten.

An diesem Fall, scheint mir, könnten wir gut prüfen, ob es sich um Regression in der engeren Bedeutung des Wortes handelt. Doch ich werde darauf zurückkommen, wenn ich mich mit der Entwicklung des Gehörnervensystems beschäftigt habe. Es wird dann deutlich werden, warum die Experimente mit gefilterten Tönen, die wir seit mehr als fünfundzwanzig Jahren durchführen, nie zu Regression führen, sondern stets sensomotorische Reaktionen hervorrufen: gestische Ausdrucksformen eines Phänomens, das tief verwurzelt ist in einer Zeit, da der menschliche Körper im Mutterleib entsteht.

Vorher will ich auf das fetale Horchen eingehen, auf das, was der Fetus wahrnimmt, was er so intensiv erlebt in seiner engen Welt. Das ist ein Thema, das mir sehr am Herzen liegt. Ich habe verschiedene Gründe gehabt, diese Theorien über fetales Horchen zu entwickeln. Wohl weil ich mich schon so lange mit dieser Frage auseinandersetze, ist in mir der Wunsch gewachsen, die Ergebnisse zu sammeln und zu erläutern. Da der Gegenstand an Aktualität gewinnt, erscheint es mir angebracht, meine Meinung darzulegen. Ich arbeite seit vielen Jahren auf diesem Gebiet. Deshalb möchte ich mich zu einem Thema äußern, das ich gut zu kennen glaube und mit dem ich mich Tag für Tag beruflich befasse.

Neue Generationen, die nachdrängen und ihre Vorgänger beiseite schieben, haben von ihren Entdeckungen berichtet und ihre Argumente vorgebracht. Ich würde mich freuen, wenn ich diesen jungen Forschern durch die Veröffentlichung meiner Ergebnisse die Enttäuschung über Mißerfolge und die Vergeudung kostbarer Zeit ersparen könnte. Ich möchte ihnen zeigen, welche Hindernisse und Holzwege sie auf diesem Gebiet erwarten.

Schließlich gibt mir dieses Buch Gelegenheit, das niederzuschreiben, was ich täglich über das intrauterine Leben erläutere, und all das, was im engeren und weiteren Sinne damit zu tun hat. Da ich nicht mehr daran gewöhnt bin, mich rhetorischer Kunstgriffe zu bedienen, will ich hier meine Vorstellungen über das fetale Leben und, allgemeiner, das Leben überhaupt ganz schlicht und direkt zu Papier bringen.

Im Dunkel
des Mutterleibs

Daß der Fetus Laute wahrnimmt, daß er sie hört und daß er sich sogar äußert – alle diese Annahmen sind mir seit langer Zeit zur Gewißheit geworden. Sie gewinnen auch für andere Wissenschaftler der verschiedensten Fachgebiete an Realität, räumen sie doch der fetalen Welt eine immer größere Bedeutung für die Entwicklung der Kommunikation des Menschen mit seiner Umwelt ein.

Vor etwa dreißig Jahren habe ich solche Theorien zum erstenmal geäußert. Sie erschienen manchen Leuten so ungewöhnlich, daß ich viele Anfeindungen aus wissenschaftlichen und medizinischen Kreisen hinnehmen mußte. Dessenungeachtet setzte ich meine Forschungsarbeiten fort, denn die klinischen Ergebnisse, die sich aus den Experimenten ergaben, waren sehr ermutigend.

Was waren das für Experimente? Sie gingen von Beobachtungen aus, die an erwachsenen Versuchspersonen gemacht worden waren und Gegenreaktionen des Gehörs auf die Stimmbildung betrafen. Schon 1947 hatte ich den Eindruck gewonnen, daß die audiovokale Schleife einem Regelkreis im kybernetischen Sinne ähnelt. Als ich diese Ergebnisse zunächst auf Jugendliche und dann auf immer jüngere Kinder übertrug, entdeckte ich beim Säugling eine erstaunliche Reife des vestibulo-cochleären Systems – des gesamten Innenohrs also, das das Gleichgewichts- und das Hörorgan umfaßt – und der erwähnten Gegenreaktionen. So kam mir zwangsläufig der Gedanke, daß diese Prozesse möglicherweise schon vor der Geburt angelegt werden.

Ich gelangte zu diesen Hypothesen noch auf einem zweiten Wege, und zwar eher durch theoretische Überlegungen als durch klinische oder experimentelle Befunde. Bei der kursorischen Lektüre eines Buches über den Kehlkopf – Verfasser war der englische Autor V. E. Negus, der zu jener Zeit, da ich mit meinen Forschungen begann, als Autorität auf diesem Gebiet galt – stieß ich in dem mehrere hundert Seiten starken Band auf einen kurzen Abschnitt, in dem es hieß, es sei bereits *in ovo* eine Informationsübertragung – also praktisch eine Erziehung – von der Henne auf die künftigen Küken möglich.

Unter anderem heißt es in diesem Abschnitt, daß aus Eiern, die von einer Singvogelart stammten, aber von Vögeln ohne die Fähigkeit zum Gesang bebrütet wurden, Junge schlüpften, die mit hoher Wahrscheinlichkeit nicht singen konnten. Weiter berichtet der Autor, daß die Jungen, wenn die gleiche Situation mit «Brutvögeln» wiederholt wurde, die anders sangen als die «Legevögel», ihren Gesang in einer gewissen Zahl der Fälle nach dem Vorbild der «Adoptiveltern» abänderten.

Wenn sich eine derartige Informationsmenge durch die Eierschale hindurch übertragen läßt, überlegte ich damals, dann bietet die Gebärmutterwand vielleicht die gleiche Möglichkeit. Ich fragte mich, was sich wohl *in utero* zwischen dem Fetus und seiner Mutter einerseits und dem Fetus und der Außenwelt andererseits abspielen mochte. Ich muß allerdings einräumen, daß ich mich von Anfang an stärker auf die Beziehung zwischen Mutter und Kind als auf andere Kommunikationsmöglichkeiten konzentrierte. Schon seit längerer Zeit malte ich mir den Dialog aus, der im Uterus einsetzt: diesen Stoffwechselaustausch, der dem Embryo sein atemberaubendes Wachstum ermöglicht. Ich machte mir eine keineswegs ungewöhnliche Vorstellung von dieser Beziehung zwischen Mutter und Kind – ein äußerst enges Verhältnis zweier Lebewesen, die dasselbe Abenteuer erleben. Ich fragte mich, was in diesem entstehenden Körper vorgeht. Was für eine Kommunikation mag zwischen den beiden Geschöpfen stattfinden? Wie nimmt der Fetus seine Mutter wahr, wie hört er sie, wie horcht er nach ihr?

In dem Bemühen, dieses uterine Dasein näher zu erfassen, versuchte ich herauszufinden, in was für eine Klangwelt der Menschenkeimling eingetaucht ist. Die Geräusche von Darmtätigkeit, Atmung, Herzrhythmus und Bewegungen der Mutter waren leicht vorstellbar. Mir war der gleichbleibende, sich ständig wiederholende Rhythmus der physiologischen Vorgänge bekannt, die das neurovegetative Leben der schwangeren Frau prägen. Interessiert war ich an der Art und Weise, wie der Fetus sie wahrnimmt. Wird er von der Flut dieser Geräusche überwältigt, oder vermag er sich gegen sie zu schützen? Und wenn – auf welche Weise?

Um eine Antwort auf diese Fragen zu finden, beschäftigte ich mich zunächst mit dem fetalen Gehörsinn – seiner Entstehung und seiner strukturellen Entwicklung. Ich hatte kaum irgendwelche Ansatzpunkte, weil es damals praktisch keine Literatur zu diesem Thema gab. Einige Jahre später stieß ich dann doch auf ein paar vereinzelte Versuche anderer Forscher, die mich dazu ermutigten, meine Studien fortzusetzen. Mehr oder weniger auf mich allein gestellt, versuchte ich eine Vorstellung von der Klangwelt zu gewinnen, in der der Fetus lebt, und wollte vor allem wissen, wie er auf diese Welt reagiert. Es genügte nicht, die Besonderheiten seiner Umgebung zu registrieren, es galt vielmehr, seine Lauterfahrungen genauestens kennenzulernen. Wir befinden uns in einem akustischen Milieu, das bekanntlich vom Infra- bis zum Ultraschall reicht, während unser Hörvermögen auf den Bereich von 16 bis 16 000 Hertz beschränkt ist. Entsprechend sehen wir nur innerhalb der Grenzen von Infrarot und Ultraviolett, obwohl wir in ein Licht getaucht sind, dessen Frequenzspektrum mehrere Oktaven umfaßt.

Ich blieb also bei meinen Auffassungen, obwohl ich von einigen Kollegen heftig angegriffen wurde. Sie nahmen Anstoß an meinen Hypothesen über die Art und Weise, wie der Fetus die Schallwellen aufnimmt, die von allen Seiten auf ihn eindringen. Ihr Interesse galt ganz anderen Dingen: Während einige – nicht ohne beträchtliche Gefahr für Mutter und Fetus – Mikrosonden in die Gebärmutter einführten, beschäftigten sich andere mit der Veränderung des Herzrhythmus durch akustische Reize. Andere bedienten sich noch ausgefeilterer Techniken, um das Schallmilieu der Gebärmutter kennenzulernen.

Doch war durch keinen der verschiedenen Forschungsansätze in Erfahrung zu bringen, wie der Fetus seine Klangwelt wahrnimmt. Wenn man die fetale Wahrnehmung untersucht, muß man unterscheiden zwischen dem akustischen Milieu, das den Fetus umgibt, und dem, was er in diesem Durcheinander von Geräuschen zu entschlüsseln vermag. Mit anderen Worten: Aus der Gesamtheit der uterinen Geräusche wird sein Gehörsystem selektiv die Töne aufnehmen, für die er anscheinend bestimmt ist, das heißt, die er kodieren und dekodieren kann. Was der Fetus empfängt und was er wahrnimmt, sind also zwei völlig verschiedene Dinge. Zwar findet die Wahrnehmung innerhalb des ihn umgebenden Schallspektrums statt, aber sie erfaßt nur einen Teil dieses Spektrums und richtet sich überdies nach den physiologischen Mechanismen des Gehörs.

Das Charakteristikum des Ohres ist nicht, alles zu hören, sondern zu wissen, was es hören muß. Auf diese Selektionsmöglichkeit gründet sich die gesamte Physiologie des Hörens. Dieser menschlichen Gabe zu horchen verdankt die Phylogenese ihr Fortschreiten. Das zeigen zum Beispiel die Anstrengungen, die im Laufe der Jahrtausende erforderlich waren, um aus der Statozystenzelle der Qualle – die schon große Ähnlichkeit mit der Corti-Zelle, der Hörsinneszelle, aufweist – jene «Antenne» zu machen, die uns das Horchen

auf den anderen, die menschliche Kommunikation erst ermöglicht.

In den folgenden Jahren konnte ich deutlich machen, daß
innerhalb des Wahrnehmungsspektrums, also des Schallspektrums, das unser Gehörsystem aufnimmt, nicht alle
Töne in der gleichen Weise wahrgenommen werden. Das
Phänomen der subjektiven Sinneserfahrung deckt sich folglich nicht unbedingt mit den physikalisch definierten Schall-
ereignissen.

So wird jeder Klang, das heißt jede Schallinformation
innerhalb des Wahrnehmungsbereichs, gemäß den Eigenschaften und Präferenzen des Gehörsystems umgewandelt
(in der mathematischen Bedeutung des Wortes). Das menschliche Ohr nimmt also ein Schallereignis, gekennzeichnet
durch Schwingungen, ihre Frequenz (Tonhöhe) und ihre Intensität (Lautstärke), anders auf als ein Aufzeichnungsgerät:
nämlich entsprechend der Reaktionen des vestibulo-cochleären Apparates (des Innenohres) und seiner Anhangsgebilde
(Mittel- und Außenohr).

Wir müssen stets im Gedächtnis behalten, daß in der
Akustik das Ohr eine maßgebende Rolle spielt. Es trifft seine
Wahl innerhalb des Schallspektrums und hat seine Vorlieben
für bestimmte Frequenzbänder. Ohne den klassischen Begriff
der *Black box* strapazieren zu wollen, komme ich zu dem
Ergebnis, daß das Ohr nach eigenen Kriterien in den Wahr-
nehmungsprozeß eingreift und die eintreffende Information
gemäß seinen Widerständen und Präferenzen prägt. Wir nehmen ein Geräusch mit bestimmten physikalischen Merkmalen in einer Weise wahr, die aus einer Reihe psycho-physiolo-
gischer Reaktionen hervorgeht.

Mein besonderes Interesse galt somit der Frage, wie der
Fetus auf die Laute seiner Umwelt reagiert, vor allem, wie er
die Stimme seiner Mutter wahrnimmt, ihre Melodie, ihre
Intonation, ihre Klangfarbe, all das, was in irgendeiner Weise
ihre Gefühle, ihre Erfahrungen, ihre Liebe zum Ausdruck

bringt. Wie sieht der Dialog aus, der für die Kommunikation zwischen ihm und der Mutter sorgt? Ich ahnte, daß es ihn gibt, hatte damals aber noch keine Möglichkeit, ihn zu bestimmen oder experimentell nachzuweisen.

Während ich mir alle diese Fragen stellte und sie zu beantworten suchte, so gut ich vermochte, indem ich einige klinische Befunde zusammentrug, erinnerte ich mich an die Experimente von André Thomas, dem namhaften Kinderneurologen, den ich persönlich kennengelernt hatte. Beeindruckt war ich vor allem von seinen Arbeiten über die Stimme der Mutter. Ich war verblüfft von der Reaktion, die jedes Neugeborene von Anfang an zeigt, wenn die Mutter seinen Vornamen ausspricht. Es beugt sich zur Mutter, als wolle es sie wiederfinden, als wolle es anknüpfen an jene ganz besondere Lautbeziehung, in die es einst im uterinen Universum eingebettet war. Nur für die Stimme der Mutter war es ansprechbar. Alles andere interessierte es nicht. Das Neugeborene reagiert nur auf den von der Mutter gesprochenen Vornamen. Natürlich untermauerte das «Zeichen des Vornamens» – ein von André Thomas geprägter Begriff (man hätte auch vom «Zeichen der Mutterstimme» sprechen können) – meine Überzeugung, daß der Fetus die Stimme der Mutter hört.

Aber was hört er nun im Mutterleib? Was engrammiert er in die entstehenden Neuronen? Wie reagiert er auf die Informationsmengen, die ihn ständig bedrängen? Nimmt er die Totalität auf und integriert er alles, ohne zu analysieren, ohne zu unterscheiden? Oder entschließt er sich von Anfang an zu einer Selektion, die ihm neun Monate lang ein angenehmes Leben im Leib der Mutter und einen ganz besonderen, unvergleichlichen Dialog mit ihr ermöglicht, den er fortan, in seinem ganzen späteren Leben – postnatalen Leben, versteht sich – wiederzufinden trachtet?

Hier beschloß ich, einige Experimente durchzuführen, die mir auf alle diese Fragen Antwort geben sollten. Trotz der

sehr begrenzten Mittel, über die ich verfügte, ließ ich mich
auf den abenteuerlichen Versuch ein, herauszufinden, wie
der Fetus die Stimme der Mutter durch das Fruchtwasser
hindurch vernimmt. Nach unzähligen Versuchen, von denen
am Ende des Kapitels anekdotisch die Rede sein soll, gelangte
ich zu stark gefilterten Modulationen, von denen ich annahm, sie könnten dem Schallmaterial ähneln, das dem Fetus
zur gewohnten Klangwelt wird. Ich nannte sie «gefilterte
Töne» und reproduzierte sie elektronisch, um sie über das
Elektronische Ohr Kindern und Erwachsenen vorzuspielen,
die mich wegen Hör- und Kommunikationsproblemen aufsuchten.

Ich begann also, mit gefilterten Tönen zu experimentieren
und die Ergebnisse festzuhalten. Es handelte sich um Auf-
zeichnungen der Mutterstimmen; um einen Schockeffekt zu
verhindern, wurden sie stufenweise bis 8000 Hertz gefiltert,
eine Grenze, die mir der intrauterinen Wahrnehmung zu
entsprechen schien. Das Klangmaterial wurde durch Hochpaßfilter geschickt, mit denen man die tiefen Frequenzen
nach Belieben herausfiltern oder im Verhältnis zu den hohen
abschwächen kann.

Damals konnte ich meine Hypothesen nur überprüfen,
indem ich täglich die Wirkung der gefilterten Töne beobachtete. Es zeigte sich eine Veränderung der neurovegetativen
Vorgänge: Der normale Schlafrhythmus stellte sich wieder
ein, die Alpträume veschwanden, normaler Appetit trat an
die Stelle von Freßsucht oder Appetitlosigkeit. Das Verhalten
zeigte insgesamt eine Tendenz zur Normalisierung. Es
schwankte um einen Gleichgewichtspunkt, wobei es zwischen großem Zärtlichkeitsbedürfnis und einer sehr ausgeprägten Aggressivität hin- und herpendelte. Die gesteigerte
Fähigkeit zu horchen zeigte sich an einem wachsenden Interesse für die Umgebung.

Mit diesem Erwachen, dieser gesteigerten Aufmerksamkeit meldete sich der klare Wunsch, Beziehungen anzuknüp-

fen, zunächst mit der Mutter, dann mit dem Vater, der Familie, dem gesellschaftlichen Umfeld. Gleichzeitig wurde die Sprache differenzierter: ausdrucksvoller, grammatikalisch korrekter, flüssiger und logischer. Überall waren Anzeichen für wachsende Kreativität zu entdecken.

Obwohl mir die erstaunliche Wirksamkeit dieses Verfahrens jeden Tag deutlicher vor Augen geführt wurde, beschäftigte mich doch die Frage, ob ich nicht auch andere Filtermethoden erproben müßte. Solche Bedenken fanden lautstarke Unterstützung bei meinen Kollegen, die meine Experimente in Zweifel zogen und behaupteten, der Fetus höre vor allem tiefe Töne. Nach meiner Überzeugung ließ sich eine Antwort auf diese Fragen zum fetalen Klangerleben nur durch eine Analyse finden. Ich führte also mehrere Experimente durch, wobei ich den Durchlaßbereich der Filter von den tiefsten zu den höchsten Tönen variierte und die Reaktionen auf dieses verschiedene Klangmaterial aufzeichnete. Ich habe Verständnis für den Wunsch nach Verhaltensstatistik, die die Häufigkeit der Reaktionen auf solche Schallinformationen erfaßt, meine aber nach wie vor, daß auch die klinischen Befunde nicht ohne Interesse sind und daß ihnen aufgrund ihrer Wiederholbarkeit der Rang und die Bedeutung einer statistischen Aussage zukommen. Während langer Monate bemühte ich mich also, die Wirkungen der verschiedenen Frequenzbereiche aufzuzeichnen. Bei Verwendung verschiedener Hochpaß- und Tiefpaßfilter stellte ich fest, daß hohe Frequenzbereiche sehr viel belebender wirken als tiefe. Zugleich registrierte ich, durch welche Tonhöhen Verhaltensänderungen herbeigeführt wurden, und gelangte dadurch zu bestimmten Schlußfolgerungen, durch die sich einige Phänomene der akustischen Wahrnehmung besser erklären ließen. Sichten wir deshalb kurz die Ergebnisse der verschiedenen Experimente:

1. Tiefe Töne, die dem Säugling, Kind oder Erwachsenen zugespielt werden, wirken einschläfernd. Dieser Effekt ist

vor allem vestibulärer, somatischer Natur und resultiert aus dem Ausfall des Körperbildes infolge einer spezifischen Wirkung auf die Innenohrflüssigkeit. Diese Prozesse werden besser verständlich, wenn ich an späterer Stelle die neurophysiologischen Erkenntnisse über das Innenohr referiere. Hier sei nur angemerkt, daß die tiefen Töne wohl nicht beruhigend wirken, wie manche meinen, sondern lediglich lähmend. Wenn ihnen Menschen ausgesetzt sind – vor allem Säuglinge, deren Reaktionen gegenwärtig Gegenstand zahlreicher Untersuchungen sind –, büßen diese ihre Reaktionsfähigkeit ein, so daß der Eindruck einer beruhigenden Wirkung entsteht. Diese Untätigkeit – fast könnte man von Erstarrung sprechen – kann tiefgehende Angst hervorrufen und letztlich zu schwerwiegenden Persönlichkeitsstörungen führen.

2. Die mittleren Frequenzbereiche, die vor allem der Sprache vorbehalten sind und die man ohne Schwierigkeit erhält, indem man die tiefen Töne ausblendet und gleichzeitig die Amplitude der Frequenzen zwischen 1000 und 2000 Hertz verstärkt, führen zu sehr lebhaften Reaktionen bei der Versuchsperson. Es hat ganz den Anschein, als rufe die Wahrnehmung dieser Frequenzen einen Schock hervor, der auf die Schwierigkeit der Versuchsperson zurückgeht, der Sprache und ihrer symbolischen Bedeutung zu begegnen – das heißt dem Bild des Vaters (siehe S. 285).

3. In den Bereichen über 2000 Hertz beobachten wir merkwürdige Phänomene. Eine erstaunliche Belebung setzt ein, die eine nicht minder verblüffende Lebensfreude zur Folge hat. Jenseits der 8000 Hertz-Grenze zeigen sich wieder andere Erscheinungen, die schwieriger zu analysieren sind. Doch können wir durch sehr sorgfältige Beobachtung daraus folgern, welche Engramme der besondere Tonfall der mütterlichen Sprache – der Muttersprache in der eigentlichen Bedeutung des Wortes – im Embryo hervorgerufen haben dürfte. Außerdem messen wir die Klangqualität der Mutter-

stimme, die für die Versuchsperson starken Gefühlswert besitzt.

Diese gefilterte Mutterstimme entspricht somit dem Klangmaterial, das übrigbleibt, wenn man die inhaltliche Verständlichkeit der Sprache aufhebt. Ich halte sie für ein Vorstadium der sozialen Sprache, für das symbolisch die Mutter steht. Es ist die Grundstruktur, ein Produkt des Neuronennetzes, das als Träger der Sprechfunktion dient, die ihrerseits wiederum von der Sprachfunktion mobilisiert wird.

Ich will diesen Punkt etwas näher erläutern. Alle Anhaltspunkte sprechen nämlich dafür, daß die menschliche Sprache, die wir häufig als «Sprechfunktion» bezeichnen, Produkt einer höhergeordneten Funktion ist, der «Sprachfunktion», und zwar dank eines sehr zweckdienlichen Instrumentes. Gemeint ist das Nervensystem, das sich also als Träger einer hochentwickelten Funktion erweist, der Sprachfunktion, die ich hier symbolisch an den Logos anbinden will, um mich nicht auf Ausführungen einlassen zu müssen, die den Rahmen dieser Untersuchung sprengen würden.

Die Sprachfunktion erobert das Nervensystem über eine eigens dafür eingerichtete Eingangspforte: das Ohr. Dieses besitzt zwei Funktionsebenen:

1. Die erste, vestibuläre, ist die ontogenetisch frühere. Sie betrifft vor allem den Embryo. Der Vestibularapparat (Gleichgewichtsorgan) ist das Organ, das unser räumliches Verhalten steuert, und fungiert zugleich dank der Sinnesreize und seiner Reaktion auf die Schwerkraft als Energiezentrale. Daraus entwickeln sich verschiedene Funktionen, die für Statik und Motorik zuständig sind.

2. Die zweite Funktionsebene – sie betrifft vor allem das Fetalstadium – wird von der Cochlea oder Schnecke bestimmt. Ihre Entstehung ist von einem Prozeß begleitet, der direkt auf die Hirnrinde einwirkt. Jede vestibulär aufgenommene Information (erste Funktionsebene) nimmt eine

sprachliche Form an, die um so differenzierter ist, als der Körper sich in einem Raum befindet, der vorher schon durch den Sehapparat klar strukturiert ist.

Die beiden Prozesse, mittels deren das Ohr die sprachliche Kommunikation vorbereitet, entstehen also im Fetalstadium durch neurophysiologische Mechanismen, die ich noch genauer untersuchen werde. Es bleibt allerdings die Frage, zu welchem Zeitpunkt der intrauterinen Entwicklung sie angelegt werden. Dies war eine der Fragen, die ich mir während der verschiedenen Experimente immer wieder stellte.

Als man nämlich bewiesen hatte, daß der Fetus hört, als eine immer größere Zahl von Veröffentlichungen meine Auffassungen bestätigte und als Wissenschaftler der verschiedensten Nationalitäten und Fachbereiche mit ihren Experimenten die Zweifel ausräumten, die die akustische Wahrnehmung des Fetus betrafen, blieb weiterhin ungewiß, in welchem Alter der Fetus zu hören beginnt.

Aus anatomisch-physiologischen Versuchen wußte ich, daß der Fetus mit viereinhalb Monaten in der Lage ist, auf Laute zu reagieren. In diesem Alter ist sein Ohr in der Regel ausgebildet. Die Entwicklung von Innenohr und Gehörknöchelchen (im Mittelohr) ist anatomisch abgeschlossen. Das Labyrinthsystem hat seine endgültige Größe erreicht. Der Hörnerv, der als erster myelinisiert wird, nimmt seine Funktion auf, tritt also in seine aktive Phase, wenn der Embryo anfängt, sich zu bewegen, und zum Fetus wird, das heißt nach viereinhalb Monaten intrauterinen Lebens.

Doch nach meiner Auffassung arbeitet der Vestibularapparat schon viel früher. Auch wenn die Wahrnehmung noch nicht in dem Sinne integriert wird, wie wir es im allgemeinen verstehen, das heißt in direkter Form, so gibt es doch bereits eine Reaktion, die zeigt, daß es zu einer Aktivierung der metamerischen Reflexbögen unter vestibulärer Kontrolle kommt. Auch zu früheren Zeitpunkten also können die Schallreize schon sehr wohl Reaktionen hervorrufen, und zwar solche, die im wesentlichen auf die Haut beschränkt sind. Dazu sind die nervösen Prozesse von Ausbreitung und Kontrolle nicht erforderlich – Aktivitäten, die sich, wie wir sehen werden, erst später, in Verbindung mit der Myelinisation, ausbilden. Sie schaffen im weiteren Verlauf die Voraussetzungen für das Funktionieren des Nervensystems.

Während sich also das Gehirn entwickelt, organisiert und myelinisiert, sammelt – so meine Theorie – der Vestibularapparat bereits tausend Informationen, indem er sie aufnimmt, speichert und engrammiert, um sie später an andere Orte weiterzugeben. Es scheint somit zunächst eine umfassende, globale Integration stattzufinden und erst später, durch Entflechtung, die Auswertung dieses ersten, global gespeicherten Materials.

Dieser vestibuläre Mechanismus, der sich also bereits beim Embryo zeigt, entfaltet rasch seine Wirkung, wenn diese auch passiver Natur zu sein scheint. In einem ersten grundsätzlichen, automatischen, aber nicht unbewußten Dialog läßt er in Umrissen die Vorstellung einer Zweiteilung von Körper einerseits und Außenwelt oder Milieu andererseits entstehen. Er engrammiert, er bereitet die aktive Phase mit ihren Muskelreaktionen vor.

Mit dieser persönlichen Auffassung, daß die akustische Wahrnehmung nicht erst nach viereinhalb Monaten fetalen Lebens beginnt, sondern lange vorher, und damit embryonal ist, das heißt, bereits von dem Embryo erlebt wird, habe ich zahlreiche Kontroversen heraufbeschworen. Trotzdem meine ich auch weiterhin – ich werde im neurologischen Kapitel eingehender auf diesen Punkt zu sprechen kommen –, daß sich diese Wahrnehmungen einerseits in den Vestibulariskernen (das sind richtiggehende primitive Gehirne, die die aufgenommene Information im Körper weiterleiten) und andererseits in den später hinzukommenden Cochleariskernen befinden und sich erst in der Folgezeit zusammen mit ihrer körperlichen Gegenreaktion auf die Hirnrinde werfen.

Die Fälle, von denen ich zu Beginn des Buches berichtet habe, weisen darauf hin, daß eine Engrammierung im Embryonalstadium, also bereits vor dem Fetalstadium, stattfindet. Und hier wird das Abenteuer faszinierend und verwirrend zugleich, denn es bringt uns in eine zwiespältige Situation. Spricht doch alles dafür, daß etwas geschehen sein muß – wie sollte es anders sein –, während unsere skeptische Vernunft, ausgerichtet am aktuellen Stand der Wissenschaft, uns sagt, daß dies nicht möglich ist.

Die Rolle des Gleichgewichtsorgans (Vestibularapparat) scheint also wichtiger zu sein, als gemeinhin angenommen wird. Lange meinte man, seine Hauptaufgabe sei es, für das Gleichgewicht zu sorgen und die Körperhaltung zu steuern. Nach meiner Auffassung geht seine Funktion weit darüber hinaus. Aus klinischen Befunden geht hervor, daß das Gleichgewichtsorgan nicht unempfindlich für die *Schallwellenpakete* ist, die es zur gleichen Zeit wie die Cochlea erreichen. Es handelt sich wirklich um Schallpakete im wahrsten Sinne des Wortes, die im Ohr eintreffen. Und das Ohr muß auf diese Schallgebilde reagieren. Daraufhin wird das gesamte vestibulo-cochleäre System aktiv und nicht, wie gemeinhin angenommen, der cochleäre Apparat allein. Man kann sich unmöglich vorstellen, daß das knöcherne Labyrinth, welches alle vom Schädelknochen übertragenen Schwingungen aufnimmt, diese klassifizieren und entsprechend Cochlea oder Vestibularapparat zuweisen kann. Letzterer erhält ebenso wie die Cochlea das von außen kommende Schallpaket, nur geht er mit diesem anders um.

In einer eingehenden Untersuchung des akustischen Nervensystems im folgenden Kapitel werde ich genauer zeigen, wie der Vestibularapparat mit dem Schallpaket verfährt, das er empfängt. Medizinern ist seit langem bekannt, daß alle Körperbewegungen auf die Vestibularflüssigkeit einwirken, während akustische Rhythmen die gleiche Flüssigkeit im Bereich von Utriculus, Bogengängen und Sacculus mobilisieren. Deshalb sind diese Teile des Vestibularapparates fähig, integrierte Bewegungen zu reproduzieren oder im Gedächtnis zu speichern. Später wird der Vestibularapparat (Gleichgewichtsorgan) bis zu einem gewissen Grad die Fähigkeit zur Frequenzanalyse erlangen. Alles berechtigt zu der Annahme, daß dieses Organ eine Unterscheidungsfähigkeit erreicht, die bis zu 800 oder gar 1000 Hertz geht. Jenseits dieses Durchlaßbereiches wird nur noch ein kompakter Schallimpuls wahrgenommen. Auf akustischer Ebene beschränkt sich die Funktion des Gleichgewichtsorgans sicherlich in erster Linie auf die Erfassung von Rhythmen. Durch Vermittlung letzterer entsteht eine bestimmte Vorstellung vom Körper, ein Körperbild, und zwar durch die körperliche Erfassung dieser Rhythmen.

So kann das Ohr Laute empfangen und sie «paketweise» aufnehmen, ohne sich zunächst weiter um die Analyse etwa der rhythmischen Elemente oder um die Entzifferung der Fragmente einer sprachlichen Information zu kümmern. In einem zweiten Schritt kann es dann, wenn es will – und wenn es entsprechend geschult ist –, die Frequenzanalyse der Wellenpakete vornehmen. Damit bringt es eine ganz andere Wahrnehmungsweise ins Spiel. Im übrigen kann es diese beiden Mechanismen nach Belieben kombinieren.

In der ersten Phase reagiert das Ohr also auf die Impulse, die von diesen Paketen übermittelt werden, auf die eintreffenden Energiemassen, und fertigt lediglich eine quantitative Analyse an: Es zerlegt sie in Rhythmen, zeitliche Abfolgen, relative Intensitäten. In der zweiten Phase verlagert sich das Geschehen dagegen in eine ganz andere Dimension, nämlich in die der Frequenzanalyse. Hier wird die interne physikalische Veränderung erfaßt, die die in das labyrinthische System eindringenden Energiepakete hervorrufen.

In der ersten Phase reicht die Erfassung der rhythmischen Diskontinuität von 0 bis 16, manchmal auch bis 32 Hertz. Hier ist das Gleichgewichtsorgan zuständig. Oberhalb dieser

Grenze wird ein Kontinuum wahrgenommen, das je nach der Leitfähigkeit des Ohres von 16 oder 32 bis zu 16 000 oder 20 000 Hertz reicht, um sich jenseits dieser Grenze im Bereich der Unhörbarkeit zu verlieren. Halten wir fest, daß der Rhythmus ab 16 Hertz eine Kontinuität gewinnt, die ihm die Eigenschaft eines Tons verleiht. Und damit beginnt das Aufgabengebiet der Cochlea.

Bei der Aufnahme der Schallpakete lassen sich also mehrere Faktoren unterscheiden, von denen zwei besonders wichtig sind:

1. Eine Wahrnehmung erster Ordnung, die «paketweise» vonstatten geht, eine Art Quantifizierung nach rhythmischen Kriterien, die das Gleichgewichtsorgan unter Beteiligung des ganzen Körpers vornimmt.

2. Eine Wahrnehmung zweiter Ordnung, die die empfangene Information nach qualitativen Kriterien analysiert. Dieser die Wahrnehmung erster Ordnung ergänzende Prozeß obliegt in erster Linie der Cochlea.

Doch ist es äußerst schwierig zu bestimmen, wann der Cochlearapparat das Gleichgewichtsorgan ablöst. Anscheinend macht sich jede Einwirkung auf die Innenohrflüssigkeit im gesamten vestibulo-cochleären System bemerkbar. Das läßt, nebenbei bemerkt, vermuten, daß Taube ihr Gleichgewichtsorgan, das heißt Utriculus und Sacculus, zur Wahrnehmung benutzen können, möglicherweise sogar zur differenzierten Wahrnehmung durch Frequenzanalyse.

Allerdings ist auch die Cochlea zuständig für alle Töne, von den tiefsten bis zu den höchsten. Die Reaktionskurve des Ohres ist also auf mehrere Aufnahmemechanismen zurückzuführen. Nach meiner Auffassung ist der Frequenzbereich von 0 bis 800 Hertz (C) dem Vestibularapparat vorbehalten, wobei die Reaktionen von 0 bis 16 Hertz in diskontinuierlicher Form erfolgen, ab 16 Hertz in kontinuierlicher. Von 800 bis 8000 Hertz (B) wird die Aufgabe von anderer Stelle übernommen, wobei ein kritischer Punkt bei 3000 Hertz liegt.

Schließlich kommt es bei 8000 Hertz (A) zu einer Wahrnehmung, die mit den beiden anderen nicht zu vergleichen und schwer zu erklären ist. Die Modulation scheint sich vermittels der Molekularbewegungen der Innenohrflüssigkeit zu vollziehen. Jenseits der 8000 Hertz-Grenze gibt es also eine einfache modulierte Wahrnehmung, durch die sich der Rückgriff auf spontane und automatische Regulationen erübrigt, wie er für die niedrigeren Frequenzbereiche erforderlich ist.

So lassen sich drei Hörweisen unterscheiden. Sicherlich sind sie nicht die einzigen, aber mit ihrer Hilfe läßt sich die Alltagserfahrung schon wesentlich besser verstehen.

Nach meinen Vorstellungen reagiert das Gehör also auf:

(A) eine ständige unterschwellige Erregung, die durch die Eigenbewegungen des Ohres hervorgerufen wird und von der unter anderem das Hören des «Lebensklangs» abhängt;

(B) eine Modulation, die zur ersten Bewegung hinzutritt und von der Cochlea registriert wird;

(C) und schließlich eine mehr quantitative Modulation, die vestibulär entschlüsselt wird.

Mich interessierte vor allem die erste dieser sensorischen Stufen, da sie mir auf der Ebene dessen zu liegen schien, was ich für die fetale Wahrnehmung hielt und was ich im Laufe meiner vielen Laborversuche zufällig entdeckt hatte. Ich sage «zufällig», weil ich in verschiedenen Experimenten Schalleindrücke gewonnen hatte, die sich nach meiner Auffassung auch ergeben, wenn der Ton das Fruchtwasser durchquert hat. Diese Flüssigkeit wirkt meines Erachtens wie ein Hochpaßfilter. So hielt ich die gefilterten Töne, deren Wirkung mich immer wieder in Erstaunen versetzte, für das Ergebnis eines logischen Experimentalprozesses, während sie, wie wir sehen werden, in Wahrheit einfach das Ergebnis einer falschen Apparatur waren. In Wirklichkeit hatte der Analysator, den ich anfangs benutzt hatte, wie ein Filter gewirkt.

Doch bevor ich soweit gekommen war, hatte ich zunächst versucht, die uterinen Geräusche aufzufangen, die, wie es scheint, die Schallwelt des Fetus ausmachen. Mit den Instrumenten, die damals, in den fünfziger Jahren, zur Verfügung standen, versuchte ich, diese Geräusche mit Hilfe von Mikrofonen durch die Bauchwand schwangerer Frauen hindurch aufzuzeichnen. Ich versuchte, so gut ich es vermochte, die Informationen zu entschlüsseln, die ich aus dem neurovegetativen Klanguniversum der Mutter auffing – die Geräusche aus Magen und Darm, des Herzens und der Lunge und vor allem diejenigen, die mit der Sprache und Stimme der Mutter zusammenhängen (Abb. 1).

Schließlich war ich bemüht, Töne aufzufangen und zu analysieren, die ich mit Hilfe kleiner Lautsprecher auf dem Bauch der Mutter in Richtung Gebärmutter sandte (Abb. 2).

Das war nicht einfach. In den letzten Jahren haben zahlreiche Forscher dank der technischen Weiterentwicklung sehr viel leichter Untersuchungen mit gleicher Zielsetzung durchführen können. Doch immerhin lieferte das Experiment auch unter den damaligen Bedingungen, die weit primitiver waren als heute, sehr aufschlußreiche Informationen. Allerdings war es nicht möglich, die Veränderungen zu berücksichtigen, die die physiologischen Rhythmen der Mutter herbeiführten – der Herzschlag oder das Auf und Ab der Atmung. Die Hypothese, daß auch die Geräusche aus der Umwelt der Mutter im Uterus wahrgenommen werden, blieb gänzlich unbeantwortet. Doch schon damals konnte ich feststellen, daß der Fetus auf Reize dieser Art ansprach. Er machte sich durch motorische Reaktionen bemerkbar, die unzweifelhaft in Beziehung zu Schallemissionen standen, die für ihn bestimmt waren.

Angesichts der vielen Ungewißheiten, die sich aus meinen Versuchen ergaben, gelangte ich indessen zu dem Schluß, daß ich für solche Forschungsarbeiten nicht hinreichend ausgerüstet sei und deshalb nach anderen Verfahren suchen müsse. Ich hielt es für besser, in Zukunft auf direkte Experimente zu verzichten, weil ich befürchtete, die Ergebnisse könnten ver-

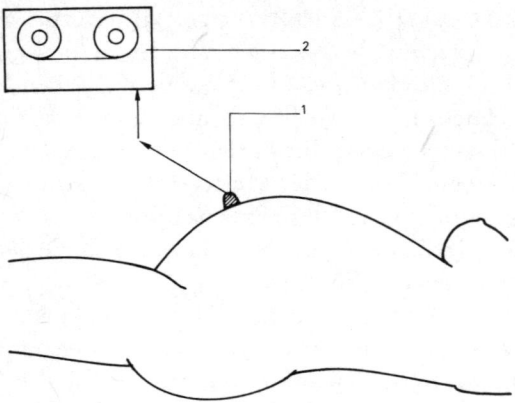

Abb. 1: 1 Mikrofon – 2 Tonbandgerät (Aufzeichnung)

Abb. 2: 1 Tonbandgerät (Sender) – 2 Lautsprecher – 3 Mikrofon –
4 Tonbandgerät (Aufzeichung)

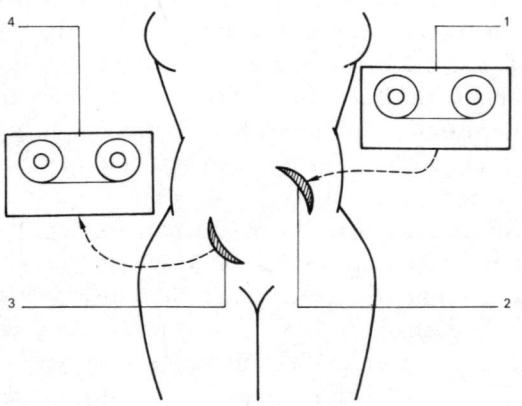

zerrt sein. Es war möglich, daß der Streß, den die Experimentalsituation bei der Mutter hervorrief, mochte er auch minimal sein, nicht nur zur Ausschüttung von Hormonen führte, sondern auch Modifikationen im akustischen Milieu der Gebärmutter auslöste. Denkbar wären zum Beispiel spürbare Einwirkungen auf die Informationsstrukturen, die den Fetus betreffen, etwa durch Kontraktionen der Bauch- oder Gebärmutterwand beziehungsweise durch gleichzeitige Veränderungen beider.

Als ich den Eindruck gewann, daß mich diese ersten Forschungsarbeiten nicht weiterführen würden, weil es mir an geeigneten Untersuchungsgeräten fehlte, unternahm ich den Versuch, das feuchte Milieu des Fetus nachzuahmen, indem ich Mikrofone und Lautsprecher in eine Flüssigkeit tauchte. Das Ganze war zum Schutz von Sender und Empfänger mit Gummihäuten umgeben. Von Anfang an hatte ich mich mit zahllosen Schwierigkeiten herumzuschlagen. Zwar war es leicht, Lautsprecher und Mikrofon einzutauchen, aber die erforderlichen räumlichen Ausmaße standen in keinem Verhältnis zu den Dimensionen der Gebärmutter. Vor allem gelang es mir nicht, die Geräusche auszuschalten, die aus der Luft an den Ansatzstücken der Schutzhäute eindrangen. Natürlich konnte man die Schutzhüllen schließen, am besten unterhalb der Flüssigkeitsoberfläche, doch dabei offenbarte sich eine noch größere Schwierigkeit: Es bestand die Gefahr, daß sich um Lautsprecher und Mikrofon eine Luftblase bildete. Es galt also, eine Versuchsanordnung zu schaffen, die einerseits die Bildung einer Luftblase verhinderte, andererseits aber auch dafür sorgte, daß kein Unter- oder Überdruck entstand, wodurch die Elastizität der Membranen von Sende- und Empfangsgeräten beeinträchtigt worden wäre. Den Druck prüfte ich mit einem Manometer, so daß für das einwandfreie Funktionieren der Geräte gesorgt war, während ich gleichzeitig den Dämpfungskoeffizienten der Schutzhülle berücksichtigte. So versuchte ich, die Schalldämmung zu messen und zugleich den durch diese Dämmung bewirkten relativen Frequenzabfall zu berechnen. Das Ausmaß der Dämpfung ermittelte ich mit Hilfe von Frequenzspektren, die zum Vergleich dienten, um dann mit Hilfe entsprechender Filter eine Korrektur vorzunehmen. Man konnte davon ausgehen, daß die durch den Sender hervorgerufenen Verzerrungen nicht in gleicher Weise im Empfänger reproduziert wurden. Das war um so wahrscheinlicher, als ich anfangs einen normalen Lautsprecher und ein Mikrofon genommen hatte. Um Fehlerquellen in diesem Bereich auszuschließen, nahm ich als Sender und Empfänger zwei sehr kleine identische Sender-Empfänger. Dadurch konnte ich zugleich die Dimensionen der Versuchsanordnung erheblich reduzieren, so daß sie jetzt den Ausmaßen der menschlichen Physiologie in weit höherem Maße entsprachen.

Nachdem diese Korrekturen vorgenommen waren, begann ich mit den ersten Laborversuchen. Als Material benutzte ich Wasser in einem Glasgefäß, das ungefähr so groß war wie der Uterus einer Gebärenden. Als veränderliche Parameter hatte ich gewählt:

○ den Abstand zwischen Sender und Empfänger;
○ die Intensität des Schalls;
○ das von diesen beiden Parametern kontrollierte Frequenzspektrum.

Was den ersten Punkt betrifft, so hatte ich mich nach einigen Vorversuchen endgültig für einen mittleren Abstand von 1 bis 1,5 Zentimetern entschieden. Auch die Intensität blieb natürlich meinem Gutdünken überlassen. Ich wählte einen Mittelwert von 40 bis 60 Dezibel am Eingang des Empfangsgerätes, weil ich der Meinung war, dieser Bereich entspreche der normalen Hörgewohnheit des Ohres. Das zwang mich beim Sender zu einem Wert von mindestens 80, oft sogar 100 Dezibel, denn die Absorptionskraft meiner Versuchsapparatur war beträchtlich.

Zur Festlegung des Spektrums benutzte ich zunächst einen

Frequenzgenerator, um den Dämpfungsgrad besser beurteilen zu können, der sich aus der Überwindung der verschiedenen Hindernisse ergab, das heißt der Luft, die in der Schutzhülle enthalten war, der Wand der ersten Gummihaut, dann der Wasserschicht zwischen dieser Wand und der zweiten Gummihaut, der Luftblase im zweiten Schutzsack und schließlich des gesamten Empfängers.

Wie gesagt: Es galt zu verhindern, daß Sender und Empfänger unter den verfälschenden Bedingungen von Unter- oder Überdruck arbeiteten. Deshalb führten wir ein doppelt gekrümmtes Glasrohr ein, das im unteren Teil der konvexen Krümmung Wasser enthielt. Dieses einfache Manometer zeigte uns, welcher Druck in den Luftblasen im Innern der Schutzhülle herrschte.

Als Sender und Empfänger hatten wir uns die besten Geräte beschafft, die damals erhältlich waren. Ideal wären – zumindest auf den ersten Blick – Wasserlautsprecher und -mikrofone gewesen. Doch die lagen nicht im Rahmen unserer Möglichkeiten. Solche Geräte waren in Frankreich praktisch nicht aufzutreiben. Nur die Engländer schienen sie liefern zu können. Außerdem hätten diese Apparate so viel Raum in Anspruch genommen, daß die gesamte Versuchsanordnung über den Haufen geworfen worden wäre. Eine Badewanne hätte nicht ausgereicht. Womöglich wäre ein mittleres Schwimmbecken erforderlich gewesen! Ausmaße, die wohl kaum noch mit denen einer Gebärmutter zu vergleichen gewesen wären.

Deshalb begnügte ich mich damit, die beiden Sender-Empfänger aus Kopfhörern der Firma Lublinski zu entnehmen, die damals höchsten Qualitätsansprüchen genügten. Diese Hörer empfingen in linearer Kurve ein bemerkenswertes Frequenzspektrum von 0 bis fast 20 000 Hertz. Es galt nun, für die gesamte Versuchsanordnung Geräte zu finden, die in ihrer Qualität der der beiden Sender-Empfänger entsprachen. Deshalb haben wir uns für Aufzeichnungsgeräte der Firma Garreau entschieden. Die Leute vom Fach, die diese Zeit erlebt haben, werden sich sicherlich noch an die hervorragende Qualität dieser Geräte erinnern können und wie ich bedauern, daß sie nicht mehr hergestellt werden. Doch die Konstrukteure, die solche Aufzeichnungsgeräte entwickelten, arbeiteten damals auf rein handwerklicher Basis. Es hätte eines erheblichen Entwicklungssprungs bedurft, um wenigstens einen halbindustriellen Fertigungsstandard zu erreichen. So verschwanden die Apparate von Garreau ebenso wie die von Sgubbi. Es ist nur einem aus der Reihe dieser Pioniere gelungen, den erforderlichen Schritt zu vollziehen und dabei die Qualität zu bewahren oder sogar zu verbessern: Kurzinski mit seinem Gerät «Nagra».

Wir waren jedenfalls gut gerüstet. Schließlich gehörte zum Versuchsaufbau noch ein Analysator, mit dem ich sowohl die gesendeten als auch die im Empfänger eintreffenden Frequenzen entschlüsseln konnte.

Außerdem verwendeten wir noch zwei Verstärker. Mit dem einen konnten wir die Informationen, die aus dem Generator oder dem Tonbandgerät kamen, in verschiedene Richtungen verteilen. Er versorgte ferner den Kontrollautsprecher und den Analysator, der an die Ausgangsemission angeschlossen war. Mit dem zweiten Verstärker schickten wir die Information zum aufzeichnenden Kontrolltonband, zum Kontrollautsprecher und zum Analysator, wenn wir diesen an den Ausgang anschlossen, um den Unterschied zur Eingangsanalyse zu ermitteln (Abb. 3).

Diese Versuchsanordnung war sicherlich nicht sehr professionell, aber ich arbeitete damals als Chirurg und konnte mich diesen Forschungsarbeiten nur in meiner Freizeit widmen, das heißt in den Nachtstunden. So gab es natürlich einige Kritikpunkte. Zunächst einmal handelte es sich bei der Flüssigkeit nicht um Fruchtwasser. Ich hätte etwas Entsprechendes nehmen müssen. Allerdings bin ich davon überzeugt, daß sich dadurch nicht viel geändert hätte. So brachte

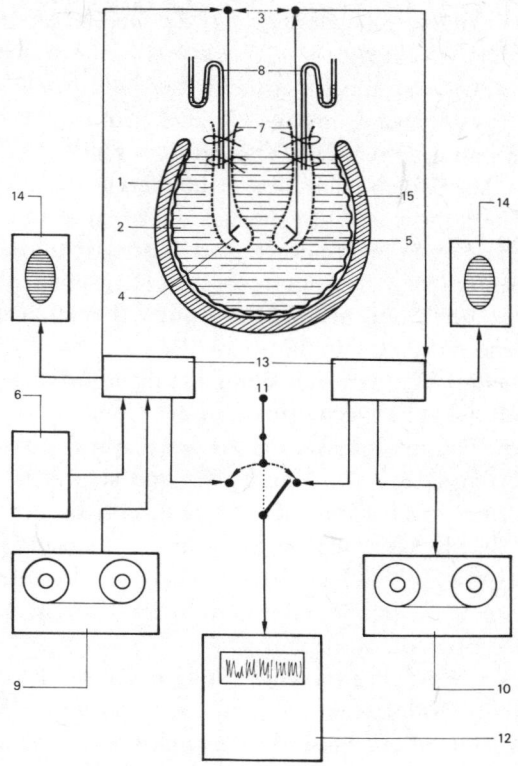

Abb. 3: 1 Behälter – 2 Wasser – 3 Veränderlicher Abstand – 4 Sender/
Wiedergabe – 5 Empfänger – 6 Frequenzgenerator – 7 Schutzhüllen –
8 Manometer – 9 Tonbandgerät (Sender) – 10 Tonbandgerät (Aufzeichnung) – 11 Umschalter – 12 Frequenzanalysator – 13 Verstärker –
14 Kontrollautsprecher – 15 Stoff

die Verwendung einer «physiologischen» Kochsalzlösung
keine spürbare Änderung. Sodann hätte unser Glasgefäß
oben abgedichtet sein müssen, um den geschlossenen Gebär-
mutterraum zu simulieren. Dazu aber hätte man erst einmal
ein solches Gefäß finden müssen! Das überstieg damals un-

sere Möglichkeiten. Schließlich rief die Glaswand des Gefäßes einen Halleffekt hervor, der sich aber beseitigen zu lassen
schien, indem wir die Innenwand mit Stoff auskleideten.
Damit wies die Wand unseres Gefäßes größere Ähnlichkeit
mit der Beschaffenheit der Gebärmutterwand auf.

Wir haben also alle diese Experimente mit ziemlich einfachen Mitteln durchgeführt, die sich aber trotzdem recht gut
bewährt haben. Forschungsarbeiten dieser Art finden häufig
unter so einfachen Bedingungen statt. Das Ganze kommt
recht anarchisch und primitiv zustande, aber es kommt zustande, und das ist die Hauptsache!

Die Geräte benutzte ich dann mehrere Jahre lang, vor
allem, um die Schallverhältnisse in der Gebärmutter zu untersuchen. Die Ergebnisse, die an der Kathodenstrahlröhre
meines Analysators ablesbar waren und sich stets glichen,
ließen immer stärker darauf schließen, daß sie der nachge-
stellten Wirklichkeit sehr nahe kamen. Ich bediente mich
dieser Geräte zu verschiedenen Zwecken. So konnte ich de-
duktiv das Vorkommen jener gefilterten Töne nachweisen,
von denen oben die Rede war.

In dieser Versuchsanordnung spielte der Analysator eine
wesentliche Rolle, weil an ihm die Ergebnisse abgelesen
wurden. Er verdient besondere Erwähnung, weil ich mich
um seinetwillen auf ein Abenteuer einließ, das dank des
guten Sterns, unter dem alle meine Forschungsarbeiten standen, ein glückliches Ende fand. Ohne diesen Analysator wäre
ich nämlich kaum auf die Schallfiltrate gestoßen, jedenfalls
nicht so leicht.

Bereits 1946/47 hatte ich versucht, mit einfachsten Mitteln
Meßgeräte herzustellen. Ich wollte damals die Stimmen von
Sängern analysieren und die im Stimmspektrum enthaltenen
Frequenzen ermitteln. Unterstützt von einem Ingenieur einer
großen Elektronik-Firma, den das Projekt ebenfalls begei-
sterte, machte ich mich an die Arbeit. Das Gerät schien mir
hervorragend gelungen. Es funktionierte großartig, wenn es

natürlich auch primitiv war. Später, sehr viel später, mußte ich mir eingestehen, daß das Modell wirklich einzig in seiner Art war, soweit es seine Reaktionen betraf! Sie entsprachen nicht den Normen und konnten ihnen auch gar nicht entsprechen. Doch die Geburtsfehler des Gerätes sollten, wie oben angedeutet, von großem Vorteil für mich sein, weil sie mir erlaubten, rasch die Grenzen jenes engen Bereichs zu überschreiten, auf den ich sonst festgelegt gewesen wäre. Das macht den besonderen Reiz der Forschung aus, die stets ein Element des Abenteuers bewahrt. Der Zufall, so könnte man sagen, bewegt einiges. Doch ich glaube nicht an den Zufall.

Von den ersten Versuchen an war jede Emission einer bestimmten Informationsumwandlung unterworfen, die dem gesamten Klanggebilde einen aquatischen Charakter verlieh, der im Gegensatz zu dem, was man erwarten könnte, keineswegs den Eindrücken ähnelt, die man gewinnt, wenn man den Kopf unter Wasser steckt, sondern sich eher wie plätscherndes Wasser anhört. Wenn man nämlich den Kopf unter Wasser hält, dann beeinträchtigt der Druck auf dem Trommelfell die Schwingungsdynamik von Außen- und Mittelohr, die ja für ein Funktionieren in der Luft eingerichtet sind. Deshalb ließ ich später in großem Strom Wasser in ein Becken oder eine Badewanne einlaufen und versuchte, das entstehende Schallspektrum aufzuzeichnen, weil ich annahm, auf diese Weise einen aquatischen Lauteindruck zu gewinnen. Dank dieses Verfahrens kannte ich die Hüllkurve, innerhalb deren das von meinem Analysator ausgewiesene Spektrum solcher Geräusche lag.

Diese ersten Experimente fanden zwischen 1950 und 1955 statt. Ich erwähne das nicht, um mit der Zeit zu kokettieren, sondern um daran zu erinnern, daß die Elektronik damals noch lange nicht die Vorzüge bot, die ihre Benutzer heute genießen. Der Leser wird sich gewiß ausmalen können, auf welche Schwierigkeiten wir mit unserer Versuchsanordnung angesichts so unzulänglicher technischer Mittel stoßen mußten.

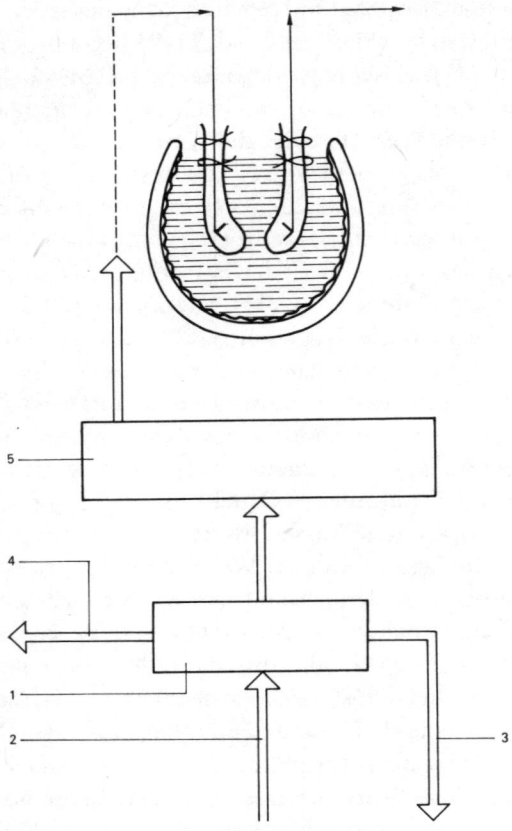

Abb. 4: 1 Verstärker – 2 Ausgang des Tonbandgerätes – 3 Eingang zum Emissionsanalysator – 4 Eingang zum Emissionskontrollautsprecher – 5 Variabler Filter

Wie berichtet, hatten wir bei den ersten Versuchen, die direkt an der Bauchwand durchgeführt worden waren, eine Vielzahl von Tönen aufgefangen, die «aquatisch» verzerrt die Eingeweidegeräusche wiedergaben. Um diese Vorgänge genauer analysieren zu können, beschloß ich, mit Hilfe verschiedener Filter die komplexen Geräusche eines um das andere aufzufangen, die, wie mir schien, unangenehm wirkten (Abb. 4).

Es galt folglich, das Grollen der Verdauungsvorgänge, das dumpfe, rhythmische Klopfen des Herzens, das schwingungsintensive Auf und Ab der Atmung auszublenden oder zumindest zu dämpfen. Beim Zuhören hatte ich den Eindruck, daß diese verschiedenen Geräusche Anwandlungen von Angst hervorriefen.

Als ich mittels eines Verstärkers die Sendeenergie erhöhte, wobei ich die tiefen Töne mit Hilfe eines Hochpaßfilters ausschaltete, konnte ich das ganze störende Schallmaterial ausblenden und das Sprechen der Mutter zum Vorschein kommen lassen. Auch dieses wurde nun durch Filtervorgänge eliminiert. Zunächst wurden die sprachlichen Elemente gedämpft beziehungsweise weggefiltert, die im tiefen Frequenzbereich angesiedelt sind. Dann geschah das gleiche mit den folgenden Elementen, bis nur noch Modulationen übrigblieben, die kaum noch vernehmbar waren und eine ganz andere Qualität besaßen. Dieser «anderen Qualität» galt mein Interesse. Es war ziemlich schwer, sie zu definieren, und noch schwerer, sie zu beschreiben.

Ich hatte es also plötzlich mit gefilterten Tönen zu tun. Wir beschäftigten uns mehrere Jahre lang mit ihnen, wobei wir uns verschiedener Tonquellen bedienten. Immer aber räumte ich der Mutterstimme eine Sonderstellung ein, weil sie ganz spezifische Reaktionen hervorrief. Die Stimme jeder Mutter hat nämlich eine besondere Wirkung bei der Behandlung ihres Kindes und kann nicht durch die Stimme einer anderen Frau ersetzt werden. Es wurden ferner verschiedene andere Möglichkeiten überprüft. Vor allem machten wir Versuche mit verschiedenen Musikstücken, insbesondere wenn man die Stimme der Mutter nicht aufzeichnen konnte. Wir nahmen dann eine Auswahl der verschiedenen Musikstücke anhand ihrer Wirksamkeit vor. Nach zahlreichen Versuchen stellte sich eindeutig heraus, daß wir mit der Musik von Wolfgang Amadeus Mozart die besten Resultate erzielten. Ich habe mich zu diesem Umstand wiederholt geäußert und dabei immer wieder die Hypothese vertreten, daß diese Wirkung mit den Lebensbedingungen zusammenhängen muß, die Mozart *in utero* angetroffen hat. Jeder, der nach unserer Methode, das heißt mit gefilterten Tönen unter dem Elektronischen Ohr arbeitet, kennt die unmittelbare Wirksamkeit dieses Klangmaterials und weiß, welche große Möglichkeit es in sich birgt.

Um zu rascheren und befriedigenderen Ergebnissen zu kommen, begann ich, Filter zu entwickeln, die der am «Wasserstrom» gewonnenen Hüllkurve entsprachen. Diese Kurve wies eine solche Ähnlichkeit mit denen auf, zu denen ich in den allerersten Experimenten gelangt war, als ich versucht hatte, mit einem Mikrofon direkt auf dem Bauch der Mutter die uterinen Geräusche aufzuzeichnen, daß sie für mich zweifelsfrei das akustische Milieu der Gebärmutter wiedergab. Ich faßte das uterine Milieu als Filter auf und machte diese Tatsache zum Ausgangspunkt aller meiner weiteren Versuche. Und das war gut so – bis auf den Umstand, daß alles falsch war.

Ich stürzte mich in das Abenteuer, beseelt von dem blinden Glauben an die Maschine, an die Analysemaschine, die die Wahrheit verkündet. Gewiß hat die Maschine, wie der Mensch, ihre eigene Wahrheit. Jedenfalls konstruierte ich voller Zuversicht einen Hochpaßfilter, der den beiden ermittelten Hüllkurven entsprach (Abb. 5).

Als man fünfzehn Jahre später meine Ergebnisse in Zweifel zog, war ich nicht überrascht. In der Forschung ist das die normalste Sache der Welt. Aber ich konnte auf eine jahrelange praktische Erfahrung zurückblicken, die immer wieder zum gleichen Ergebnis geführt hatte. Und wenn die Versuche mit der gleichen Apparatur von Mitarbeitern wiederholt

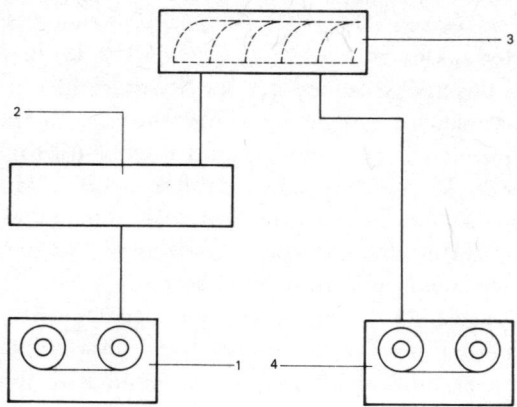

Abb. 5: 1 Tonbandgerät (Wiedergabe) – 2 Verstärker – 3 Hochpaßfilter – 4 Tonbandgerät (Aufzeichnung)

worden waren, hatten die Ergebnisse identisch ausgesehen.
Ohne die Aufrichtigkeit der anderen Forscher zu bezweifeln,
ging ich doch davon aus, daß ihre Versuchsanordnungen
fehlerhaft sein müßten. Dennoch beschlich mich angesichts
des Rangs der Wissenschaftler, die zu gegenteiligen Schlüs-
sen kamen, ein leiser Zweifel. Er richtete sich vor allem gegen
die Ergebnisse der Experimente mit Schallfiltraten, die ich
nach jahrelanger Erfahrung für völlig gesichert gehalten
hatte. Ich konnte mich einfach den Einwänden so namhafter
Forscher wie Busnel nicht verschließen. Letztere hatte ihre
Untersuchungen mit Feijo und anderen Kollegen durchgeführt.

Voller Zuversicht schickte ich mich an, die ursprüngliche
Versuchsanordnung nachzubauen, wobei ich mich so eng wie
möglich an die damaligen Gegebenheiten hielt. Ich nahm
lediglich andere Analysegeräte. Zunächst führte ich die Versuche mit einem Pimonoff-Analysator durch, dann mit einem Sonagraphen. Die Erfassungsbereiche des Pimonoff-

Analysators waren: 0 bis 1000, 1000 bis 10 000 und 10 000 bis
50 000 Hertz. Der Vorteil dieses Gerätes lag darin, daß man
einerseits das Spektrum auf der Kathodenstrahlröhre erhielt
und andererseits die allgemeine Intensität dieses Spektrums
ablesen konnte. Außerdem bestand noch die Möglichkeit,
den relativen Wert jeder Frequenz aufzuzeichnen. Mit diesem
Gerät ließ sich ohne Schwierigkeit der allgemeine Dämpfungsgrad ermitteln und zum Dämpfungsgrad der isoliert
erfaßten Frequenzen in Beziehung setzen.

  Da gelangte ich zu der Erkenntnis, daß mein Analysator
Nummer eins mir nicht die gleichen Ergebnisse lieferte. Zwar
analysierte er, doch gleichzeitig wirkte er auch als Filter. Und
die Reaktionen blieben stets exakt, gemessen an der Reaktionskurve des Gerätes selbst. Tatsächlich wirkte er wie ein
Hochpaßfilter, der die tiefen Töne weitgehend eliminierte
und dadurch die hohen* stark begünstigte.

  Natürlich wollte ich wissen, was es mit dem ersten Analysator auf sich gehabt hatte. Er bestand aus einer Reihe von
Filtern, wobei die Information durch manuelles Umschalten
von Filter zu Filter weitergegeben wurde. Die größte Schwierigkeit lag in der Unterdrückung der Netzfrequenz (50
Hertz). Das ist ein klassisches Problem und stellt sich bei
jeder Versuchsanordnung. Deshalb hatten der Ingenieur und
ich beschlossen, die Frequenz von 50 Hertz zu unterdrücken.
Um ganz sicher zu gehen, hatten wir uns entschieden, keine
Frequenzen unter 100 Hertz durchzulassen. Und an diesem
Punkt begann unser Gerät seinen ganz besonderen Charakter
zu entfalten. Zwar wurden tatsächlich keine Frequenzen
unter 100 Hertz durchgelassen, doch um unser Ziel auch
wirklich zu erreichen, hatten wir des Guten zuviel getan. Da
wir an diesem Punkt keinen glatten, radikalen Schnitt legen
konnten, hatten wir eine abfallende Kurve bekommen, die

---

* Der Begriff «hohe Töne» ist hier gleichzusetzen mit «obertonreiche
Töne». S. M.

die Frequenzen ab 500 Hertz sehr stark beschnitt. So erhielten wir zwischen 100 und 500 Hertz praktisch ein waagerechtes Plateau. Auf dem Pimonoff-Analysator zeigte sich hingegen ein ganz anderes Bild. Dieser Schnitt hatte noch eine zweite Konsequenz: Er eliminierte einen Großteil der Energie. So erhöhten wir, ohne es zu wollen, im resultierenden Spektrum den relativen Wert der hohen Töne. Wir konzentrierten uns also weit mehr auf diesen Frequenzbereich als auf die tiefen Töne (Abb. 6).

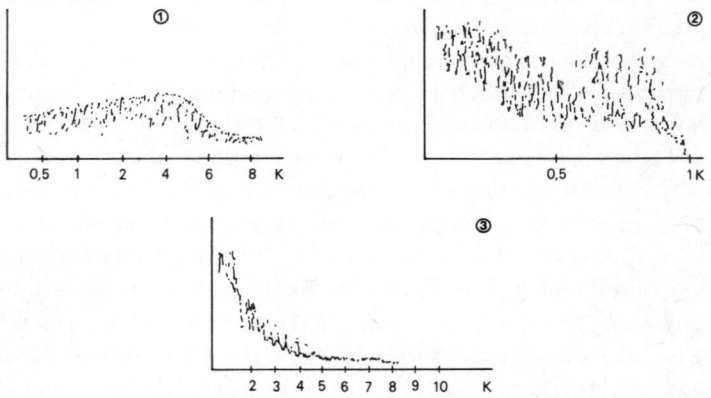

Abb. 6: Abgelesene Kurven – Ergebnisse verschiedener Analysen
1 Mit dem ersten Analysator – 2 Mit dem Pimonoff-Analysator
(0 bis 1000 Hz) – 3 Mit dem Pimonoff-Analysator (1000 bis 10 000 Hz)

Da ich damit auf ein wichtiges Phänomen gestoßen war, nämlich auf die Wirkung der hohen Töne, fragte ich mich, auf welche Weise sie wirkten und was mit den tiefen Tönen war, schien doch das uterine Milieu nicht als Hochpaß-, sondern als Tiefpaßfilter zu funktionieren. Besonderes Interesse gewann das Problem durch den Umstand, daß die tiefen Töne im Gegensatz zu den hohen eine entspannende, hypnotische Wirkung hervorriefen. So konnte Feijo sie in seiner zahnärztlichen Praxis als Anästhetikum einsetzen.

Diese Dichotomie verlieh dem intrauterinen Horchen eine noch größere Besonderheit. Sie zeigte mir, daß das Problem ausschließlich in den akustischen Erfahrungen des Fetus lag. Ich wußte nun, in welchem Klangmilieu er sich entwickelte, doch nun galt es herauszufinden, was er hörte. Das Milieu wirkt als Tiefpaßfilter, und der Fetus reagiert so heftig auf hohe Töne. Mußte man da nicht annehmen, daß das Innenohr, das vollständig in Flüssigkeit eingetaucht ist, zusammen mit der ebenfalls von Flüssigkeit umgebenen Ohrtrompete als Hochpaßfilter fungiert?

Das ist der gegenwärtige Stand. Zwar herrscht Einigkeit darüber, wie der Schall in diesen Flüssigkeiten übertragen wird, doch es bleibt nach wie vor zu klären, wie der Fetus die übertragenen Töne hört. Ein heute naheliegender Irrtum offenbart sich in der Annahme, der Fetus könne die Töne in den unteren Frequenzbereichen – bis zu einigen hundert Hertz – besser aufnehmen, weil er in ein Milieu getaucht ist, das tiefe Töne leichter durchläßt. Sein Leben wäre sicherlich unerträglich, könnte er nicht all diesen Lärm abschirmen. Und alles deutet darauf hin, daß sich sein Ohr, im Hinblick auf das Horchen – das Horchen mit dem Ziel, die Sprechfunktion zu entfalten –, auf diese Filterfunktion vorbereitet. Gegenwärtig versuchen zahlreiche Wissenschaftler, diesen Punkt zu klären. Besonders interessant sind die Ergebnisse, von denen Rita Eisenberg berichtet. Sie stammen aus ihrem bioakustischen Labor in Lancaster. Leider sind alle Experimente, die mit akustischen Reaktionen zu tun haben, im Gegensatz zu den unseren mit Emissionen von kurzer Dauer durchgeführt worden.

Wie man sieht, hätte ich mich wahrscheinlich wie alle anderen mit den tiefen Tönen beschäftigt, wenn mein erster Analysator richtig funktioniert hätte. Dann hätte ich mich vielleicht nie auf das Abenteuer mit den Schallfiltraten eingelassen, oder erst sehr viel später. Dank günstiger Umstände und einfacher Geräte, die mich zufällig auf den richtigen Weg führten, fand ich sofort Zugang zu der unbekannten Welt der fetalen Wahrnehmung.

Für die Annahme, daß die hohen Töne in dieser Wahrnehmung eine besondere Rolle spielen, sprechen nach meiner Auffassung folgende Gründe:

1. Heute weiß man aus vielen Experimenten, daß Feten oder wenige Stunden alte Frühgeburten von hohen Tönen aktiviert, ja hyperaktiviert werden, während tiefe Töne sie einschläfern. Man spricht diesen beruhigende Wirkung zu, während die hohen Erregung und sogar Streß hervorzurufen scheinen. In der Tat gibt es ein bestimmtes Verfahren, solche Reaktionen auszulösen. Dabei ist unter anderem auf die Emissionszeit zu achten. Die Töne müssen von größerer Intensität und längerer Dauer sein.

2. Göran Bredberg von der Universität Göteborg berichtet in einer Studie über das Cortische Organ – 1968 in einer Sondernummer der *Acta otorhino-laryngologica* erschienen, deren Nachtrag 236 fast vollständig dieser Veröffentlichung gewidmet ist – von äußerst wichtigen Erkenntnissen hinsichtlich der Cochlea. Unter anderem teilt er mit, daß er anknüpft an die Arbeiten von H. Alexander (1926), W. Kolmer (1927), T. Bast und B. J. Anson (1949) und F. C. Ormerod (1960), die sich mit der Entwicklung der Corti-Zelle des Hörorgans beschäftigen. Dieser Prozeß beginnt an der Basis der Cochlea – also in dem Bereich, der den hohen Tönen vorbehalten ist – im dritten Monat des intrauterinen Lebens, und in der fünfzehnten Woche kommt die Organisation des gesamten Apparates an der Basis zum Abschluß. Dieser Aufbauprozeß setzt sich dann zur Spitze hin fort. Daraus können wir entnehmen, daß die Basis zuerst funktionsfähig ist. Bredberg weist übrigens darauf hin, daß schon 1884 G. Retzius von diesem Umstand berichtet hat, 1919 und 1920 dann O. van der Stricht und 1923 T. Wada.

Wie aus demselben Bericht zu erfahren ist, haben O. Larsell, E. McCrady und J. F. Larsell 1944 herausgefunden, daß beim Opossum eine bestimmte Anfangsverteilung der Corti-Zellen die Reaktion auf höhere und mittlere Töne verstärkt. 1965 berichtet G. Anggård über Ergebnisse aus Kaninchenversuchen. Sie bestätigen die vorstehenden Resultate und zeigen, daß die Tiere auf Reize zwischen 2 und 5 Kilohertz reagierten. Entsprechende Ergebnisse erzielten D. E. Crowley und M. C. Hepp-Reymond im Jahre 1966 bei Ratten und D. Mikaelian und R. J. Ruben 1965 bei Mäusen.

Das führt mich zu der Annahme, daß die Hörfunktion zunächst von den Corti-Zellen aufgenommen wird, die an der Basis der Cochlea oder in ihrer Nähe liegen. Dies würde erklären, warum sich die Aktivität so deutlich an den hohen Frequenzen ausrichtet. Vielleicht liegt hier der Ursprung der Neigung zu hohen Frequenzen, eine Art Entscheidung, aus der sich das Vermögen der Cochlea ergibt, als Hochpaßfilter zu fungieren und dadurch eine bestimmte Wahrnehmungsweise festzulegen.

Damit betreten wir ein Gebiet, auf dem zum gegenwärtigen Zeitpunkt nur Hypothesen möglich sind. Allerdings werden uns diese nahegelegt durch die ganz spezifischen, unbestreitbaren Wirkungen der gefilterten Töne.

Natürlich bin ich fasziniert von dem Gedanken, daß sich alle diese Strukturen nur entwickeln, damit die Sprache Einzug in die Bereiche halten kann, die ihr fortan vorbehalten bleiben. Es gibt ein Rindenfeld speziell für diese Funktion, und meine Untersuchungen haben gezeigt, daß es bei jeder Sprache unterschiedlich genutzt wird.

Angesichts aller dieser Beweise setzte ich fort, was ich einige Jahre zuvor ganz auf mich allein gestellt begonnen hatte. Mehr und mehr sah ich mich durch das Interesse bestätigt, das das fetale Hören erregte. Zahlreiche Wissenschaftler führten einschlägige Forschungsarbeiten durch. Einem von ihnen kommt nach meinem Dafürhalten besondere Bedeutung zu: dem amerikanischen Psychiater L. Salk, der 1960 in Kanada von einer Untersuchung über den Einfluß des mütterlichen Herzschlags auf das Neugeborene berichtete. Außerdem schilderte er die Wirkung, die der Herzschlag der Mutter auf die geistige Entwicklung des Säuglings ausübt. Auf diese erste Veröffentlichung folgten noch zwei weitere Forschungsberichte der gleichen Art.

Den einen trug Salk 1961 auf dem dritten Psychiatrie-Weltkongreß vor. Er legte dar, welche Folgen es seiner Ansicht nach hat, wenn der Fetus einen Herzrhythmus der Mutter wahrnimmt, der durch die Belastungen des sozialen Lebens übermäßig gestört ist. Salk wies auf die potentiellen psychischen Auswirkungen hin und schloß auch die Möglichkeit ernster seelischer Erkrankungen nicht aus, wenn die fetale Wahrnehmung solchen Gewitterstürmen ausgesetzt ist, unterscheiden sie sich doch in erheblichem Ausmaß von den friedlichen und normalen Herzrhythmen, die der Fetus braucht.

Der andere Bericht stammt aus dem Jahr 1962 und schließt an den vorhergehenden an. Salk erläuterte, daß er bei extremer Verstörung, die sich im Verhalten von Neugeborenen und vor allem von Frühgeborenen manifestiere, den Herzschlag der Mutter als Therapeutikum einsetze. Bei der Lektüre dieser Veröffentlichung erinnerte ich mich an die Versuche, die ich unternommen hatte, um Frühgeburten die gefilterte Stimme ihrer Mutter zu Gehör zu bringen. Die Ergebnisse waren außerordentlich ermutigend gewesen, doch leider war ich in keiner Klinik auf die Bereitschaft gestoßen, mir auf der Frühgeburtenstation einen umfassenden Versuch zu ermöglichen.

Jedenfalls bedeuteten Salks Forschungsarbeiten eine große Ermutigung für mich. Endlich hatte ich das Gefühl, nicht mehr allein auf weiter Flur zu stehen. Obwohl ich selbst einige Jahre zuvor die Wirkung des mütterlichen Herzschlags erprobt hatte, und zwar vor allem im Brutkasten, hatte meine Arbeit doch einen ganz anderen Schwerpunkt als die Salks. Auf jeden Fall waren meine Versuche, soweit es die Meßbarkeit der Ergebnisse betraf, weit weniger strukturiert.

Die Untersuchungen dieses amerikanischen Wissenschaftlers bedeuteten neuen Auftrieb für meine Hoffnung, man könnte eines Tages aufgrund solcher Experimente die Beziehung zwischen Mutter und Kind nach schweren Geburten wieder festigen, indem man diesem den Herzschlag der Mutter vorspielt, ihre langsame, ruhige Atmung und vor allem ihre Stimme.

Von Salks Experimenten erfuhr ich auf einem europäischen Kongreß. Der Neuigkeit kam natürlich besonderes Gewicht zu, weil sie aus Nordamerika kam. Sie stammte aus dem Ausland. Und plötzlich fanden meine Hypothesen, die zunächst auf soviel Ablehnung gestoßen waren, weit mehr Gnade vor den Augen meiner französischen Kollegen. Meine Auffassungen bekamen eine gewisse Vertrauenswürdigkeit, nachdem man andernorts ähnliche Beobachtungen gemacht hatte.

Es dauerte allerdings noch geraume Zeit, bis man die Argumente, die man mir entgegengehalten hatte, eines um das andere fallenließ. Die Ergebnisse, die ich mit der gefilterten Mutterstimme erzielte, ließen mich indessen unbeirrt weitermachen. Nach wie vor hatte ich das Gefühl, daß es ein Geschehen gab, das weder von meinen Forschungsarbeiten erfaßt wurde noch von denen jener Wissenschaftler, die mir entgegenhielten, das Ohr, dessen Entwicklung in jener frühen Wachstumsphase noch lange nicht abgeschlossen sei, könne nicht funktionieren. Bester Beweis sei doch wohl der Umstand, daß sich die Aktivität des Ohres erst lange nach der Geburt manifestiere. Andere erläuterten mir, daß keine Nachricht zum Gehirn oder auch nur zu den Kernen des Hörnervs gelangen könnte, da die Übertragungsstellen der Nerven, die Synapsen, noch nicht ausgebildet seien. Solchen

Argumenten konnte ich nichts entgegenhalten, zumal sie mir nicht unbekannt waren und ich sie mir selbst vorhielt, wenn ich mich an meinen traditionellen Kenntnissen orientierte.

Doch in der Forschung müssen wir gerade unsere eigenen wissenschaftlichen Grundlagen tagtäglich in Frage stellen. Ich befand mich in einer theoretischen Sackgasse, und doch bestätigte mir die tägliche klinische Erfahrung, daß es andere Erklärungen geben mußte. Ich glaubte, daß möglicherweise die Haut eine Rolle bei der Schallwahrnehmung des Fetus spiele. Doch es blieb die Schwierigkeit, daß die neuronale Nachrichtenübertragung noch nicht funktionieren konnte. So gelangte ich zu dem Schluß, daß eine aktivierte Sinneszelle für sich allein *in situ* die Information bewahren kann, bevor sie sie weitergibt. Nichts sprach gegen diese Hypothese.

Ich setzte meine Untersuchungen in alle nur denkbaren Richtungen fort, ohne feste Anhaltspunkte zu finden, konnte aber ab 1963 zu meiner Freude feststellen, daß mir eine ganze Reihe wichtiger Veröffentlichungen Daten lieferte, soviel ich nur wünschen konnte. Alles, was ich brauchte, war Geduld. So sammelte ich diese Informationen, die aus aller Welt eintrafen, als habe sich das allgemeine Interesse plötzlich auf einen Punkt gerichtet: das fetale Hören. Erstaunlicherweise – und doch ist es der Regelfall in der Forschung – schien der Begriff «fetales Hören» Wissenschaftler jeglicher Provenienz magisch anzuziehen: Otologen, Physiker, Akustiker, Radiologen, Gynäkologen, Embryologen usw.

Natürlich nimmt mich dieser Forschungsgegenstand, der mich so viele Jahre hindurch intensiv beschäftigt hat, auch weiterhin gefangen, zumal noch viele Fragen offen sind. Zu einem besseren Verständnis embryonalen und fetalen Verhaltens müssen wir die verschiedensten Ereignisse aus diesen Lebensabschnitten aufzeichnen. Durch Synthese aller Ergebnisse werden wir einen neuen Erkenntnisstand erreichen. Daten gibt es genug, wir müssen sie nur erfassen. Man kann beispielsweise versuchen, das Gefühlsleben des künftigen

Säuglings dadurch zu bestimmen, daß man alle wichtigen Ereignisse aufzeichnet, die während der Schwangerschaft vorkommen: den Gesundheitszustand der Mutter in diesem Zeitraum, die familiäre Situation und die Aufnahme dieses Ereignisses durch die Menschen, die die unmittelbare Umwelt der Mutter darstellen. Das betrifft vor allem den Vater des Kindes, seine Einstellung, seine Kooperation, seine Unterstützung während der Schwangerschaft. Interessant ist auch das Verhalten der anderen Kinder, sofern vorhanden, die Haltung der Großeltern, ihre Reaktion auf die Ankündigung eines weiteren Kindes.

Sicherlich ist entscheidend, daß man «Schritt für Schritt» verfolgt, was die Mutter während dieser neun Monate erlebt hat, mit welchen Problemen sie sich hat auseinandersetzen müssen, welche psychischen Schwierigkeiten sie gehabt hat. Natürlich gilt es bei der Anamnese herauszuhören, was sich hinter einem «Alles ging gut» verbirgt, hinter einem «Es gibt nichts Besonderes zu berichten» oder «Ich erinnere mich an nichts». Wichtig ist auch der potentielle Zustand der Mutter während der Schwangerschaft, ihre psychische Einstellung zu dem Abenteuer, die Art, wie sie es erlebt, nicht nur körperlich, sondern mit ihrem ganzen Wesen.

So gibt es besonders wichtige Phasen in der Schwangerschaft. Wir müssen sie im Gespräch mit der Mutter entdecken. Das ist von großer Bedeutung, weil sie als wichtige Phasen auch vom Embryo und Fetus empfunden werden, deren Integrationssysteme sich allmählich nicht nur auf der anatomischen, sondern auch auf der funktionellen Ebene ausbilden: Mit Hilfe dieser verschiedenen Systeme nimmt das Ohr an allererster Stelle seine Aktivität auf. Deshalb muß man seine Mechanismen kennen, um die vielfältigen Verflechtungen zwischen Mutter und Kind besser zu verstehen. Ihre wechselseitige Durchdringung, ihre Symbiose erstreckt sich auf alle Austauschebenen. Gewiß sind die Stoffwechselverbindungen notwendig und unentbehrlich, doch das gilt kaum weniger für die Verbindungen auf emotionaler Ebene. Sie bedeuten für Geist und Seele das, was der Stoffwechsel für den Körper bedeutet.

Wer ein Empfinden für die Bedeutung dieser Unterscheidung besitzt, wird ermessen können, wie wichtig die folgenden Kapitel sind, in denen ich versuchen will darzustellen, welche klangliche Kommunikation es im uterinen Kosmos zwischen Mutter und Kind gibt. Wir werden dann die Urbeziehung besser erfassen können, auf die sich die Einheit von Mutter und Kind gründet, eine Einheit, die ganz anders ist als die zwischen der Frau und dem Menschenkeimling, der in ihr wächst.

Wir werden uns natürlich mit der Frage beschäftigen müssen, wie das Ohr entsteht und wie es seine Funktion aufnimmt. Ihm kommt höchste Bedeutung in dieser Beziehung zu. Wir müssen wissen, wie es die Laute aufnimmt und wie es seine Auswahl unter ihnen trifft. Nur so können wir begreifen, wie die Mutter wahrgenommen wird und welche Kommunikationsweise sich herstellt zwischen ihr und dem Geschöpf, das sie trägt. Von dieser Nähe her definiert sich sowohl die Mutter wie das Kind. Es leuchtet sicherlich ein, daß jede Störung in dieser unvergleichlich wichtigen Beziehung zu einer Beeinträchtigung aller künftigen Beziehungen führen kann.

Natürlich ist alles durchdrungen von der Kraft des Gefühls, das die Mutter dem Kind gibt, und Hauptträger dieser Kraft ist die Mutterstimme. Deshalb wird sich das fetale Ohr so früh wie möglich im Horchen üben. «Die Ohren spitzen» wird zum ersten Wahrnehmungsakt. Um die Entstehung dieser Aktivität besser nachvollziehbar zu machen, werde ich der Frage nachgehen, wie das Ohr, dieses in vieler Hinsicht bevorzugte Organ, im Laufe der Zeit zu dem geworden ist, was es ist. In einem Rückblick auf die Evolutionsgeschichte werde ich die morphologischen Etappen seiner Entwicklung, seine Phylogenese, verfolgen. Es ist dann leichter, seine einzelnen Wachstumsphasen in der Gebärmutter, das heißt seine Ontogenese, zu erkennen. So werden wir verstehen, wie dieses Organ, das durch das Horchen auf den Plan gerufen wird und zum Horchen bestimmt ist, durch seine Gegenwart die Sprachfunktion zu wecken und zu bilden weiß.

Die Entstehung
des Ohres

Um dem Phänomen, mit dem ich mich hier befasse – dem Klangerleben des Fetus in der aquatischen Welt des Uterus – eine Zielrichtung zu geben, will ich im Rahmen meiner Möglichkeiten der Frage nachgehen, welche bewegende oder induzierende Kraft aus dem ursprünglichen Keim, dieser mit einem Spermatozoon verschmolzenen Eizelle, den Menschen hervorgehen läßt.

Gewöhnlich unterbindet man an dieser Stelle alle weiteren Fragen, indem man auf einen Hervorbringungsmechanismus verweist, den man als «Organisationsprozeß» bezeichnet, oder indem man alles auf komplexe chemische Steuervorgänge zurückführt. Man kann auch eine sehr weitgehende Programmierung in Betracht ziehen, deren Zweck man nicht kennt, die aber für alle Vorgänge des Zellwachstums und der Herausbildung der Organe verantwortlich ist. Für den Wissenschaftler, dem es an dichterischer Einbildungskraft fehlt, regiert letztlich der Zufall über die Materie; er spricht ihr Allmacht zu und die Fähigkeit, sich selbst zu regulieren.

Da mich keine dieser Auffassungen ganz zufriedenstellt, scheint es mir angebracht, meinen eigenen Standpunkt darzulegen. Er soll im übrigen nur als Ariadnefaden dienen, wenn ich mich im folgenden unter verschiedenen Aspekten mit dem menschlichen Ohr beschäftige. Dabei werde ich keineswegs in Widerspruch zu den anderen Auffassungen geraten. Man mag es auch als Versuch lesen, einen Teil der augenblicklich diskutierten wissenschaftlichen Hypothesen zu bündeln. Aber kann man überhaupt irgendeinen Forschungsbereich in dieser Weise zusammenfassen? Eher sollte man ihn wohl unter einer allgemeineren Perspektive betrachten.

Hier meine Hypothese: Die gesamte Phylogenese, die in verblüffender, wenn auch verkürzter Weise von der menschlichen Ontogenese wiederholt wird, ist bestimmt vom Horchen und damit vom Suchen nach der Sprache, dem Logos (um das ursprüngliche Wort zu nehmen, das der Bedeutung dieses Phänomens weit besser gerecht wird). Mit anderen Worten: Die Evolution scheint auf ein einziges Ziel gerichtet zu sein: das «Wort», den Logos zu erhorchen, um ihn in seine sprachliche, gesprochene Form zu übersetzen.

An sich ungreifbar, doch vom Horchen erfaßt und getragen, scheint die Sprache die bewegende Kraft überhaupt zu sein. Obwohl sie die schaffende Bewegung ist, ist sie in ihrer «lebendigen Aktivität» überall auf die Voraussetzung des lebendigen, aufmerksamen Horchens angewiesen. Indessen ist Horchen definitionsgemäß lebendig und somit gespannte Aufmerksamkeit.

Die erste Materialisierung dieser Beziehungsgrundlage, die das Horchen darstellt, ist also die Sprache. Deshalb scheint sie auch in der Lage zu sein, die Materie zu formen und für eine sinnvolle Ordnung der winzigen Bausteine zu sorgen. Gleichzeitig scheint sie die Programme so weit zu steuern, daß sogar das lebendige Fleisch nach dem «Wort» modelliert wird.

Zu diesem Zweck entwickelt sich ein komplexes Gebilde, das die Aufgabe hat, Informationen zu sammeln und sie in sprachlicher Form zu präsentieren, dank dem Horchen, dem wir immer wieder begegnen und das für die gesamte Sphäre der Kommunikation die induzierende Kraft bleibt.

Mit dem komplexen Gebilde ist nichts anderes als das Ohr gemeint, aber ein Ohr, das nicht auf das Organ einzugrenzen ist, das unserem üblichen Verständnis dieses Wortes entspricht. Sein Wirkungsbereich ist weit größer, als wir glauben, und selbst wenn man sich entschließt, über das Innenohr hinauszugehen und den Hörnerv mit seinen Kernen, seinen auf- und absteigenden Ästen hinzuzurechnen, hat man noch immer nicht die Ebene erreicht, auf der das Ohr nach meiner Auffassung anzusiedeln ist.

Durch die Allgegenwart seiner Funktion erfaßt es die Gesamtheit des Nervensystems. Diese Funktion ist das Horchen, das, in der umfassendsten Bedeutung des Wortes, alle Elemente einschließt, die erforderlich sind, um für die wechselseitige Kommunikation zwischen der Gesamtheit des Innen und der Gesamtheit des Außen zu sorgen.

Die Phylogenese und Ontogenese des Ohres werden uns also Einblick in die Entstehung dieses Organs geben, dem ich hier besondere Aufmerksamkeit widme. Der Weg durch die Zeit wird zeigen, wie die verschiedenen Strukturen phylogenetisch ihren Platz gefunden haben; und durch die Beschäftigung mit der embryonalen Entwicklung während der Schwangerschaft werden wir uns auch mit dem ontogenetischen Prozeß vertraut machen.

Beide Betrachtungsweisen lassen ein überaus bemerkenswertes Faktum deutlich zutage treten: Ob wir uns im Dunkel der Zeit verlieren oder uns damit begnügen, die jüngsten Geschöpfe der Artgeschichte zu betrachten – stets können wir beobachten, daß sich eine Zelle ewig gleichbleibt, ungeachtet des wechselvollen Schicksals, das ihr bestimmt ist. Es handelt sich um die Haarzelle oder «Corti-Zelle»*. Ihre in Jahrmillionen stets unveränderte Gestalt gibt der Unter-

---

* Als Hilfe zum besseren Verständnis des Textes, vor allem des Abschnitts über die Phylogenese des Ohres, übernehmen wir entgegen dem neurologischen Sprachgebrauch den von Tomatis verwendeten Begriff «Corti-Zelle» als Bezeichnung für die Haarzelle des Cortischen Organs. *Anm. d. Red.*

suchung des Ohres jenen einheitlichen Charakter, auf den ich immer wieder zurückkommen werde.

Deshalb will ich im folgenden Abschnitt auf die Corti-Zelle eingehen, die in beiden Entwicklungsprozessen, der Phylo- und der Ontogenese des Ohres, eine entscheidende Rolle spielt.

Die Corti-Zelle

Diese Zelle mit ihren besonderen Eigenschaften ist für unseren Zusammenhang vor allem deshalb so interessant, weil sie in sich viele Antworten auf die Fragen vereinigt, die durch die physiologischen Mechanismen des Ohres aufgeworfen werden. Zugleich zeigt sie, wie eine Zelle in einem entwicklungsgeschichtlichen Prozeß von Jahrmillionen zu einer regelrechten Suchantenne hat werden können.

Zunächst einmal ist sie eine Zelle und weist als solche typische Eigenschaften auf: Jede Zelle ist eine lebende Einheit, die von einer *Membran* umschlossen wird. In ihrem Innern schwimmt der *Zellkern* in einem flüssigen Milieu, dem *Zytoplasma*. In diesem Milieu existiert eine Vielzahl sogenannter *Mitochondrien* (Abb. 7), Organellen, die als Orte der Zellatmung und Energieversorgung gelten.

Die Zelle verhält sich wie eine Stoffwechseleinheit, wie ein autonomes Gebilde. Dank verschiedener Austauschprozesse arbeitet sie wie eine physikalisch-chemische «Fabrik». Diese Austauschprozesse vollziehen sich auf verschiedene Arten – durch Ionendiffusion, Suspension der Moleküle oder Durchdringung der Membranen. Die Auswahl der Austauschprozesse wird durch die besondere Beschaffenheit der Zellwände ermöglicht, die als halbdurchlässige Membranen arbeiten, das heißt nur in der einen Richtung die von der Zelle benötigten Stoffe wie Wasser und Mineralsalze hereinlassen und auf diese Weise für den energetischen Stoffwechsel sorgen oder in umgekehrter Richtung schädliche Substanzen ausscheiden. Den konstruktiven Stoffwechsel bezeichnet man als *Anabolie* (Aufbaustoffwechsel), den Abbau oder die Ausscheidung destruktiver Stoffe als *Katabolie*.

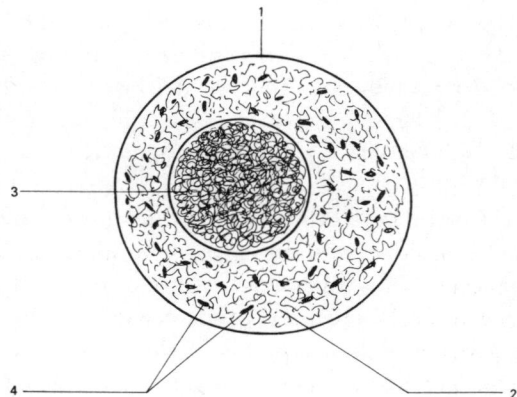

Abb. 7: Zelle – schematische Darstellung
1 Membran – 2 Zytoplasma – 3 Kern – 4 Mitochondrien

Die Individualität der Zelle bleibt erhalten, während es in der Evolutionsgeschichte zur differenzierteren Organisationsform der *Protozoen*, der einzelligen «Urtiere», kommt. Dies trifft auch für die komplexeren, mehrzelligen Organismen zu, die zunächst als *Metazoen* auftreten. Doch schon in dieser Entwicklungsstufe bedingen unterschiedliche Aufgaben unterschiedliche Aktivitäten der beteiligten Zellen: Die einen, im Innern des Metazoons gelegen, sind für die Beziehungen zwischen den einzelnen Zellen zuständig, während sich die außen gelegenen Zellen um die Kommunikation mit der Umwelt kümmern. Sie müssen sich den verschiedenen Beziehungsformen anpassen und sie bewältigen.

Einer der wichtigsten Spezialisierungsprozesse, die sich im Laufe der phylogenetischen Entwicklung ereigneten, führte zur Ausbildung hochdifferenzierter Zellen, denen im wesentlichen die Beziehung zur Außenwelt obliegt. Sie sind in der Lage, alles in «Sprache» oder physikalisch-chemische Information zu verwandeln, was sie im Verlauf des Kommunikationsprozesses als mechanische Bewegung oder Schwingung erreicht. In diesem Zusammenhang tritt die Haarzelle, der Vorfahr der Corti-Zelle, erstmalig in Erscheinung. Letztere beschrieb der italienische Anatom Alfonso Corti 1851 als Sinneszelle der *Papilla sensoria*, die seither als Cortisches Organ bezeichnet wird. Es ist das eigentliche Organ des Hörens.

Entwicklungsgeschichtlich scheint die Haar- und die spätere Corti-Zelle als eigenständiges, spezialisiertes Element zu entstehen, das überall dort auftritt, wo sein Umsetzungs- und Übertragungsvermögen gebraucht wird. In ihrer Eigenschaft als Rezeptor kann sie als Verbindungsglied dienen zwischen der Außenseite, zu der sie gehört, und dem peripheren Nervensystem. Sie hat die Aufgabe, die mechanisch empfangenen Daten in chemisch-physikalische Informationen umzuwandeln. Diese wiederum treten in Kontakt mit den peripheren Fasern des Hörnervs. Mit anderen Worten: Die Corti-Zelle verhält sich wie eine individuelle, vom Körper unabhängige, dem Organismus hinzugefügte Zelle, deren ungewöhnliche Fähigkeit, Impulse umzusetzen, es ihr erlaubt, die in einer bestimmten Weise empfangene Information buchstäblich zu übertragen und in anderer Form weiterzugeben.

Die Behauptung, daß die Corti-Zelle eine eigenständige Zelle ist und wie ein implantierter «Fremdkörper» wirkt, mag merkwürdig erscheinen. Indes, ihre Geschichte ist sehr aufschlußreich, erinnert sie uns doch daran, daß sie vor ihrer Spezialisierung eine einfache Zelle war. Doch nicht nur die Corti-Zelle, sondern *jede* lebende Zelle − so meine kühne Behauptung − ist ein Ohr. Sie hört die Umwelt ab, in der sie lebt. Im Grunde bemüht sich jede Zelle unablässig um Information und Kommunikation. Davon lebt sie. Sie sorgt für die Koexistenz mit dieser Umwelt, sie paßt sich ihren Reaktionen an, ihren Gegebenheiten. Entsprechend ihrer Wahrnehmung reagiert sie auf das Milieu, in dem sie sich bewegt. In ihrem Bereich ist sie ganz Ohr.

Diese Kommunikation ist sehr konkret, das heißt metabolisch und energetisch. Ihre Reaktionen nehmen die Form von Austauschprozessen an. So regelt eine ständige Vielfalt von Aktionen, Reaktionen und Gegenreaktionen die stets faszinierenden Phänomene dieser Symbiose von Milieu und Organismus, von unbelebter und belebter Welt, von zwei Ausdrucksformen des Lebens: seiner Materialisierung und seiner Beseelung.

Meine These lautet also, daß die organische Materie, die ihre Aktivität in einem ihr gemäßen Milieu aufnimmt, uns den Begriff des Dialogs, der Kommunikation am besten verständlich macht. Und von dem Augenblick an, da diese Beziehung hergestellt ist, ist es das vom Leben durchdrungene Organ, das wahrnehmen, hören, zuhören, horchen kann. Alles, was nicht mitschwingt auf der Stufe des Organischen, gehört zur Sphäre des Unbelebten. Natürlich wissen wir, daß die anorganische Materie längst nicht so unbelebt ist, wie es den Anschein hat. Sie birgt eine Fülle molekularer Aktivität, deren Gesetze indessen ganz anderen Kommunikationsprozessen gehorchen. Sie haben nichts mit den Vorgängen zu tun, die an organischen Gebilden zu beobachten sind. Diese verdanken ihr Dasein Austausch- und Anpassungsprozessen, während die unbelebte Welt ihre scheinbare Unbewegtheit der Spannung zwischen den Teilchen verdankt, die für ihren Aufbau sorgen.

Die Organismen nutzen die energetischen Beziehungen, die ihnen zur Verfügung stehen, indem sie ihre Präsenz aktiv zum Ausdruck bringen, was bis zur Veränderung ihres Milieus gehen kann. Dank dieser Austauschprozesse erweitern sie die Möglichkeiten ihres Wachstums, indem sie zur Fähigkeit des Wachstums die der Vermehrung hinzugewinnen. Durch solche Stoffwechselprozesse nimmt die organische Welt also zunehmend in ihre Struktur die unbelebte Welt hinein. Das sind die ersten Schritte auf dem Weg zum Bewußtsein, einem Weg, auf den uns das Horchen führt.

Wie alle anderen Zellen besitzt natürlich auch die Corti-Zelle eine Membran, ein Zytoplasma, einen Kern und Mitochondrien. Einige Eigenschaften sorgen freilich für eine spezielle Morphologie: Sie ist von länglich-ovaler Form und hat den Kern am unteren Pol, der *Basis* heißt, weil er breiter ist.

Abb. 8: Corti-Zelle
1 Membran – 2 Zytoplasma – 3 Kern – 4 Mitochondrien – 5 Basis –
6 Zilien – 7 Periphere Nervenfasern

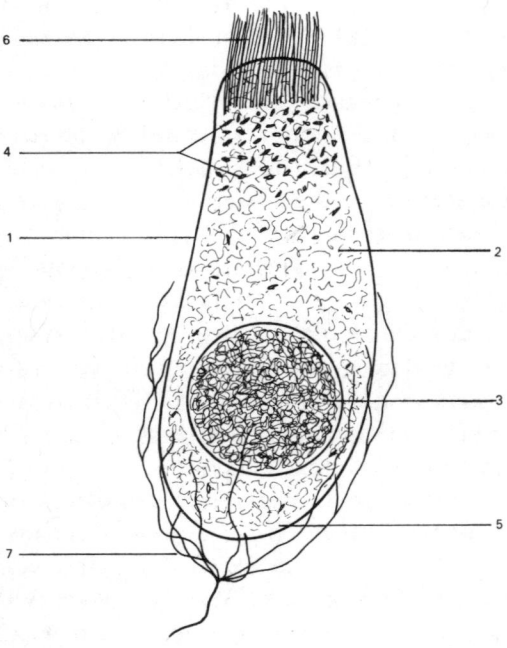

Am oberen Pol liegt eine größere Zahl von Mitochondrien als in normalen Zellen, und dort befindet sich an der Außenseite auch ein Büschel *Zilien* oder Sinneshärchen, etwa fünfzig bis hundert an der Zahl (Abb. 8).

In phylogenetischer Hinsicht erweist sich die Haar- beziehungsweise Corti-Zelle als eine der ältesten Zellen, eine der ersten, die sich spezialisierten, dazu als eine der stabilsten, was den Zellbau betrifft. Angesichts der besonderen Rolle, die sie spielt, will ich noch einmal ihre wichtigsten Merkmale zusammenfassen:

○ Sie lebt seit jeher in einem flüssigen Milieu.
○ Sie ist unabhängig wie ein Zahn in seinem Bett.
○ Sie ist länglich-oval; ihr Kern liegt in der Nähe der Basis.
○ Ihr Zytoplasma ist reichhaltig mit Mitochondrien versehen.
○ An der Außenfläche des oberen Pols sitzt ein mehr oder minder dichtes Zilienbüschel aus fünfzig bis hundert Härchen.
○ Schließlich ruht sie auf einem Dendritenbett, das aus peripheren Verzweigungen neurosensibler Fasern besteht.

Es scheint mir interessant, noch einen Augenblick bei diesen Zilien zu verweilen. Nach meiner Auffassung wirken sie auf zweierlei Art:

○ Einmal kommt es zu einer Einwirkung auf die Gesamtheit der Zilien, die das Härchenbüschel als Ganzes verlagert. Der durch die Einwirkung entstehende Neigungswinkel erlaubt Rückschlüsse sowohl auf die Stärke als auch auf die Richtung der Verlagerung. An den Winkelunterschieden sind die Veränderungen ablesbar, die der Beschleunigung beziehungsweise Verlangsamung entsprechen. Dank dieser sensorischen Rückwirkungen auf das Nervensystem wird verständlich, wie Statik und Kinetik auf körperlicher Ebene verarbeitet werden. Dies vermag die Haarzelle schon zu leisten, bevor sie «cochleär» ist, das heißt, bevor sie ein Teil des Cortischen Organs geworden

ist. Unverändert in ihrer Gestalt und eingelassen in ein
«Bett» aus Nervenfasern, übersetzt sie mechanische Informationen in Nervenimpulse.

○ Die andere Wirkung auf die Zilien ist sehr viel subtiler. Sie
ist so unendlich fein, daß sie als Bewegung gar nicht mehr
zu erfassen ist. Und doch gibt es sie ganz zweifellos, und
zwar als Reaktion auf Schallreize. Diese rufen keine sichtbare Neigung ganzer Zilienbüschel hervor, sondern nur
unendlich kleine Verlagerungen in der Größenordnung
von Atomen oder Molekülen. Und doch ist die Bedeutung
dieser zweiten, der dynamisierenden Ziliaraktivität außerordentlich groß. Dank dieser Aktivität können Töne das
gesamte Hörsystem «aufladen». Diese Aufladung ist entscheidend. Sie führt uns zu dem Begriff Energie.

Wir wissen, wie vieldeutig dieser Begriff ist. Im vorliegenden
Fall kennt man weder die Natur dieser Energie, noch kann
man ihre Parameter messen, gleichwohl sind bestimmte Wirkungen zu erkennen, die zeigen, daß sie sich manifestiert und
daß es sie folglich geben muß. Es handelt sich um eine zweite,
«neuronale» Energie, erkennbar als intrinsische, potentielle
Energie, die der Fortleitung der Nervenimpulse als Grundlage dient. Diese Energie sorgt für alle notwendigen Funktionen, vor allem auch für die Dynamik des Denkens.

So scheinen wir es mit zwei Energieformen zu tun zu
haben: Die eine wäre in einer elektrischen Schaltung mit der
Stromversorgung zu vergleichen, die dem Netz entnommen
wird und über einen Transformator für die Spannung oder
Erwärmung der Geräte sorgt. Die andere Stromzufuhr, die
ebenfalls über einen Transformator läuft, speist einen Strom-
kreis, der den Kathodenbeschuß in den erhitzten Röhren
hervorruft.

In ähnlicher Weise kann man beim Nervensystem von zwei
Energieformen sprechen. Die eine sorgt für den Unterhalt des
neurovegetativen Systems und stützt sich im wesentlichen
auf den Stoffwechsel. Die andere speist die Dynamik des

Körpers und die des Denkens, die im übrigen nicht zu trennen sind, da die Sprache, das Substrat des Denkens, sich nicht ohne den Körper als Instrument ausbilden kann und dieser wiederum ein posturales Bezugssystem braucht, um sich auszudrücken. Letztere Energieform entsteht durch die Stimuli, die von den Sinnesorganen ausgehen.

Die Haar- und Corti-Zelle, die wir im Utriculus, in der Ampulle, im Sacculus und in der Cochlea finden, vollzieht beide Funktionen, die posturale und die dynamisierende, auf zwei verschiedene Weisen. Über die eine, deren Mechanismen erforscht sind, wird es kaum Meinungsverschiedenheiten geben. Die andere, die subtiler wirkt, muß noch verifiziert werden, doch steht sie für mich außer Zweifel. Ich gebe zu, daß dies nicht ausreicht. Deshalb wäre es zu begrüßen, wenn diese These überprüft werden würde. Dazu bedarf es allerdings einer langen und sorgfältigen Analyse. Mit meinen Auffassungen dazu will ich mich in dem Kapitel beschäftigen, das dem Geräusch, dem Klang des Lebens gewidmet ist.

Nach diesem Ausflug in die Welt der Corti-Zelle, einem Ausflug, den wir fortsetzen werden, wenn wir die Engramme betrachten, wende ich mich nun der phylogenetischen Entwicklung des Ohres zu. In einem meiner früheren Bücher, ‹Vers l'écoute humaine›, bin ich schon ausführlich auf den evolutionären Prozeß eingegangen. Ich will hier deshalb nur die wichtigsten Abschnitte wiederholen.

Phylogenese

Wie ist das Ohr in der langen Folge der Arten zu dem geworden, was es ist? Wie läßt sich seine Entwicklung phylogenetisch verstehen?

Zunächst ist daran zu erinnern, daß das Ohr mit einem System, dem häutigen Labyrinth, ausgestattet ist, das seine Funktion seit unvordenklichen Zeiten in einem flüssigen Milieu ausübt, zunächst im Meerwasser, dann in einer körpereigenen Flüssigkeit. Ferner weiß der Leser oder erfährt es zumindest rasch, wenn er in ein zoologisches oder paläontologisches Lehrbuch blickt, daß das Ohrlabyrinth eine bemerkenswerte Entwicklung durchlaufen hat. Nach meiner Auffassung handelt es sich um ein zentrales Organ, um das herum sich alles andere organisiert, vereint. Seine Grundfunktionen machen es zum Ordnungs- und Organisationsprinzip des gesamten Nervensystems.

Vielleicht laufe ich Gefahr, an Glaubwürdigkeit zu verlieren, wenn ich hier meine Vorstellungen zu dieser Frage ganz offen darlege. Und doch bin ich von ihnen so überzeugt, daß es mir gegen den Strich ginge, sie zurückzuhalten, nur um den Auffassungen derer nicht zu nahe zu treten, die das Ohr auch weiterhin unter einem anderen Blickwinkel sehen. Es handelt sich zwar um eine grundlegende Revision der bisherigen Erkenntnisse, doch die Fülle der experimentellen und klinischen Daten, die in den letzten drei Jahrzehnten zusammengetragen wurden, sowie die Schlußfolgerungen, die daraus eindeutig hervorgehen, zwingen mich, die bisher gültigen Konzepte in Frage zu stellen.

Die Phylogenese zeigt uns die Entwicklung des Labyrinths von der ersten Zentralisierung im Seitenlinien-Organ der niederen Fische bis hin zum komplizierten Bau des menschlichen Ohres. Ich werde zeigen, wie sich alles ordnet, um die Voraussetzungen für das Horchen, die Kommunikation, die Sprache zu schaffen. Dabei dürfen wir nie die dynamisierende Funktion aus dem Auge verlieren, die die Grundlage aller dieser Fortschritte ist. Natürlich ist die klassische Gefahr, diese Urfunktion zu vergessen, um so größer, je eingehender wir uns mit den Mechanismen des Gleichgewichtssinns und des Gehörs beschäftigen. Doch stehen sie keineswegs im Widerspruch zu dieser Grundfunktion. Die verschiedenen sich überlagernden Eigenschaften sind in Wahrheit nur andere Facetten eines Prozesses, den man als Dialog bezeichnen kann. Wir haben es mit einem Energiezentrum zu tun, das Reize empfängt und sie in Nervenimpulse umwandelt. Es nimmt auf, was von außen kommt, und reagiert mit einem verstärkten Tonus, einem noch nicht bewußten Erwachen der Muskulatur, die ein erster Ansatz einer Antwort auf Erregung ist. Auch das Gleichgewicht stellt einen Dialog zur Umgebung her, und zwar durch seine Reaktion auf die Schwerkraft und durch einen Mechanismus, der die Beziehung zum Raum regelt. In diesem «Hin und Her» entfaltet sich eine Kommunikation, wenn auch auf ganz andere Weise als die, an die man gewöhnlich denkt – Sprechen und Hören. Letztere Form bleibt natürlich der bevorzugte Weg des Horchens und damit des Dialogs.

Das häutige Labyrinth als für das Hörsystem charakteristische Energiezentrale geht auf sehr früh in Erscheinung tretende Vorstufen zurück. Es ist bereits bei der Qualle *Obelia* in Form des *Seitennervs** angelegt, der mit *Statozystenzellen* durchsetzt ist. Als einziger Kollektor der aufgenommenen Energie ermöglicht der Seitennerv dem Tier, sich zu bewegen, den Dialog mit seinem aquatischen Milieu aufzunehmen, sich im Raum zu orientieren, seine horizontale Lage zu kontrollieren (Abb. 9).

Dann gibt es erste Ansätze zur Zentralisierung mit dem Ziel, die Leistung des Kollektors zu steigern und für eine bessere Koordination zu sorgen. Entlang des Kanals, der (entwicklungsgeschichtlich) auf den Seitennerv folgt und bei bestimmten Fischen zur *Seitenlinie* wird, erhält die Nervenleitung eine Richtung, womit auf der Wahrnehmungsebene die verschiedenen Metameren (Körpersegmente) miteinander verbunden werden – erste Rudimente eines Körperbildes.

---

* Nicht zu verwechseln mit der Seitenlinie niederer Fische. *Anm. d. Red.*

Die mit einer oder mehreren Öffnungen ausgestattete Seitenlinie ermöglicht es dem Fisch, mit seinem Milieu in Beziehung zu treten. Ferner enthält jeder Seitenkanal des Tieres Sinneszellen, die als Vorläufer der Corti-Zelle zu betrachten sind. Sie fangen die Berührungsreize und die Druckreize des Wassers, das den Fisch umgibt, auf und wandeln sie in Energie um. Diese benutzt der Fisch, um sich fortzubewegen und seine Körperhaltung zu justieren. Die Haarzellen, mit denen die Seitenlinie besetzt ist, können, wie schon erwähnt, anhand des Winkels, in dem ihre Zilien stehen, Beschleunigung und Verlangsamung messen. Auch ermöglichen sie Ansätze von Rotationsbewegungen, durch die das Tier seine Umgebung noch weiter erkunden kann.

Abb. 9: Die Qualle *Obelia*   1 Seitennerv – 2 Statozyste

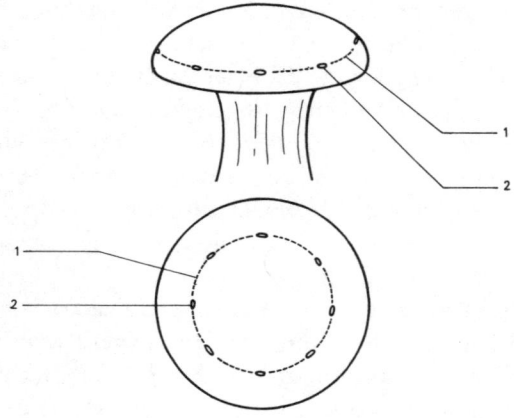

Während sich die Einwirkungspunkte für die Sinnesreize vervielfältigen und sich damit die Energiezufuhr erhöht, kommt es zu einer ersten nervlichen Zentralisierung der Informationen im Vorderteil des Körpers oberhalb der Seitenflosse (Abb. 10):

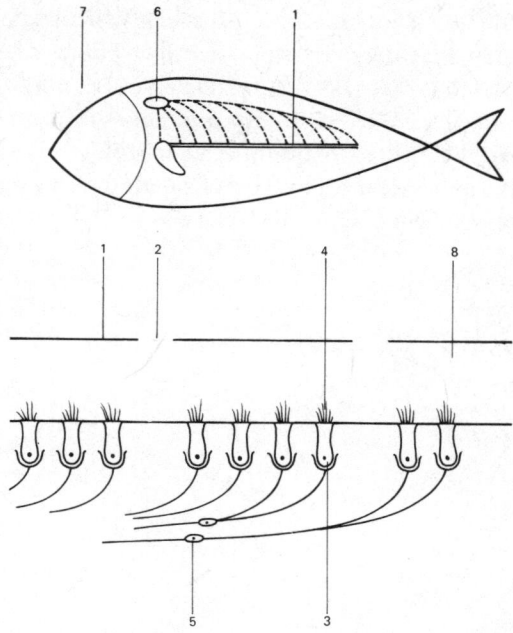

Abb. 10: 1 Seitenlinie – 2 Öffnung – 3 Eigenständige Haarzellen – 4 Zilien – 5 Nervenzelle – 6 Vorform des Gehirns – 7 Flosse – 8 Flüssigkeit

Allmählich zentralisieren sich die Elemente der Seitenlinie aus Gründen der Ökonomie in Form der *otolithischen Vesicula*, die eine erste Vorläuferin des häutigen Labyrinths darstellt (Abb. 11).

Alle Techniken, die durch vorhergehende Strukturen geschaffen worden sind, werden beibehalten und verbessert: der Kontakt mit dem den Organismus umgebenden Milieu, das Linearitätsempfinden, das Gefühl für relative Bewegungen, die Justierung von Körperhaltungen und natürlich die Sammlung und Zentralisierung der Energie.

Die Haarzellen, die sich bisher auf der Seitenlinie befanden, sammeln sich nun in der otolithischen Vesicula. Nach und nach werden sie eingeschlossen. Aber die otolithische Höhle bleibt noch lange offen, so daß sie auch weiterhin in Kommunikation mit dem Milieu steht. Erst allmählich schließt sich der Raum um diese Zellen ab. Im Innern der Höhle verbessern sie daraufhin ihre Organisation, wobei sie all die Eigenschaften bewahren, von denen schon die Rede war.

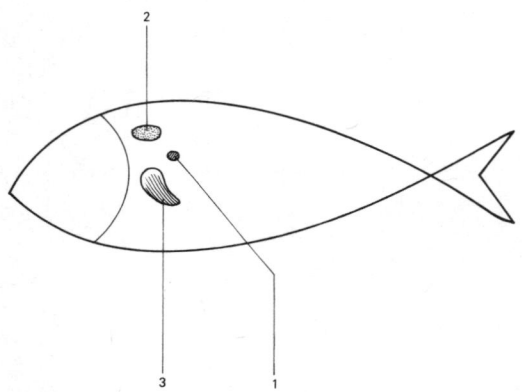

Abb. 11: 1 Otolithische Vesicula – 2 Zentralisierung des Nervensystems – 3 Flosse

Beträchtliche Umgestaltungen sind erforderlich, damit die Gesamtheit der Informationen auf einer Oberfläche entgegengenommen werden kann, die kleiner ist als vorher, ohne daß dies mit Nachteilen für das Tier verbunden ist. Die Lageveränderungen der Flüssigkeit werden jetzt signalisiert durch einen Kalkstein – Hörstein oder *Statolith* genannt –, den das Tier durch die Öffnung der otolithischen Vesicula aus der Umgebung aufnimmt. Wenn in der weiteren Entwicklungsgeschichte der Arten dieses Bläschen völlig geschlossen wird, erzeugt das Tier selbst das kalkhaltige Material, das zur räumlichen «Sensibilisierung» erforderlich ist (Abb. 12).

Parallel zu diesen vielfältigen Modifikationen ist das Gehirn einer pausenlosen Umwandlung unterworfen. Getreulich folgt es allen Anweisungen, die sich aus der immer größer werdenden Aktivität der otolithischen Vesicula ergeben, die sich zum *Otosaccus* weiterentwickelt. Dieses neue Element vervielfältigt seine Verknüpfungen mit dem künftigen Gehirn durch die Vermittlung des *Archicerebellums*, einer regelrechten Sammelstation für die Informationen, die aus dem Otosaccus kommen.

Und während die Komplexität des zentralen Apparates wächst, verbessern sich die Techniken zur Steigerung des Muskeltonus, der Vitalität und Energie. Immer komplexere Nervenschaltkreise bieten dem Tier die Möglichkeit, sich den neuen Lebensverhältnissen anzupassen, die es vorfindet,

Abb. 12: Otolithische Vesicula
1 Flüssigkeit – 2 Haarzellen – 3 Nervenzellen – 4 Statolith

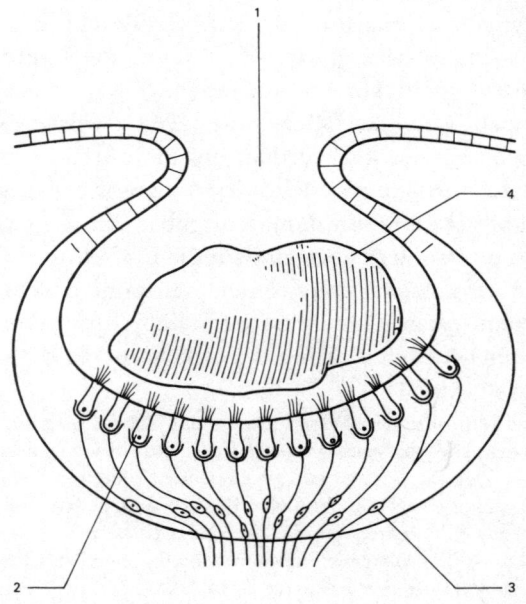

wenn es sich aus dem Wasser an Land begibt. Der Kampf gegen die Schwerkraft wird zu seinem Hauptproblem. Viele Maßnahmen werden nötig, um dem Energiebedürfnis zu genügen, das diese tiefgreifende Veränderung der Lebensbedingungen hervorruft.

In der Tat sahen sich in grauer Vorzeit all jene Tiere mit einer Vielzahl von Problemen konfrontiert, als sie sich den völlig unbekannten Lebensbedingungen auf dem Land anzupassen begannen. Diese Anpassungszwänge wirkten sich natürlich auf die Kommunikation aus, vor allem aber, wie erwähnt, auf den Energiehaushalt. Herkömmlicherweise schreibt man den ersten Amphibien das Verdienst zu, dieses Stadium überwunden und den durch Reizaufnahme energieerzeugenden Apparat weiterentwickelt zu haben. Am Beispiel eines dieser Tiere, des *Eogyrinus*, beschrieb A. Tumarkin die ersten Veränderungen, die mit der Schließung der Kiemenspalte durch eine trommelfellartige Membran einhergingen. Tumarkin, emeritierter Direktor des Fachbereichs Hals-Nasen-Ohren-Heilkunde in Liverpool, erläuterte in einem Vortrag auf einem Symposium über die Hörmechanismen der Wirbeltiere (1968), welche Ersatzeinrichtungen geschaffen wurden, um die durch die neue Lebensweise bedingten Defizite des Innenohrs auszugleichen. Um zu überleben, mußte damals offenbar jedes Lebewesen ein schwieriges Problem überwinden: die Einrichtung eines Anpassungssystems, das den zu einem bestimmten Gebrauch geschaffenen Apparat so umgestaltet, daß er mit seinen Funktionen den neuen Bedingungen möglichst gerecht wird.*

* Bis jetzt umspülte das Wasser, in dem das Tier lebte, auch die Haarzelle. Sie war es somit «gewohnt», in flüssigem Milieu zu arbeiten, und an dieses angepaßt. Bei den an Land lebenden Tieren mußte der Membransack geschlossen sein, um das flüssige Milieu, von nun an eine körpereigene Flüssigkeit, für die Haarzelle zu bewahren. Damit entstand aber bei der Übermittlung von Schwingungen das Problem des Übergangs von Luft zu Flüssigkeit. S. M.

Das Streben nach der aufrechten Haltung, mit dem die Entwicklung zum Horchen auf das engste verknüpft ist, verändert die gesamte innere Struktur des Otosaccus. Die Orientierung im Raum gelingt dank zweier Säckchen, die in den Otosaccus eingeschlossen werden: *Utriculus* und *Sacculus*. Auch sie enthalten Haarzellen, die sich natürlich in einem flüssigen Milieu befinden. Kalkkristalle, die bei den verschiedenen Tierarten unterschiedliche Größe und Gestalt aufweisen, verbessern die Fähigkeit, die Fortbewegung im Raum zu erfassen.

Der Utriculus arbeitet auf horizontaler Ebene, während der Sacculus schon bei den Reptilien einen ersten Ansatz von Vertikalität, von aufrechter Haltung einführt, so daß die «Kopf-Hals-Achse» mit der bisher allein maßgeblichen Horizontalität brechen kann. Diese Wirkung verstärkt sich mit dem Hinzukommen der *Lagena*, die in gewisser Weise die Vorläuferin der Cochlea, der Ohrschnecke, ist. Mit ihrem Erscheinen richtet sich der vordere Teil des Körpers auf.

Besonders wirksam ist die Lagena bei den Vögeln. Zumindest im Bereich der Halswirbel sorgt sie für eine gewisse Vertikalität, die sich parallel zur Ausbildung der Cochlea immer mehr durchsetzt. Sie kündigt sich bei den großen Anthropoiden an und etabliert sich dauerhaft und endgültig bei den Hominiden. Allerdings ist diese Errungenschaft ständig gefährdet. Berufen zum Horchen und zur Sprache, die ohne Vertikale nicht in vollkommener Form möglich sind, muß der Mensch sich die aufrechte Haltung ständig erarbeiten (Abb. 13).

Der Kampf gegen die Schwerkraft findet Unterstützung durch die *Bogengänge*, die sich am Utriculus bilden und es dem utriculo-sacculären System ermöglichen, für die aufrechte Körperhaltung die Funktion eines Kreiselsextanten zu übernehmen. Der Mensch hat drei Bogengänge, die sich auf drei Ebenen anordnen: zwei vertikalen (oberer und hinterer Bogengang) und einer horizontalen (seitlicher Bogengang).

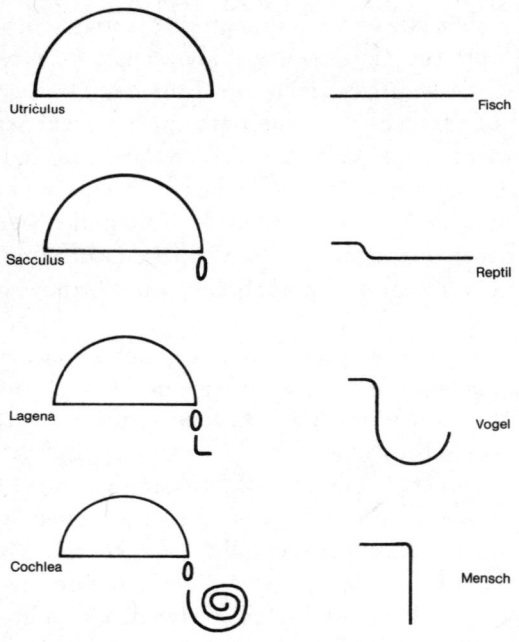

Abb. 13: Stadien der Entwicklung: Utriculus, Sacculus, Lagena, Cochlea (nach A. A. Tomatis, ‹Vers l'écoute humaine›)

Ihr gemeinsames Wirken führt zu einer erheblichen Verbesserung der Fähigkeit, Bewegungen im Raum zu analysieren (Abb. 14).

Natürlich spielt das letzte Element dieser fabelhaften Konstruktion, die *Cochlea* (Schnecke), eine entscheidende Rolle. Auch dieser Teil entwickelt sich aus dem alten Seitenlinienorgan und verbessert die Körperhaltung, wobei er gleichzeitig fähig ist, die im Labyrinth empfangenen Schallinformationen zu analysieren. Die Wahrnehmungsfläche für die Reize wird vergrößert, was zu einem Energiezuwachs führt, der an die Großhirnrinde weitergegeben wird. Dadurch erhält diese die Möglichkeit, den vielfältigen Aufgaben gerecht zu werden, die ihr obliegen, darunter vor allem der Ausdruck des Denkens in Form von Sprache und Kreativität.*

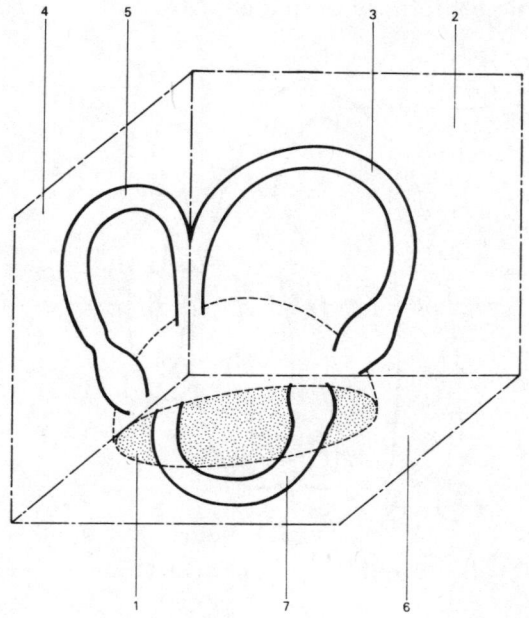

Abb. 14: Bogengänge
1 Utriculus – 2 Vordere vertikale Ebene – 3 Oberer Bogengang –
4 Hintere vertikale Ebene – 5 Hinterer Bogengang – 6 Horizontale
Ebene – 7 Seitlicher Bogengang

* Durch den stufenweisen Ausbau der ursprünglichen otolithischen Vesicula des Fisches bis hin zum menschlichen Ohrlabyrinth wird die Zahl der Sinneszellen (Rezeptoren) und somit die Zahl der zum Hirn wandernden Impulse immer größer. Dies bedeutet eine zunehmende Energiezufuhr. Das Entstehen der Cochlea ist ein besonders großer Schritt. An ihrer Basis im Bereich der Übermittlung der hohen Frequenzen befinden sich über zwanzigtausend Corti-Zellen. *S. M.*

Die Entwicklung der Cochlea ist eines der erstaunlichsten Phänomene des phylogenetischen Abenteuers. Um Schwingungen von kleinster Amplitude, die Töne darstellen, analysieren zu können, nimmt der Cochleargang eine ausgeklügelte schneckenförmige Gestalt an (Abb. 15).

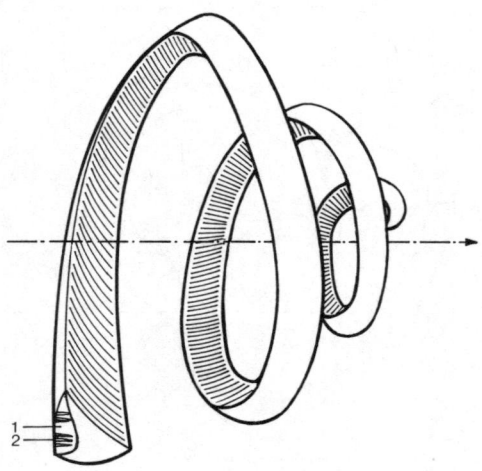

Abb. 15: Cochlea (Schnecke)   1 Cortisches Organ – 2 Corti-Zellen

Ich habe diese Analyse, die meisterhaft und augenblicklich ausgeführt wird, in früheren Veröffentlichungen ausführlich beschrieben. Dabei sorgt die Cochlea nicht nur für diese Analyse, sondern auch für eine beträchtliche Steigerung der Energiezufuhr, und zwar mit Hilfe peripherer Sinnesapparate, die, könnte man sagen, mit der Corti-Zelle verwandt sind. Von ihnen wird im Kapitel über Engrammierung noch die Rede sein. Die Cochlea sammelt also die eintreffenden Energiebeiträge, führt sie der Großhirnrinde zu und verstärkt die Körperhaltung, mit dem Ziel, die Kommunikation mit der Umwelt durch Einführung der Sprache weiter zu verbessern.

Interessant sind auch die Veränderungen, die das Nervensystem parallel zu den Verwandlungen des Labyrinths erfährt. Von den Quallen bis zu den höheren Säugetieren ist in
der Tat eine ständige Weiterentwicklung sowohl des Ohres
wie auch des Nervensystems zu beobachten. Es hat den
Anschein, als fiele dem Ohr die Rolle des Auslösers zu, als
schaffe es durch die eigenen Entwicklungsschritte erst die
Voraussetzungen für den weiteren Ausbau des Nervensystems.

Die Cochlea dient, wie gesagt, vor allem der Kommunikation mit der Außenwelt. Dazu muß sie verschiedene Funktionen wahrnehmen, nicht zuletzt die eines Filters für Störgeräusche, von denen viele aus dem Innern des Organismus
stammen.

Eingeschlossen in eine Kapsel, die zunehmend verknöchert
und die Gesamtheit des häutigen Labyrinths in Gestalt des
knöchernen Labyrinths schützt (Abb. 16), muß sich die Cochlea ständig gegen die Geräusche abschirmen, die einen Großteil der neurovegetativen Vorgänge begleiten: die Geräusche
des Kauens, des Schluckens, der Verdauung, der Atmung, des
Kreislaufs usw. – eine regelrechte Fabrik, deren Lärmerzeu-
gung es im Interesse der Kommunikation mit der Außenwelt
einzudämmen gilt. Aber es ist auch Schutz vor dieser Außenwelt erforderlich, die mit der Überfülle ihrer Informationen
den Labyrinthsack zu überschwemmen und an der ruhigen
Ausübung seiner Funktionen zu hindern droht.

Der Aufbau dieser Knochenschale spielt eine sehr wichtige
Rolle für die Kommunikation zwischen Innen und Außen.
Geschickt werden Sicherheitsventile eingerichtet, damit das
häutige Labyrinth hinter seinem Panzer weiterhin Nutzen
ziehen kann aus seinen früheren Errungenschaften: Es bleibt
ein «Tastorgan», behält seine dynamisierende Funktion,
sorgt für ein metamerisches Körperbild und verstärkt die
Wirkung der tonisierenden Kräfte, vor allem die Wirkung
der akustischen Sinnesreize.

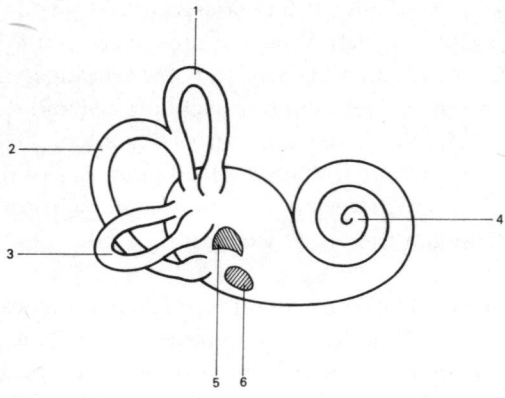

Abb. 16: Knöchernes Labyrinth
1 Oberer Bogengang – 2 Hinterer Bogengang – 3 Seitlicher Bogengang –
4 Cochlea – 5 Ovales Fenster (Fenestra vestibuli) – 6 Rundes Fenster
(Fenestra cochleae)

Der vestibuläre Einfluß sorgt in Verbindung mit der cochleären Aktivität für eine bessere Nutzung der vorhandenen Energie, indem er dazu beiträgt, die Schwerkraft zu überwinden. All die verschiedenen peripheren Sinneszellen in den Muskeln, den Knochen, den Gelenken und der Haut scheinen aus dieser Sicht mit den Corti-Zellen eng verwandt zu sein. Wir begegnen ihnen erneut bei den großen Umwälzungen, die der Wechsel vom Leben im Wasser zum Leben an Land erforderlich macht. Eine Möglichkeit bestand, wie wir gesehen haben, darin, die Corti-Zellen und ihr flüssiges Milieu in einer zunächst knorpeligen und dann knöchernen Schale von besonderer Dichte einzuschließen. Die andere Möglichkeit war eine völlig andere Morphologie, eine Gruppe spezialisierter Zellen, die in der Lage sind, proprio- und exterozeptive Sinnesanalysen vorzunehmen. Welche Aufgabe Zellen dieser Art erfüllen, wird nach der Erörterung einiger Aspekte des Nervensystems verständlicher werden.

Jedenfalls bildet sich um das häutige Labyrinth herum eine elfenbeinharte Knochenschale, eine «Festung», die an der Innen- und Außenseite mit einer Reihe von Regulationssystemen ausgestattet ist – Sperren gegen die inneren und bestimmte äußere Störgeräusche, die die Kommunikation mit der Umwelt beeinträchtigen würden. Diese Schutz- und Unterscheidungsvorrichtungen dienen dem tief in das Felsenbein eingelassenen labyrinthischen Festungssystem dazu, seine Eigenständigkeit und seine Kontrollfunktion zu wahren.

Um die eintreffenden Informationen entschlüsseln, auswählen und analysieren zu können, muß das Innenohr unter konstanten Bedingungen arbeiten. Zu diesem Zweck bildet sich im Labyrinth ein System zum Druckausgleich. Dafür sorgt das *runde Fenster* (Fenestra cochleae), zu dem später noch das *ovale Fenster* (Fenestra vestibuli) hinzukommt.

Während sich im Innern des Labyrinthsacks die Systeme zur Druckregulierung entwickeln, entstehen außen Vorrichtungen, die die Beziehung zur Umgebung verbessern. Ein Stück des Ektoderms – später wird es zusammen mit einer Entodermschicht das Trommelfell bilden – ist in eine kreisförmige Öffnung des Schädelknochens eingefaßt, der das Labyrinth umgibt. Nach meiner Auffassung leitet das Trommelfell dem Labyrinth über den Schädelknochen die Fülle der Reize zu, die aus der Umgebung eintreffen.

Allerdings mußte ein System entwickelt werden, das in der Lage ist, alle Störungen einzudämmen, so daß das Innenohr seine Aufgabe, Klänge zu analysieren, wahrnehmen kann. Zu diesem Zweck bildete sich ein Knochensteg, der vom ovalen Fenster bis zur Mitte des Trommelfells reicht. Dieses Knöchelchen, *Columella* genannt, erreicht seine Vollendung bei den Vögeln (Abb. 17).

Die Columella ist die Vorläuferin der *Gehörknöchelchenkette* des *Mittelohrs*. Dieses ist dem Labyrinth (dem Innen-

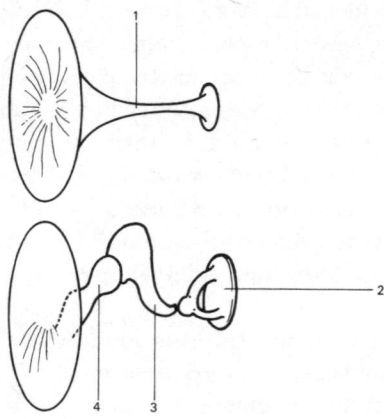

Abb. 17: Columella und Gehörknöchelchenkette
1 Columella – 2 Steigbügel – 3 Amboß – 4 Hammer

ohr)* vorgelagert, steht aber in ständiger Verbindung mit ihm und dient als Regulationsmechanismus, der für optimale Bedingungen in Cochlea und Vestibularapparat zu sorgen hat. Es ist nicht die Aufgabe des Mittelohrs, den Schall an das Innenohr weiterzugeben – nach meiner Auffassung erreicht der Schall das Innenohr nicht auf diesem Wege.** Vielmehr dient das Mittelohr als Schutz- und Regulationsmechanismus. Das Mittelohr spielt eine sehr wichtige Rolle, da dem Menschen mit dem fein regulierten Einsatz von *Steigbügel,* *Amboß* und *Hammer* ein hochentwickeltes System zur Anpassung an Schallreize zur Verfügung steht.

Auch die Ohrtrompete, eine mit Luft gefüllte Röhre, ist an diesem Regulierungsprozeß beteiligt, indem sie die Schluck-

---

* Zu den Begriffen Mittel- und Innenohr siehe S. 130 ff.
** Im Gegensatz zur heutigen Ohrphysiologie, die besagt, daß der Schall vom Trommelfell über die Kette der drei Gehörknöchelchen zum Innenohr (Labyrinth) gelangt. *S. M.*

und Atmungsgeräusche dämpft. In ständiger Verbindung mit dem runden Fenster, das ihr als Ventil dient, sorgt die Ohrtrompete in hohem Maße für Schutz und Anpassung.

Wenden wir uns zum Abschluß dieses Überblicks dem äußeren *Ohr* zu, der jüngsten Errungenschaft der phylogenetischen Entwicklung. Es fängt die von außen kommenden Laute auf, verstärkt sie und trifft sogar eine Vorauswahl, bevor sie zum Trommelfell gelangen. Aus dem äußeren Keimblatt entwickelt sich der *äußere Gehörgang*, zu dem später als Verstärker die *Ohrmuschel* hinzutritt, ein regelrechtes Hörrohr, das die Töne auffängt und sie dem Gehörgang zuleitet. Dieser filtert die Informationen, bevor er sie mit Hilfe des Trommelfells dem häutigen Labyrinth übermittelt (Abb. 18).

Unser Ausflug in die phylogenetische Welt entpuppt sich somit als eine wahrhaft märchenhafte Reise. Alles scheint darauf hinzudeuten, daß die Entwicklung des Ohres von Anfang an auf das Horchen ausgerichtet war.

Abb. 18: Außenohr. Außenansicht und Längsschnitt
1 Ohrmuschel – 2 Äußerer Gehörgang – 3 Trommelfell

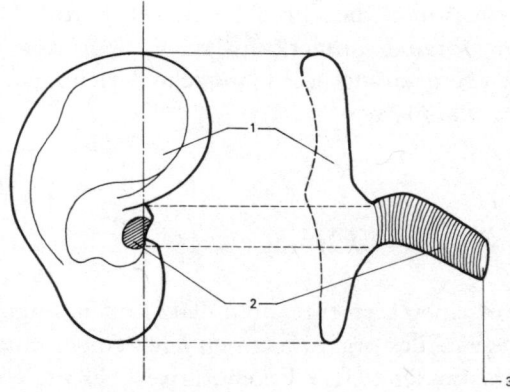

So bilden sich die verschiedenen Abschnitte des Ohres und des Nervensystems. Der Weg durch Jahrmillionen zeigt, wie ein Element nach dem anderen seinen Platz einnimmt. Zu dieser Entwicklung, die die Zeit als Abszisse hat, kommt als Koordinate die menschliche Lebensspanne hinzu. Da verkürzt sich die Zeit erheblich, und aus Abläufen, die nach dem Maßstab der Ewigkeit zu messen sind, gelangen wir in die Dimensionen unseres Lebens, dessen Dauer in Jahren, Tagen und Stunden angegeben wird.

Im folgenden werde ich mich der Ontogenese zuwenden, in der scheinbar alle Organe sich gleichzeitig oder zumindest nahezu gleichzeitig zu entwickeln beginnen. Es würde jedoch anders aussehen, wenn man die Zeit «mikroskopisch» vergrößern würde, um die genaue Reihenfolge des Wachstums zu beobachten. Dieses zeigt nämlich bei der Reifung und Vervollkommnung der verschiedenen Organe eine deutliche Differenzierung.

Wenn wir uns mit dem Ohr des Fetus beschäftigen, stellen wir zahlreiche Parallelen zur phylogenetischen Entwicklung fest. Flüchtig erkennen wir verschiedene entwicklungsgeschichtliche Etappen wieder, Etappen, die das Ohr rasch durchläuft, um nach viereinhalb Monaten intrauterinen Lebens funktionstüchtig zu sein. Es handelt sich um eine immense Zeitraffung, die auf die erstaunlich frühe Reifung dieses Sinnesorgans aufmerksam macht und uns zeigt, wie sehr es den Fetus drängt, die klangliche Beziehung zur Mutter zu vervollkommnen.

Ontogenese

Wie die einzelnen Elemente ihren Platz finden, zeigt uns die Embryologie. Alles organisiert sich nach einem minutiösen Programm. Immer tiefere Erkenntnisse über die einzelnen

Entwicklungsabschnitte des Fetus lassen mit Sicherheit auf das Vorhandensein von Induktoren schließen. Diese scheinen die Entwicklung eines jeden Organs mit einer verblüffenden Präzision regelrecht zu dirigieren.

Unter diesem Antrieb bilden sich die Sinnesapparate aus. Offenkundig folgt die embryonale Entwicklung einem funktionellen Zweck. Nach klassischer Vorstellung steht die Funktion des Nervensystems im Mittelpunkt; um ihretwillen kommen die Sinnesorgane hinzu. Wie inzwischen deutlich geworden sein dürfte, unterscheidet sich meine Auffassung in diesem Punkt erheblich von den allgemein anerkannten Theorien. Mir scheint nämlich, daß sich, in genau entgegengesetzter Entwicklung, das Ohr des Nervensystems bemächtigt, um seine besondere Funktion wahrzunehmen, das heißt, um zum Horchen und durch seine Vermittlung zur Sprache zu gelangen. Das Ohr rüstet sich gewissermaßen mit dem Nervensystem aus, um die Sprechfunktion einführen zu können.

Der Entwicklungsprozeß des Ohres beginnt zu einem sehr frühen Zeitpunkt des intrauterinen Lebens, etwa vom zweiundzwanzigsten Tag an. Seine Implantation findet in der Kopfregion statt. Entsprechend bilden sich Zentren für den Geruchs- und den Gesichtssinn in besonderen Zonen, *Plakoden* genannt. Es handelt sich um Verdickungen des *Ektoderms*, einer Zellschicht, aus der sich später – ein bemerkenswertes Faktum – sowohl die Haut wie auch das Nervensystem entwickeln. Angesichts dieses gemeinsamen Ursprungs kann es deshalb nicht verwundern, daß die Nerven an vielen Störungen beteiligt sind, die die Haut betreffen. Und Paul Valéry übertreibt nicht, wenn er behauptet, kein Organ des Menschen sei tieferer Empfindung fähig als seine äußerste Hülle, die Haut.

Natürlich gibt es neben dem Ektoderm noch einige andere Elemente, die erwähnenswert sind. Sie sind nicht sehr zahlreich, und in einem Buch wie diesem, in dem es um die

Entwicklung des menschlichen Seins geht, dürfen einige wichtige Details nicht unerwähnt bleiben. Bekanntlich verläßt das reife Ei nach dem Platzen des Follikels den Eierstock. Bei dem Sprung in den Beckenraum wird es vom Trichter des Eileiters aufgefangen und in Richtung auf die Gebärmutterhöhle weiterbefördert. Kommt es im Eileiter zur Befruchtung, nistet sich das Ei, in diesem Stadium Blastozyste genannt, einige Tage später in der Uterusschleimhaut ein. Die Blastozyste macht sich die ihrem Eintritt vorausgehenden sekretorischen Schleimhautveränderungen zunutze und verankert sich fest in den Zotten, die die reichlich mit Gefäßen durchzogene Gebärmutterschleimhaut in großer Zahl aufweist. Hier findet die Blastozyste die für Wachstum und Zellvermehrung erforderlichen Nährstoffe. Rasch setzt eine Zellspezialisierung in Richtung auf die zukünftigen Organe ein.

Aus der mit dem Spermatozoon verschmolzenen Eizelle (Zygote) bilden sich im Eileiter zwei Zellen, die Frucht dieser Vereinigung. Die beiden Zellen sind unauflöslich, unwiderruflich verbunden, das heißt, es gibt keinen Weg zurück für sie. Die Zellvermehrung kennt nur den Fortschritt, keine Trennung. So wächst die Zygote, während die Zellen sich vermehren (Abb. 19).

Ihr Äußeres verändert sich: Sie gleicht einer Maulbeere und heißt *Morula*. Das nächste Stadium erreicht die Morula durch rasches Wachstum. Sie schwillt an und wird von nun an als *Blastula* beziehungsweise *Blastozyste* bezeichnet. Der Ausdehnungsprozeß wird dadurch verstärkt, daß sich in einem Teil der Blastozyste ein Hohlraum bildet, der dem bislang kugelförmigen Gebilde eine asymmetrische Gestalt verleiht. Die Innenwand des Hohlraums wird mit einer Zellschicht verkleidet, dem Embryoblast, aus dem sich neben dem sogenannten Entoderm das Ektoderm bildet. Dieses wird, wie erwähnt, später zur Außenschicht, also zur Haut. Gleichzeitig entsteht aus ihm aber auch das Nervensystem, und zwar infolge eines besonderen Prozesses, der sich im mittleren Teil der Ektoderm-Oberfläche vollzieht. Durch besonders intensive Zellvermehrung entsteht nämlich in einer bestimmten Zone das *Neuralrohr*, aus dem sich alle entscheidenden Elemente des Nervensystems bilden werden. Der Kopfteil dieses Neuralrohrs erfährt eine erstaunliche Entwicklung, die zur Bildung des im Kopf gelegenen Teils des Nervensystems führt, das heißt, zu dem an das Rückenmark anschließenden Rautenhirn, zum Mittelhirn, zum Kleinhirn und dann zum Großhirn, also zum gesamten zerebralen System (Abb. 20).

An den Seiten dieses Kopfteils entstehen die Ohrplakoden, und zwar an der Verbindungsstelle zwischen dem ersten und dem zweiten *Kiemenbogen*. Als Kiemenbögen – es sind fünf an der Zahl – werden die Gebilde bezeichnet, aus denen sich bei den Fischen die Kiemen entwickeln. Beim Menschen ist ihnen hingegen ein ganz anderes Schicksal vorherbestimmt.

Abb. 19: Ontogenetische Entwicklung I
1 Befruchtetes Ei (Zygote) – 2 Morula

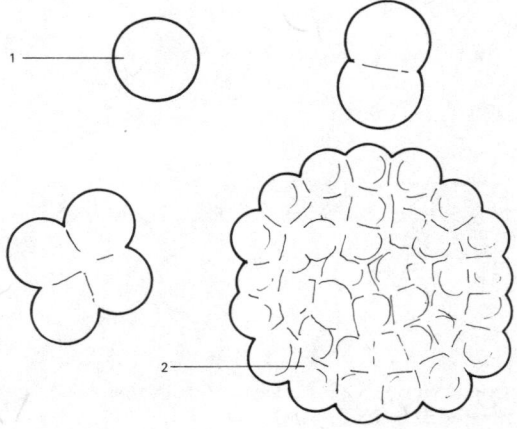

An Kiemen erinnert nur noch der Name. Es kommt also zum raschen Wachstum der Ohrplakoden, die sich einstülpen und so die beiden *Ohrgrübchen* entstehen lassen, während sich gleichzeitig das Neuralrohr mehr und mehr ausformt. Aus dem Ohrgrübchen, das sich schließt, entwickelt sich das *Ohrbläschen*, in dem sich das Innenohr herausbildet (Abb. 21).

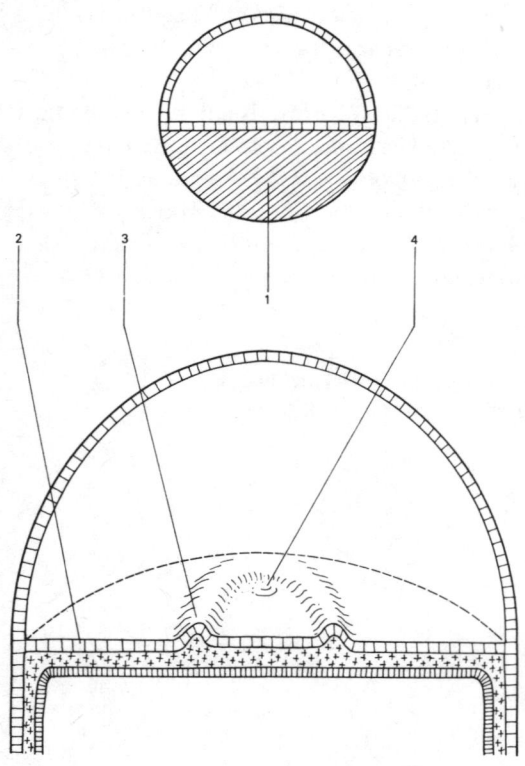

Abb. 20: Ontogenetische Entwicklung II
1 Blastula (Blastozyste) – 2 Ektoderm – 3 Kopfregion – 4 Frühe Entwicklungsphase des Neuralrohrs

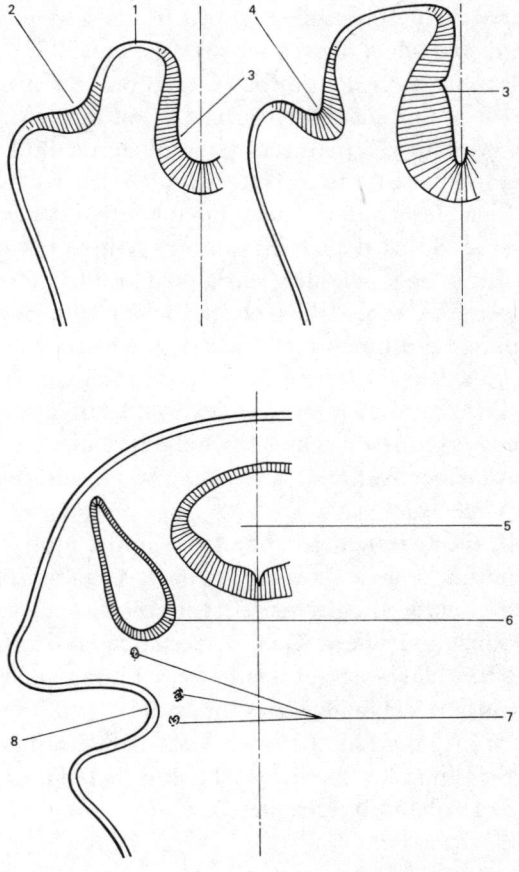

Abb. 21: Ontogenetische Entwicklung III
1 Ektoderm – 2 Ohrplakode – 3 Kopfregion – 4 Ohrgrübchen –
5 Neuralrohr – 6 Ohrbläschen – 7 Gehörknöchelchen – 8 Außenohr

Neben dem Ektoderm entsteht aus dem Embryoblast das *Entoderm*, aus dem sich das Innere des Körpers, vor allem der Verdauungstrakt, bildet. Zwischen Ektoderm und Entoderm entwickelt sich schließlich noch das *Mesoderm*, aus dem später vor allem das Knochengerüst entsteht.

Die Grundlage für den Aufbau des Ohres bilden vor allem das Entoderm und das Mesoderm. Der ontogenetische Entwicklungsverlauf zeigt ein recht kompliziertes Bild von der Organisation dieses Apparates, scheint er sich doch aus Teilen und Elementen aufzubauen, die untereinander nicht verbunden sind. So ist der Hohlraum des Mittelohrs entodermischen Ursprungs wie der Verdauungstrakt, während die knöchernen Elemente – die Gehörknöchelchenkette und die Knochenhülle des Innenohrs – aus dem Mesoderm gebildet werden. Aus dem Entoderm bilden sich auch das Trommelfell und die Membranen, die das ovale und runde Fenster des Innenohrs verschließen. Die Muschel des Außenohrs müßte sich nach meiner Auffassung logischerweise aus dem Ektoderm entwickeln.

Da sich die Ontogenese unbeirrbar und denkbar eng an ihren «Induktor» hält, laufen wir nicht Gefahr, uns in zu vereinzelten embryologischen Beschreibungen zu verlieren, die das Ganze in isolierte Gebilde zerfallen lassen. Die Entwicklung des Ohres ist auf das Horchen hin angelegt. Deshalb organisiert sich in diesem Organ alles dergestalt, daß es zum Instrument des Horchens wird und daß sich seine Reaktion bei Erfüllung der Funktion, die ihm seine Form gibt, in Einklang mit dem angestrebten Ziel des «organisierenden Induktors» befindet.

So bildet sich, wie zu Beginn des Kapitels erläutert, schon frühzeitig die Ohrplakode an der Verbindungsstelle zwischen dem ersten und dem zweiten Kiemenbogen. Dies geschieht am Anfang der dritten Woche. Vom siebenundzwanzigsten Tag, also der vierten Woche, an gestaltet sich das Ohrbläschen allmählich zum häutigen Labyrinth um. Der vestibuläre

Teil bildet sich von der fünften Woche an. Die Fertigstellung des häutigen Labyrinths, soweit es die Differenzierung seiner Hauptorgane Utriculus, Sacculus und Cochlea betrifft, fällt in die siebte oder achte Woche.

Die Sinnesrezeptoren nehmen also sehr rasch ihren Platz ein. Die einen schicken sich an, mit den entsprechenden Zellen in der Muskulatur die neuro-muskulären Verbindungen herzustellen, die anderen bilden sich im Bereich der Plakoden zu speziellen Sensoren um. Aus diesen Urregionen entstehen die Sinnesorgane. Soweit es den Riech-, Geschmacks-, Gesichts- und Gehörsinn betrifft, befinden sich die Plakoden in der Kopfregion. Beim Tastsinn ist die Verteilung schwieriger zu bestimmen, wenn es auch bevorzugte Regionen gibt: die vorderen Seitenflächen des Körpers und bestimmte Punkte, etwa die Endbereiche der Extremitäten und das Gesicht. Ein Vergleich mit dem Seitenlinienorgan könnte dazu beitragen, diese Verteilung besser zu verstehen.

In diesem Zusammenhang sei hier noch ein interessanter Umstand mitgeteilt. Er verweist wiederum auf das Wirken des Induktors, der das Ohr gegen alle Wahrscheinlichkeit zur Funktion des Horchens bringt und damit der Sprachfunktion den Weg bahnt. Dieser Programmregler steuert nicht nur die Entstehung der anatomischen Voraussetzungen für den angestrebten Mechanismus, sondern sorgt auch für die Relais, dank deren ein hervorragend funktionierender kybernetischer Regelkreis zustande kommt.

In Höhe des zweiten Kiemenbogens entsteht nach kurzer Zeit schon der *Steigbügel* (Stapes), ein Gehörknöchelchen, das an seinem Fußstück mit dem sich langsam herausbildenden häutigen Labyrinth verbunden ist. Sobald der Embryo eine Größe von sieben Millimetern erreicht, tritt der Steigbügel in Erscheinung. Er scheint sich an einem Knorpel in diesem Kiemenbogen, dem Reichertschen Knorpel, auszubilden. Der Steigbügel wächst schnell; er ist stark durchblutet. Wenn der Embryo eine Größe von 19,8 Millimetern erreicht, entsteht an dem Gehörknöchelchen der Musculus stapedius (Steigbügelmuskel).

In diesem zweiten Kiemenbogen haben noch viele andere Elemente ihren Ursprung, von denen einige interessant für uns sind, weil es uns ja um den Zusammenhang zwischen Horchen und Sprache geht, das heißt um Ohr und Kehlkopf, Mund und Gesicht. So entstehen der obere Teil des Kehlkopfes und das Zungenbein, der Knochen, der den Kehlkopf hält, außerdem zwei Muskeln und drei Ligamente, die von dem Zungenbein ausgehen und es mit der Schädelbasis verbinden, indem sie am Processus styloideus, einem Knochenfortsatz des Schläfenbeins, ansetzen. Hier handelt es sich, nebenbei bemerkt, ausschließlich um Elemente, die später mit der Lautbildung zu tun haben. Während dem oberen Teil des Kehlkopfes die Lautbildung obliegt, besteht die Aufgabe des gesamten zum Zungenbein gehörigen Apparates darin, den Kehlkopf an seinem Platz zu halten.

Dann erscheint, wiederum im zweiten Kiemenbogen, der Vorderbauch des Musculus digastricus, eines Muskels, der, wie der Name schon sagt, zwei Bäuche hat: Der eine verläuft von der Unterkante des Unterkiefers aus rückwärts nach hinten, wo ihn der andere gewissermaßen fortsetzt, indem er ansetzend im mittleren, unteren Teil des Warzenfortsatzes, nach hinten in die obere Region führt. Dieser Muskel öffnet den Mund.

Aus dem zweiten Kiemenbogen gehen außerdem die Gesichtsmuskeln hervor, mit einer Ausnahme: dem Lidheber. Hier wird deutlich, daß der oben erwähnte Steigbügel zu einer Gruppe embryonaler Gebilde gehört, die im zweiten Kiemenbogen auftreten und die von Anfang an nicht nur an den Mechanismen des Hörens beteiligt sind, sondern auch an denen der Lautbildung. Die funktionelle Koordination stellt sich um so leichter ein, als alle Teile, motorisch gesehen, von einem Nerv gesteuert werden: dem VII. der paarigen Hirnnerven, dem *Nervus facialis*. Dieser innerviert nicht nur die

Gesichtsmuskeln (wiederum mit Ausnahme des Lidhebers), sondern auch den vorderen Bauch des Digastricus und natürlich auch den Steigbügelmuskel. Zweifellos führt diese gemeinsame Steuerung zu kybernetischen Mechanismen, deren Bedeutung man ahnt, wenn man bedenkt, daß das Ohr später das Hören und dadurch auch die Sprache ermöglicht.

Während sich alle diese Teile im zweiten Kiemenbogen vorbereiten, erscheint im ersten Kiemenbogen ein Knorpelplättchen, der *Meckelsche Knorpel*. Hier entwickeln sich Knochenstrukturen, die merkwürdigerweise keinerlei Zusammenhang aufzuweisen scheinen. Aus dem unteren Vorderteil dieses Plättchens, neun Zehntel der Vorderseite einnehmend, gewinnt eine Knochenplatte Gestalt, die später den waagerechten Teil des Unterkiefers bilden wird. Ihr Vorderteil krümmt sich später nach innen, während der aufsteigende Teil sich unabhängig von dieser Entwicklung auszubilden scheint – wenn man überhaupt annehmen kann, daß im menschlichen Körper irgendein Teil unabhängig vom Ganzen ist. Aus dem hinteren Oberteil des Meckelschen Knorpels bilden sich zwei weitere Gehörknöchelchen. Es sind die beiden außen gelegenen Knöchelchen. Von innen nach außen gesehen, sind es *Amboß* und *Hammer*. Ist es nicht erstaunlich, daß sich diese Elemente parallel zum unteren Teil des Unterkiefers entwickeln, dessen Beweglichkeit so wichtig für die Sprache ist? Das Zusammenwirken von Mund und Ohr ist auch in diesem Falle besonders koordiniert, weil die Muskeln, die für die Bewegung des Unterkiefers zuständig sind, der *Masseter* und der *Temporalis*, sowie der Muskel, der das am weitesten außen gelegene Gehörknöchelchen, den Hammer, bewegt, von einem gemeinsamen Nerv innerviert werden, nämlich dem motorischen Ast des V. Hirnnervs, des Trigeminus (Abb. 22).

Stellen wir zum Abschluß dieses embryologischen Überblicks noch fest, daß das Außenohr sich aus dem Ektoderm entwickelt hat und aus der Verschmelzung mehrerer «Wachs-

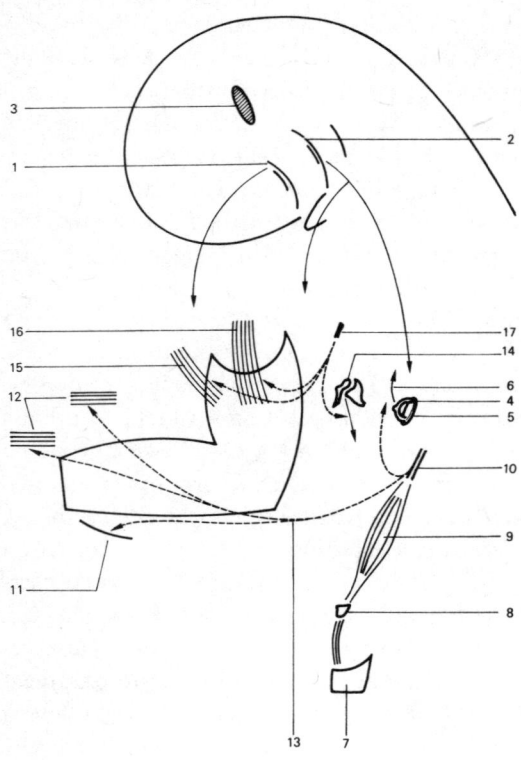

Abb. 22: Ontogenetische Entwicklung IV
1 Erster Kiemenbogen (Meckelscher Knorpel) – 2 Zweiter Kiemenbogen (Reichertscher Knorpel) – 3 Ohrplakode – 4 Steigbügel –
5 Fußstück – 6 Musculus stapedius (Steigbügelmuskel) – 7 Kehlkopf –
8 Zungenbein – 9 Am Zungenbein ansetzende Muskeln und Ligamente –
10 Processus styloideus – 11 Vordere Ausbauchung des Musculus
digastricus – 12 Gesichtsmuskeln – 13 Nervus facialis (VII. Hirnnerv) –
14 Amboß, Hammer und Hammermuskel (Musculus tensor tympani) –
15 Musculus masseter – 16 Musculus temporalis – 17 V. Hirnnerv
(Trigeminus)

tumsknospen» entsteht. Auch dieser Teil des Ohrs ist nach
viereinhalb Monaten intrauterinen Lebens in seiner Entwicklung abgeschlossen. Die Ohrmuschel scheint bereit zu sein,
das Klangmaterial, das aus der lebendigen und geräuschvol-
len Umwelt auf den Fetus eindringt, aufzufangen, zu verstär-
ken und zu modellieren.

Damit sind alle Elemente an ihrem Platz. Die Entwicklung
gehorcht unsichtbaren Strukturen, deren Geheimnis nur der
Induktor kennt. Eine anatomisch-physiologische Perspektive
wird uns nun zeigen, wie die einzelnen Organe topogra-
phisch zu lokalisieren und funktionell zu verstehen sind.

Das Ohr selbst wird rasch beschrieben sein, da ich auf die
meisten seiner Bestandteile schon eingegangen bin. Auch
beim funktionalen Aspekt muß ich mich auf einen Überblick
beschränken. Doch werde ich mich ausführlicher mit dem
Teil des Nervensystems beschäftigen, der dem Ohr im engeren Sinne zugerechnet wird. Die Akzente, die ich dabei setze,
dürften in der Tat ungewohnt sein. Ich glaube jedoch, viele
Probleme lösen zu können, die sich im Zusammenhang mit
den Funktionen des Ohres und des Nervensystems stellen,
ganz zu schweigen von den neuen Erkenntnissen auf dem
Gebiet der Psychologie und Psycholinguistik. Deshalb erscheint mir dieser Standpunkt mitteilenswert, mag er auch
sehr speziell sein.

Anatomisch-physiologische Perspektive

Die verschiedenen entwicklungsgeschichtlichen Aspekte des
Ohres, denen wir begegnet sind, zeigten, daß die Entstehung
dieses Organs mit dem Innenohr beginnt, zu dem zunächst
das Mittelohr und schließlich das Außenohr hinzukommt.

Deshalb will ich diese Reihenfolge auch in meiner anatomischen Zusammenfassung einhalten. Hier sollen die Erkenntnisse zusammengefaßt und eingeordnet werden, die wir bei der phylogenetischen und embryologischen Betrachtung gewonnen haben.

Auf der Basis dieses Minimums an Kenntnissen will ich dann sehr kurz und summarisch auf die Leistungen des Gehörs zu sprechen kommen, um eine Vorstellung davon zu vermitteln, wie es funktioniert, zumindest so, wie ich es verstehe. Dann können wir uns der neurologischen Betrachtungsweise zuwenden, der ich besondere Aufmerksamkeit widmen werde, da sie es uns ermöglicht, die verschiedenen Mechanismen umfassender zu begreifen, die während des intrauterinen Lebens einsetzen, damit der Fetus zur besseren Kommunikation mit seiner Umwelt fähig ist.

Wir werden also nacheinander einen kurzen Blick auf das Innenohr, das Mittelohr und das Außenohr werfen (vgl. S. 289).

1. Das *Innenohr* bildet sich, wie gesagt, als erstes. Hier unterscheiden wir zwei Teile: einerseits einen archaischen Teil, den *Vestibularapparat.* Er enthält das *Vestibulum* (Vorhof) und zwei Säckchen, zum einen den *Utriculus,* über dem die drei *Bogengänge* liegen, zum anderen den *Sacculus,* dessen vertikale Achse senkrecht zum Utriculus verläuft, während dieser an seiner Basis waagerecht liegt. Der zweite Teil, die *Cochlea,* tritt später zum Vestibularapparat hinzu und vervollständigt den Bereich, der allgemein *häutiges Labyrinth* genannt wird. Eine besonders dichte Knochenschale, in ihrer Beschaffenheit fast wie Elfenbein, bildet das *knöcherne Labyrinth.* Dieses ist eingelassen in das *Felsenbein* (seiner Härte wegen so genannt) und wird durch fein gebildete Knochenbälkchen (Trabeculae) an seinem Platz gehalten. Das Felsenbein ist wie eine Pyramide geformt, an deren Basis das knöcherne Labyrinth liegt, während die Spitze nach innen und vorn gerichtet ist (Abb. 23).

2. Das *Mittelohr* bildet an der Außenseite des Innenohrs die *Paukenhöhle*, die außen von dem knöchernen *Rahmen* und dem *Trommelfell* begrenzt wird. Hinten hängt sie mit dem *Warzenfortsatz* zusammen, vorn mit dem Rachen, und zwar durch die *Ohrtrompete*, die schräg nach unten, nach vorn und nach innen verläuft. Sie mündet über den *Mandeln* (Abb. 24).

In der Paukenhöhle befinden sich die drei Gehörknöchelchen, von innen nach außen: *Steigbügel, Amboß* und *Ham-*

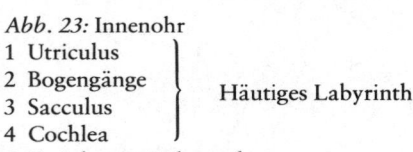

Abb. 23: Innenohr
1 Utriculus ⎫
2 Bogengänge ⎬ Häutiges Labyrinth
3 Sacculus ⎭
4 Cochlea
5 Knöchernes Labyrinth

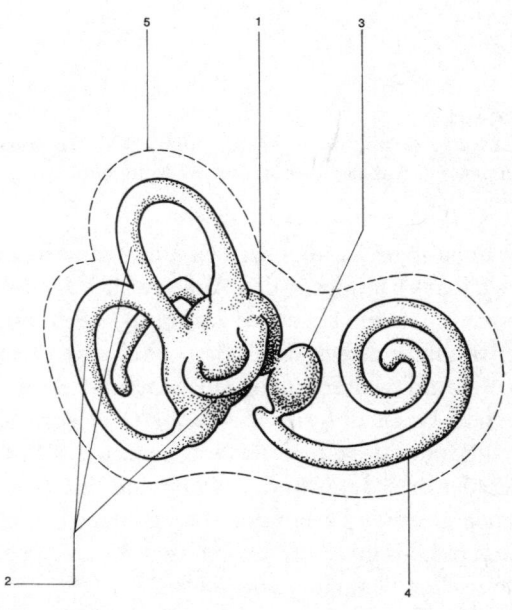

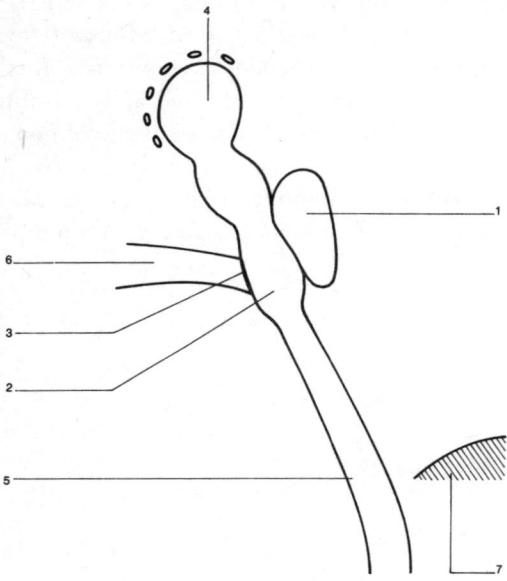

Abb. 24: Mittelohr
1 Innenohr – 2 Paukenhöhle – 3 Trommelfell – 4 Warzenfortsatz –
5 Ohrtrompete – 6 Äußerer Gehörgang – 7 Mandeln

mer. Der Steigbügel ist über sein *Fußstück* durch eine Membran mit einer Öffnung in der Außenwand des Innenohrs, dem *ovalen Fenster* (Fenestra vestibuli), verbunden. Eine zweite Öffnung in dieser Wand des knöchernen Labyrinths, weiter vorn und weiter unten gelegen, ist mit einer Haut verschlossen. Es ist das *runde Fenster* (Fenestra cochleae). Der durch Bänder gehaltene Amboß liegt in der Mitte. Er ist der größte der drei Gehörknöchelchen und mit dem Steigbügelköpfchen gelenkig verbunden. Noch enger ist die Verbindung mit dem Hammer, mit dem er auch einen gemeinsamen embryologischen Ursprung hat (Abb. 25).

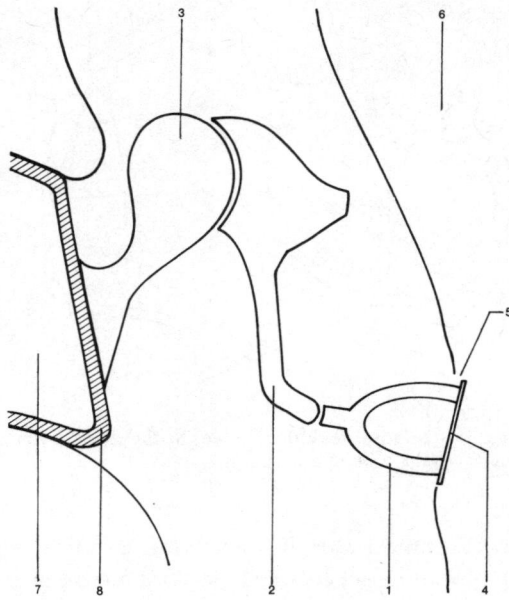

Abb. 25: Innenraum der Paukenhöhle
1 Steigbügel – 2 Amboß – 3 Hammer – 4 Fußstück – 5 Ovales Fenster –
6 Innenohr – 7 Äußerer Gehörgang – 8 Trommelfell

Der Hammergriff ist fest an das Trommelfell fixiert, das am hinteren, unteren und vorderen Rand in der Trommelfell-furche des Schädelknochens verankert ist. Im oberen Teil *(Pars flaccida)* ist das Trommelfell weniger gespannt und vibriert nicht – im Gegensatz zu der unter ständiger Span-nung stehenden *Pars tensa*, die unterhalb des Hammergriffs liegt. Dessen Ende markiert den Mittelpunkt des Trommel-fells: den *Nabel* (Umbo) (Abb. 26).

3. Das *Außenohr* schließlich, der zugänglichste der drei Bereiche, umfaßt den *äußeren Gehörgang*, der sich ausdehnt und zur *Muschel* erweitert.

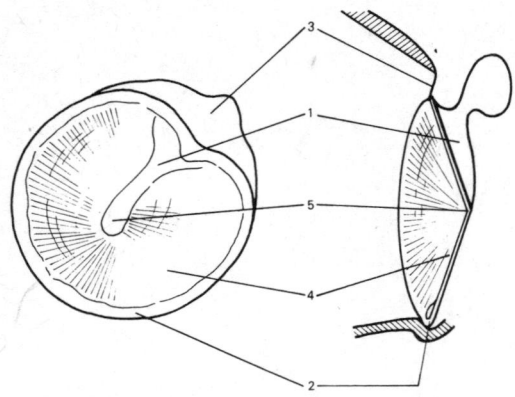

Abb. 26: Trommelfell
1 Hammergriff – 2 Trommelfellfurche des Schädelknochens – 3 Pars flaccida – 4 Pars tensa – 5 Nabel (Umbo)

Nach dieser summarischen Beschreibung des Ohres wende ich mich dem physiologischen Abriß des Organs zu. Der Vestibularapparat, der phylogenetisch älteste Teil, ist ein Sinnesorgan, das die Körperbewegungen auffangen soll. Dadurch wird das Gleichgewicht nach und nach in alle Körperteile integriert und so die Vertikalität, ein besonderes Merkmal der menschlichen Art, vorbereitet. Dem vestibulären Anteil des Labyrinthes obliegt es, alles zu registrieren, was mit der Mobilität zu tun hat – Bewegungen ebenso wie Rhythmen und Kadenzen. Die Cochlea scheint hinzugekommen zu sein, um die Analyse der informationsgesättigten Schallpakete zu verbessern.

Selbstverständlich wird jede Bewegung des Körpers vom häutigen Labyrinth gleichzeitig mitvollzogen, schwimmt es doch in der vom knöchernen Labyrinth vollkommen abgedichteten *Perilymphe*. Die *Endolymphe* innerhalb des häutigen Labyrinths dagegen folgt diesen Bewegungen mit einer gewissen Verzögerung infolge des Trägheitsmomentes. Dieser Zeitunterschied bewirkt eine Phasenverschiebung zwischen den Schwingungen der Endolymphe und denen der Wände. Dies registrieren die mit Zilien ausgestatteten Sinneszellen der *Ampullen* am Eingang der Bogengänge und an der Basis von Utriculus und Sacculus. So werden die Auswirkungen von Verlangsamung und Beschleunigung registriert, anhand deren sich die Vorstellung von Fortbewegung und Anhalten, also der Begriff von Kinetik und Statik, ausbildet. Gemeinsam schaffen sie die Voraussetzung für den Gleichgewichtssinn. Dies könnte der Apparat nicht leisten, wäre er nicht einem Neuronenkomplex angeschlossen, von dem später noch die Rede sein wird. Jede durch eine rhythmische Schalleinwirkung hervorgerufene Verlagerung der Flüssigkeiten wird im Verhältnis zur vorangegangenen als Beschleunigung oder Verlangsamung empfunden, weckt also die Erinnerung an zuvor integrierte Bewegungen (Abb. 27).

Anzumerken ist in diesem Zusammenhang, daß der Vestibularapparat seine Funktion recht früh aufnimmt. Er gestaltet sich nicht nur schon zu Anfang des embryonalen Lebens aus, sondern beginnt auch in dieser Zeit bereits aktiv zu werden.

Die Cochlea ist ein Anhangsgebilde des Vestibularapparates, eine Art Ergänzung, die für die Schallanalyse unentbehrlich ist. Ihre Form, um derentwillen sie auch als *Schnecke* bezeichnet wird, entspricht einem Rotationsparaboloiden (vgl. Abb. 15, S. 112). Die Cochlea verfährt mit den auf sie eindringenden Schallwellen wie ein Fourier-Analysator, das heißt, sie vermag aus den komplexen akustischen Informationen die einfachen, analysierbaren Periodizitäten herauszulesen. Dazu benötigt sie einen ständig gleichbleibenden Druck, den der Steigbügel und seine Muskulatur nach dem Prinzip von Stoßdämpfern herstellen. Es entsteht ein Regulationsmechanismus, der dafür sorgt, daß die Intensität der im Innenohr eintreffenden Schallreize in Grenzen gehalten wird, die eine qualitativ ergiebige Analyse zulassen.

Die analysierten Töne verteilen sich dann auf die Cochlea, wobei die hohen Töne der Basis zugeordnet werden und die tiefen der Spitze. Über den Cochlearnerv gelangen sie in den Bereich des Schläfenlappens (Temporallappens) der Großhirnrinde, wobei sie die Frequenzverteilung beibehalten, die sie durch das *Cortische Organ* erhalten haben, ein Sinnesapparat, der sich auf der *Basilarmembran* der häutigen Cochlea befindet (Abb. 28).

Die von außen kommenden Laute werden in der Ohrmuschel gesammelt und dem Trommelfell zugeleitet, das in Schwingungen verfällt und seine Spannung mit Hilfe des Hammerstiels reguliert. Dieser wird durch einen eigenen

Abb. 27: Ampulle eines Bogengangs
1 Haarzellen – 2 Stützzellen – 3 Nervenfasern – 4 Statolith –
5 Endolymphe

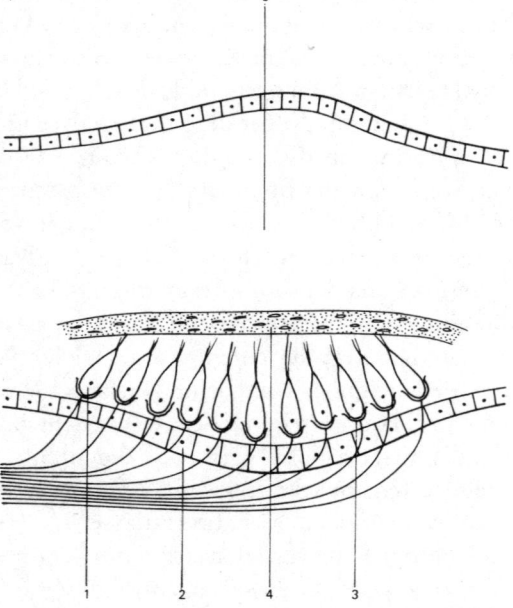

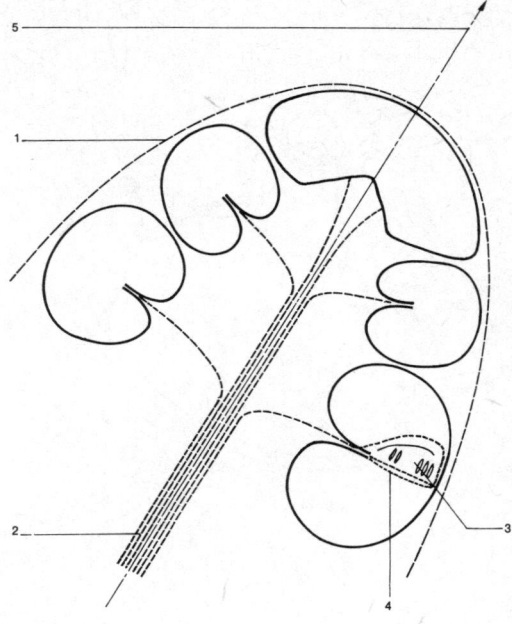

Abb. 28: Cochlea (Schnecke)
1 Rotationsparaboloid – 2 Nervus cochlearis – 3 Cortisches Organ –
4 Basilarmembran (Lamina basilaris) – 5 Achse, nach außen und vorn
gerichtet

Muskel bewegt. Von dort aus erreicht die Schwingung das
häutige Labyrinth. Der klassischen Theorie zufolge werden
die Schwingungsphänomene über die Gehörknöchelchen
weitergeleitet. Ich bin anderer Ansicht und glaube weiterhin,
daß die Gehörknöchelchen im wesentlichen ein Anpassungs-
system sind, mit dessen Hilfe das Trommelfell seine Spannung justieren kann, so daß es entsprechend der Impedanzen,
das heißt der minimalen Widerstände des knöchernen Rah-
mens, vibriert. Dieser überträgt die akustischen Erschütte-
rungen durch die Schädelknochen auf das Labyrinth. Dabei

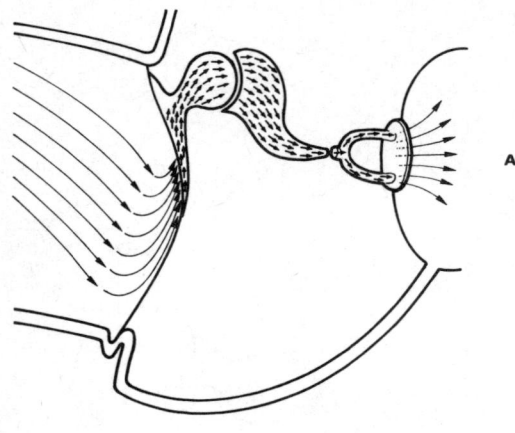

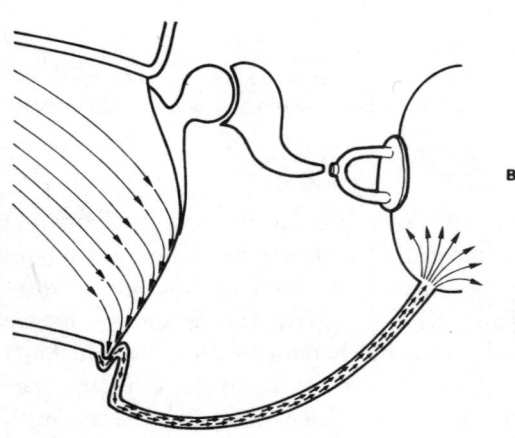

Abb. 29: Schallübertragung zum Innenohr
A Klassische Theorie – B Meine Version

spielt das Trommelfell die Rolle einer Stimmgabel. Am Eingang zum knöchernen Labyrinth sorgt, wie erwähnt, der Regulationsmechanismus des Steigbügels und seines Muskels für einen innerlabyrinthischen Druckausgleich, damit die Analyse möglich wird (Abb. 29).

Das Gehör mit seinen drei Bereichen – dem Innen-, Mittel- und Außenohr – erweist sich also als ein Gebilde mit vielfältigen Funktionen. Die ältesten befassen sich mit der Statik und Kinetik. Die jüngeren dienen dem Hören und insbesondere dem Horchen. Erstere sind wohl dem Vestibularapparat des Labyrinths zuzurechnen, während letztere in der Cochlea und ihren Anhangsgebilden, dem Mittel- und Außenohr, anzusiedeln sind.

Alle Elemente schließen sich indessen trotz des etwas uneinheitlichen Eindrucks, den sie gelegentlich erwecken, zu einer funktionellen Einheit zusammen. Wenn man das Horchen als primären Induktor anerkennt, der die ganze Entwicklung des Organs steuert, wird der einheitliche Charakter dieser Struktur leicht erkennbar.

Mir geht es hier natürlich nicht um eine eingehende anatomische oder physiologische Untersuchung des Ohres. Vielmehr möchte ich daran erinnern, daß das wirklich Überraschende an diesem Apparat die Frühzeitigkeit seines morphologischen wie funktionellen Auftretens ist. Das Ohr ist ontogenetisch und phylogenetisch das älteste Organ. Phylogenetisch geht es sogar der Entstehung des Nervensystems voraus. Was liegt da näher als die Annahme, es induziere oder initiiere dessen Entstehung. Wie inzwischen mehrfach betont, vertrete ich diese Auffassung vor allem auch deshalb, weil sie uns gestattet, das Nervensystem unter einem völlig neuen Blickwinkel zu betrachten. Sie erleichtert nicht nur das Verständnis seiner Mechanismen, sondern auch der Gründe, die für die Entwicklung dieser Strukturen verantwortlich waren.

Neurologische Studie

Nun will ich mich dem neurologischen Aspekt der Mechanismen des Ohres zuwenden. Natürlich kann man eine solche Betrachtung als Exkurs, als Fußnote für die Leute vom Fach ansehen. Indes, sie ist die Grundlage meiner Erforschung des pränatalen Horchens.

Wenn sich der Leser freilich nicht mit einem Übermaß an Fachwissen belasten will, kann er diesen Abschnitt getrost überspringen, um bei einer zweiten oder dritten Lektüre auf ihn zurückzukommen. Zugegeben, das Buch verlangt einiges von seinem Leser, nicht zuletzt einen Wechsel des theoretischen Blickwinkels. Es geht hier nicht nur um den Erwerb von Kenntnissen, es geht auch um ein Umdenken – nicht nur hinsichtlich unseres akademischen Wissens, sondern ebenso in bezug auf uns selbst.

Die Beweise dafür, daß schon der Fetus Hörerlebnisse hat, sind zahlreich und gesichert. Deshalb erscheint es mir angebracht, auf wenigen Seiten zu skizzieren, wie sich das Nervensystem entwickelt, wie es von einfachsten Bauformen zu komplizierteren gelangt und schließlich die Gestalt annimmt, die wir kennen. Das Ganze ähnelt einem Zusammenschluß ursprünglich identischer Zellen, die sich in der Folge funktionell ausdifferenzieren, bis sie, von einigen Grundbestandteilen abgesehen, untereinander keinerlei Ähnlichkeit mehr aufweisen. Die Nervenzelle tritt erst zu dem Zeitpunkt in Erscheinung, da das Protozoon seinen Einzellerstatus aufgibt, um sich zu mehrzelligen Gebilden zusammenzuschließen, und von diesem Moment an wird den Zellen eine Funktion zugeordnet. Ihre Hauptaufgabe besteht natürlich darin, für einen Informationsfluß zwischen den verschiedenen Zellen und Zellgruppen zu sorgen, damit die funktionelle Einheit des Ganzen gewährleistet ist, eine Einheit, die ganz auf Austauschprozesse, auf Kommunikation und folglich auf das Horchen ausgerichtet ist.

So bildet sich eine erste Struktur heraus, die in ihrer Weiterentwicklung schließlich zu einer immer feineren Informationsübertragung fähig wird. Winzige Zellen verflechten sich zu einem dichtgesponnenen Netzwerk, das später die Bezeichnung *Retikularsystem* erhält.

Dieses Netzwerk ist die Voraussetzung jeder anderen Organisationsform. Es ist älter als das Nervensystem. Es sorgt für die Feinübertragung der Information. Es steuert sie durch Beschleunigung und Verstärkung oder auch durch Verlangsamung und Abschwächung beziehungsweise Hemmung. Wir haben es mit einem überaus anpassungsfähigen Zellnetz zu tun, das sich auf jede Gegebenheit und Notwendigkeit einzustellen vermag.

Nach meiner Auffassung ist das Retikularsystem die Grundstruktur des Nervensystems. Ich sehe darin seine Aufgabe, und die Erklärung dafür ist, daß man es überall findet. Es ist schon vor jeder anderen nervösen Struktur vorhanden. Diesem Urgewebe lagern sich alle weiteren Elemente an, bis sich Nervenstränge mit immer komplexeren Funktionen bilden, die den wachsenden Bedürfnissen gerecht werden.

Durch dieses erste – retikuläre – System wird die Gesamtheit der Informationen an alle Ebenen weitergegeben, wobei die dafür erforderliche Zeit länger oder kürzer ist, je nachdem, ob die Übertragung gebremst oder beschleunigt wird. Doch die Ausbreitung ist von globaler Art. Im späteren Bau des Nervensystems finden Informationsübertragungen *von Segment zu Segment* statt, im Dienst bestimmter Funktionen wie der Motorik und der Statik. Es gibt Nah- und Fernübertragung, um eine gewisse Harmonie aller *segmentalen, metamerischen* Aktivitäten zu sichern.

Nach und nach nehmen diese Systeme Gestalt an in einer Anzahl *aufsteigender* und *absteigender Nervenbahnen*. Diese sind allerdings begrenzt im Vergleich zur Verbreitung des Retikularsystems, das mit seiner globalen Informationsübertragung fortfährt. Diese Systeme sind *unisegmental* oder *polysegmental* und auf Nahwirkung angelegt, damit jede Bewegung harmonischer und wirksamer wird. Gleichzeitig kommt es zu einer *intrasegmentalen* Informationsübertragung, um einmal die Bewegungen beider Körperseiten zu synchronisieren und andererseits in der Motorik für die Ausgleichsbewegungen der Gegenseite zu sorgen.

Zu diesen Elementen, die auf erste Notwendigkeiten reagieren, kommen Kollektorstränge hinzu, die in erster Linie die Aufgabe haben, für die Zentralisierung zu sorgen, und in zweiter Linie, den in einer Struktur höherer Ordnung entstandenen intentionalen Akt weiterzuleiten. Diese höher entwickelte Form des Tropismus führt zu dem, was man gemeinhin den willkürlichen Akt nennt. In Wahrheit ist dieser meist die Ausführung irgendeiner grundlegenden Aktivität, deren Bedeutung uns aus dem Blick geraten ist, weil wir den Begriff der Willensfreiheit eingeführt haben. Zur Grundausstattung treten also immer komplexere Elemente hinzu, die zur Basis vielfältiger psychischer Reaktionen werden.

Die ersten Nervenstränge, die sich im Retikularsystem einlagern, stehen mit Statik und Bewegung in Zusammenhang, das heißt, es sind diejenigen, die in den *Vestibulariskernen* zentralisiert werden (Abb. 30).

Diese Anhangsgebilde des Vestibularapparates bilden das *Urhirn*, während der Vestibularapparat zum afferenten peripher-sensorischen Teil wird: Sie verhalten sich wie motorische Kerne. Sie sind extrapyramidal, da die Pyramidenbahn noch gar nicht angelegt ist. Dieses Urhirn koordiniert seine Aktivität, indem es durch die drei Vestibulariskerne Deiters, Schwalbe und Bechterew homolateral wirkt, durch den Rollerschen Kern dagegen heterolateral. Diese motorischen, vestibulo-spinalen, homo- und heterolateralen Bahnen tauchen in das bereits vorhandene Retikularsystem ein, das verdoppelt wird (Abb. 31):

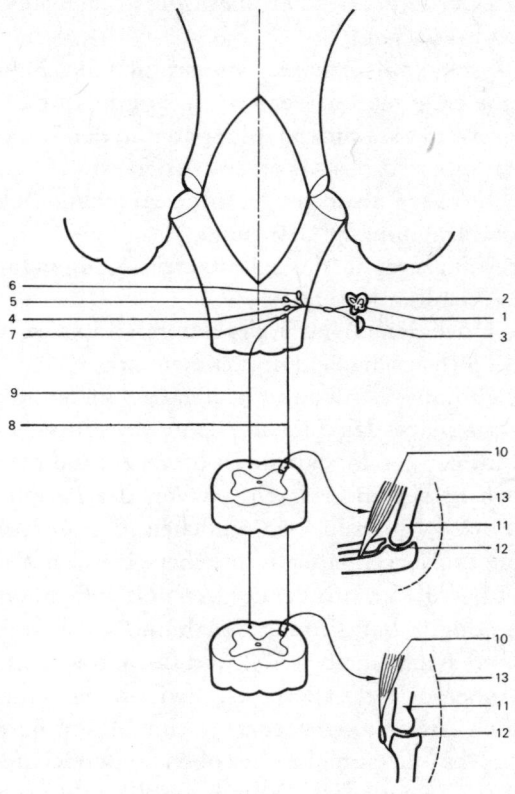

Abb. 30: Vestibuläres «Gehirn»
1 Utriculus – 2 Bogengänge – 3 Sacculus – 4 Nucleus lateralis (Deiters-scher Kern) – 5 Nucleus medialis (Schwalbescher Kern) – 6 Nucleus superior (Bechterewscher Kern) – 7 Nucleus Roller (Rollerscher Kern) – 8 Homolateraler Tractus vestibulospinalis – 9 Heterolateraler Tractus vestibulospinalis – 10 Muskel – 11 Knochen – 12 Gelenke – 13 Haut

○ einerseits Informationsbahnen zur intersegmentalen Nah-
übertragung, mit Ursprung in der Hauptbahn, die später
in der antero-lateralen Peripherie der grauen Substanz des
Rückenmarks liegt;

○ andererseits aufsteigende intersegmentale Bahnen zur
Fernübertragung, aus der «cornu-kommissuralen Zone»
(Pierre Marie) stammend, die später an der Rückseite der
grauen Substanz des Marks lokalisiert ist;

○ und schließlich absteigende, intersegmentale Bahnen zur
Fernübertragung; ihr Ursprung:
– Nervenfasern, die das Schultzesche Komma im Bereich
des Zervikalmarks bilden,
– das Hochesche Band in der unteren dorsalen Region,
– das Flechsigsche Feld im Lendenmark,
– die Philippe-Gombaultsche Triangel im Sakralmark.

So vermag sich das Tier im Laufe der Entwicklungsgeschichte immer geschmeidiger zu bewegen und diese Bewegung auch besser zu erfassen, da von der Peripherie, das
heißt von den Muskeln, den Knochen, den Gelenken und
den Bändern Nervenbahnen ausgehen, die den Vestibularapparat über die stattfindende Aktivität informieren. Dies
geschieht durch Vermittlung des homolateralen Flechsig-
schen Bündels im unteren Teil und des Gowersschen Bündels im oberen Teil. Dieses ist den oberen Gliedmaßen
zugeordnet, zweimal gekreuzt – einmal im Bereich des
Rückenmarks und einmal weiter oben im Bereich des oberen
Kleinhirnstiels – und deshalb am Ende ebenfalls homolateral
(Abb. 32).

Die Verbindung zwischen diesen beiden aufsteigenden
Bahnen und den Vestibulariskernen, die ich als Urhirn bezeichnet habe, wird durch eine Kleinhirnstruktur hergestellt.
Die Vestibulariskerne projizieren nämlich auf eine Schaltstelle im ältesten Teil des Kleinhirns, dem *Archicerebellum*,
während das Flechsigsche und das Gowerssche Bündel im
mittleren Teil, dem *Paläocerebellum*, enden. In der Oberflä-

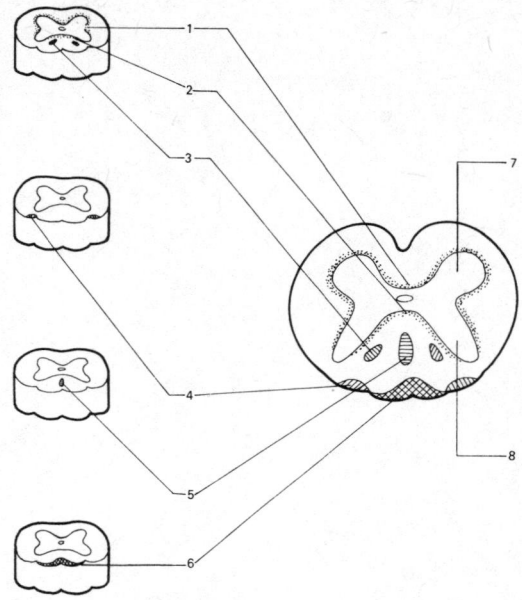

Abb. 31: Polysegmentäre Verbindungen
1 Hauptbahn – 2 Cornu-kommissurale Zone – 3 Schultzesches
Komma – 4 Hochesches Band – 5 Flechsigsches Feld – 6 Philippe-
Gombaultsche Triangel – 7 Vorderhorn – 8 Hinterhorn

chenschicht des Kleinhirns – durch das besonders dichte
Netz der *Purkinje-Zellen* – werden die Informationen aus
dem einen Teil in den anderen übertragen. Die Übertragung
in umgekehrter Richtung – vom Archicerebellum zum Vesti-
bulariskern – besorgt ein Schaltkreis, der über den *Dachkern*
des Kleinhirns (Nucleus fastigii) verläuft.

Zu dieser Form zentraler Kommunikation, die es dem
Vestibularapparat ermöglicht, alle aus der Peripherie eintreffenden Reize zu empfangen und auf sie mit Hilfe der homo-
und heterolateralen vestibulo-spinalen Stränge zu reagieren,
kommt ein später entstandenes System hinzu: Von der Ober-

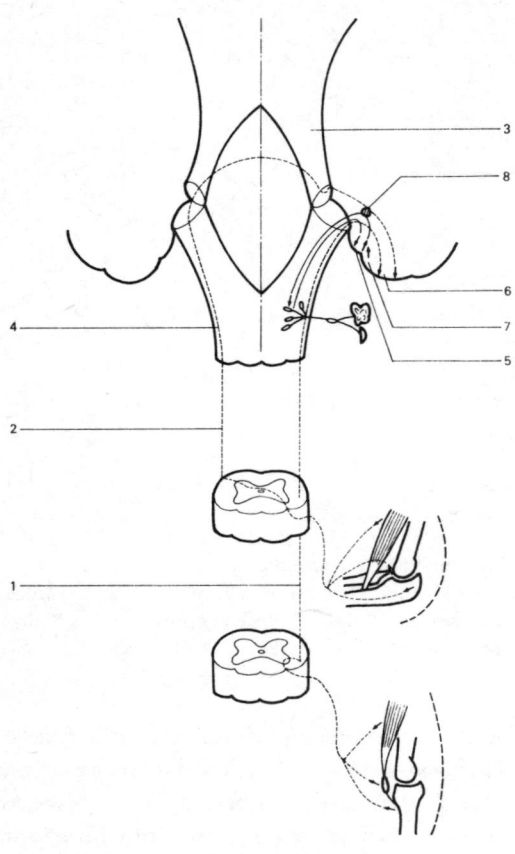

Abb. 32: Sensorische Kontrolle
1 Flechsigsches Bündel (Tractus spinocerebellaris posterior) –
2 Gowerssches Bündel (Tractus spinocerebellaris anterior) –
3 Oberer Kleinhirnstiel – 4 Unterer Kleinhirnstiel – 5 Archicerebellum –
6 Paläocerebellum – 7 Purkinje-Zellen – 8 Dachkern

fläche der Kleinhirnrinde im Bereich des Paläocerebellums ausgehend – dort, wo das Flechsigsche und das Gowerssche Bündel enden –, verlaufen Bahnen in Richtung zweier Zellkomplexe, die extrapyramidal, also motorisch sind und die Aufgabe haben, eine Verbindung zu den peripheren vestibulären Elementen im Bereich der vorderen Wurzeln des Rückenmarks herzustellen. In diesem Bereich findet der Zusammenschluß der vestibulo-spinalen Bahnen mit all den Fasern statt, die die Muskelreaktionen in Hinblick auf Tonus, Statik und Kinetik steuern sollen. Von der Rinde des Paläocerebellums führen also zwei Bahnen in die tieferen Schichten des Kleinhirngewebes, um sich in zwei Kernen zu sammeln: dem Pfropfkern und dem Kugelkern. Vom Pfropfkern verlaufen Fasern zum Zentrum des *roten Kerns* (Nucleus ruber). Dieser Kern liegt auf der anderen Seite des Nervenbaums in seinem mesenzephalischen Teil. Hier beginnt der rubro-spinale Strang, der ebenfalls die Mittellinie kreuzt, um homolateral zum vestibulo-spinalen Strang bis zu dessen Ursprung in den vorderen Wurzeln abzusteigen, wo er sich mit der medullären Endigung der vestibulo-spinalen Bahnen verbindet. Vom Kugelkern führen Fasern zur – von der Mittellinie aus gesehen – entgegengesetzten *Olive* des verlängerten Marks. Hier entspringt der olivo-spinale Strang, der ebenfalls im Rückenmark endet und von den vestibulo-spinalen Bahnen eingefaßt wird, an der Außenseite von dem homolateralen und an der Innenseite von dem heterolateralen Strang. Auch er verbindet sich in den vorderen Wurzeln mit dem heterolateralen vestibulo-spinalen Strang. Dank dieses Systems, das einen doppelten Schaltkreis bildet und eine Art komplizierteres Duplikat entwickelt, entsteht ein zweites Stockwerk, sozusagen ein zweites Gehirn, das ich *olivo-rubrisch* nennen will und das chronologisch auf den Teil folgt, den ich als *Vestibulocerebellum* bezeichne (Abb. 33).

Durch die Gesamtheit dieser bereits sehr komplexen Ver-

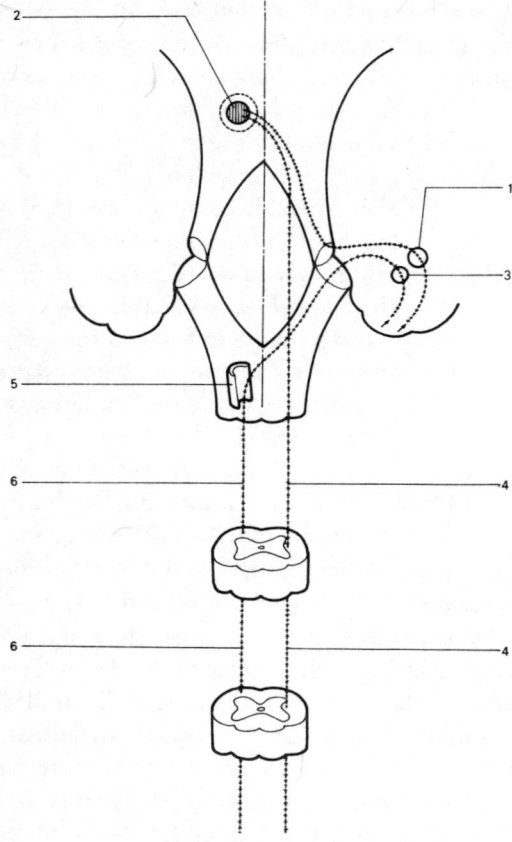

Abb. 33: Olivo-rubrisches «Gehirn»
1 Pfropfkern – 2 Roter Kern (paläoencephaler Abschnitt) –
3 Kugelkern – 4 Tractus rubrospinalis – 5 Olive – 6 Tractus
olivospinalis

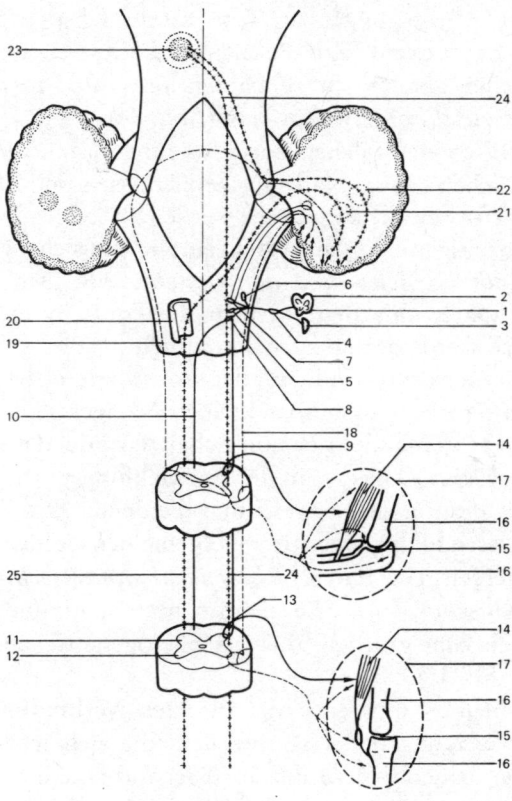

Abb. 34: Vestibulärer oder somatischer Integrator
1 Utriculus – 2 Bogengänge – 3 Sacculus – 4 Ganglion vestibulare –
5 Deitersscher Kern – 6 Bechterewscher Kern – 7 Schwalbescher Kern –
8 Rollerscher Kern – 9 Homolateraler Tractus vestibulospinalis –
10 Heterolateraler Tractus vestibulospinalis – 11 Vorderhorn –
12 Hinterhorn – 13 Vordere Wurzel – 14 Muskeln – 15 Gelenke –
16 Knochen – 17 Haut – 18 Flechsigsches Bündel – 19 Gowerssches
Bündel – 20 Olive – 21 Kugelkern – 22 Pfropfkern – 23 Roter Kern –
24 Tractus rubrospinalis – 25 Tractus olivospinalis

knüpfungen können die Statik, die Kinetik und die einzelnen Körperteile genauer und abgestufter gesteuert und die Beziehung dieser Bewegungen zur Totalität des Körpers systematisch erfaßt werden. Zur Bezeichnung dieses neuro-sensomotorischen Bereichs führe ich den Terminus *«vestibulärer oder somatischer Integrator»* ein (Abb. 34).

Mit Hilfe eines solchen Fortbewegungssystems kann das Tier natürlich seinen Nahrungsbedürfnissen und ökosozialen Bedürfnissen besser gerecht werden.

Gleichzeitig mit diesem System entwickeln sich zwei Funktionen: *der Geruchs- und der Gesichtssinn.* Der Tastsinn kommt später mit dem ursprünglichen Labyrinthsystem hinzu. Ich werde darauf zurückkommen.

Der Geruchssinn beruht auf der molekularen Übertragung von Stoffen in unvorstellbar kleinen Mengen. Zu den Geruchsrezeptoren bildet sich eine Schaltzentrale, die sich über einen gewissen Zeitraum in der Entwicklungsgeschichte der Arten als bestimmend erweist und die den ersten, zentralen Anteil dessen bildet, was wir im allgemeinen Gehirn nennen. Dieser tiefgelegene Teil, als *Rhinencephalon, Riechhirn* oder auch *limbischer Kortex* bezeichnet, besteht zumindest beim Menschen zum größten Teil aus phylogenetischen Organresten (Abb. 35).

Hier bleiben nur noch die direkten Verbindungen mit den Verzweigungen der Riechzellen, die sich in zwei Feldern des vorderen Bereichs des Riechhirns sammeln. Das Hauptfeld heißt Regio entorhinalis und liegt im Bereich des Uncus auf dem Vorderteil der Hippocampuswindung, das Nebenfeld wird als septale Region bezeichnet und liegt im unteren Vorderteil der Balkenwindung. Neben dieser beim Menschen eingeschränkten Riechfunktion steuern die restlichen Anteile des limbischen Systems höhere vegetative Funktionen. Im übrigen scheinen neben den Geruchsinformationen auch andere Sinneseingaben in diesen Rindenabschnitt zu gelangen, der allem Anschein nach mit dem

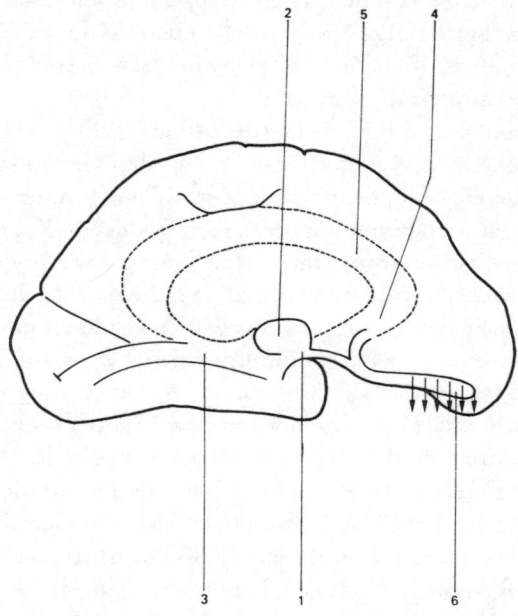

Abb. 35: Riechhirn
1 Regio entorhinalis – 2 Uncus – 3 Hippocampuswindung – 4 Septale
Region – 5 Balkenwindung – 6 Riechnerv

Hirnstamm in Verbindung steht. Allerdings ist diese Verbindung schwer zu verifizieren.

Dank dieser Wahrnehmungsorgane und durch Vermittlung der Riechnerven kann das Tier Gerüche aufspüren und sich mit Hilfe seines Vestibularapparates dorthin begeben, wohin ihn sein Geruchssinn führt.

Und noch eine weitere Wahrnehmungsweise wird möglich dank des Auges, dieses wunderbaren Anhanggebildes, das die anderen ergänzt und dem Raum seine eigene Dimension zugesteht, indem es die Tiefe erfaßt und die Abstände zwischen den Gegenständen. Dieser Apparat stellt eine relative räumliche Beziehung zwischen dem Tier und der Umwelt her und ermöglicht die Kontrolle der kinetischen Dynamik, für die der Vestibularapparat sorgt.

Während sich die Funktion des Auges etabliert, läßt alles darauf schließen, daß der Gesichtssinn den Geruchssinn als entscheidende Steuerzentrale ablöst. Er wird in der Tat zur wichtigsten Reizmodalität des Tieres, dessen Körper mit Hilfe des Vestibularapparates Haltungsveränderungen vornimmt, um Bedürfnisse zu befriedigen, die sowohl durch den Geruchs- wie den Gesichtssinn geweckt werden können. Die vielen Sinnesdaten letzterer Funktion projizieren auf die Hinterhauptsregion der Großhirnrinde. Auf dem Weg dorthin zweigt am lateralen Kniehöcker vom Sehnerv der tektospinale Strang ab, der zu den vorderen Wurzeln des Rückenmarks führt. Dort verbindet er sich mit den vestibulo-spinalen Strängen. Auf diese Weise lassen sich Gesichtssinn und Körperbewegungen koordinieren. Analog zum vestibulären Integrator bezeichne ich den Bereich, in dem das Auge das wichtigste Sinneselement ist, als *visuellen oder räumlichen Integrator* (Abb. 36).

Nebenbei bemerkt, die Vestibulariskerne entsenden in Richtung der motorischen Nerven des Auges (III, IV und VI) einen mesenzephalischen Strang, wodurch die Augenmuskulatur unter vestibuläre Kontrolle gerät, was im übrigen für alle Muskeln des Körpers gilt.

Bevor ich mit dieser Beschreibung fortfahre und um deutlich zu machen, in welcher Weise ich mich mit der Neurophysiologie des menschlichen Ohres auseinandersetze, möchte ich die bisherigen Ausführungen noch einmal zusammenfassen und einige Schlüsse hinsichtlich der funktionellen Aktivitäten ziehen, die sich im Hinblick auf das Horchen abzeichnen.

Wir haben die Entstehung eines Urhirns nachvollzogen,

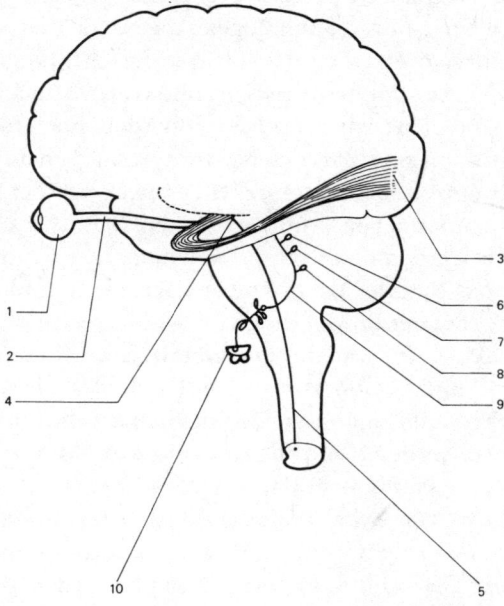

Abb. 36: Visueller oder räumlicher Integrator
1 Auge – 2 Sehnerv – 3 Hinterhauptsregion – 4 Lateraler Kniehöcker –
5 Tractus tectospinalis – 6 Kern des III. Hirnnervs – 7 Kern des IV.
Hirnnervs – 8 Kern des VI. Hirnnervs – 9 Tractus mesencephalicus –
10 Vestibularapparat

das aus Vestibulariskernen und sensorischen Reflexelementen (Flechsigsches und Gowerssches Bündel) besteht. Dadurch werden automatische Mechanismen eingeführt, die jedoch nicht unbewußt sind, wie häufig angenommen wird. Diese von einem rudimentären Bewußtsein hervorgebrachten Automatismen ermöglichen es dem Nervensystem, sich auf Prozesse höherer Ordnung auszuweiten.

Das Urhirn, das, wie wir gesehen haben, bereits recht komplex ist, umfaßt also die aktiven, motorischen Vestibulariskerne, die an ihrer Peripherie über ein sensorisches Organ verfügen: den Utriculus mit den Bogengängen und den Sacculus. Dazu gesellt sich jetzt die perfekte Leistung eines jüngeren Abschnitts, der ebenfalls motorisch ist und vom Mittelteil des roten Kerns (Nucleus ruber) und der Olive gebildet wird.

Organisation und Bau des Nervensystems scheinen mehr und mehr einem bestimmten Ziel zuzusteuern: der Analyse der aufgenommenen Informationen. Entwicklungsgeschichtlich werden diese schon zu einem Zeitpunkt gesammelt, da das System als gesamtes noch nicht funktioniert. Dazu bedarf es der Einrichtung von Schaltkreisen, die uns an die der roten Kerne und der Oliven mit ihren afferenten und efferenten Fasern erinnern werden. Es handelt sich nämlich um eine Vervielfältigung der Kontrollen durch Einrichtung von Kontrollen der Kontrollen und so fort. Man kann sich durchaus fragen, ob nicht das Bewußtsein entsteht in diesen schleifenförmigen Schaltkreisen, die sich wiederholen, um Informationen zu entschlüsseln, zu verschlüsseln und zu engrammieren. Es ist eine Art Spiegelkabinett, in dem die Bilder auf verschiedenen Ebenen immer wieder projiziert werden. Die Entwicklung des Systems beginnt mit den Grundelementen, dem Urzustand, der von den Vestibulariskernen gebildet wird. Aber auch die bilden sich schon im Archicerebellum ab. Dann kommt das Paläocerebellum mit den roten Kernen und der Olive hinzu, um sich mit den schon bestehenden Elementen zu einem Gesamtgebilde zusammenzuschließen: zu jenem bereits erwähnten vestibulären oder somatischen Integrator.

Auf einer noch höheren Ebene müssen jetzt in den spezialisierten sensorischen Kollektoren unzählige Informationen empfangen werden. Diese geben neu hinzukommenden «Stockwerken» des Gehirns die Möglichkeit einer reduzierten Projektion, die gewissermaßen hingelegt wird. Dabei kann der wahrgenommene Körper aus allen Blickwinkeln gröber oder feiner abgebildet werden. Die Nervenfasern der propriozeptiven Tiefenempfindung einerseits und der taktilen Oberflächenempfindung andererseits laufen eine Zentrale an, deren embryonaler Ursprung der obere Teil des Mittel- oder Zwischenhirns ist: den *Thalamus* (Abb. 37).

Abb. 37: Thalamus und Streifenkörper
1 Thalamus
2 Großhirnrinde
3 Schweifkern/Kopf
4 Schweifkern/Schwanz
5 Putamen ⎫ Linsenkern ⎫ Streifenkörper
6 Pallidum, äußerer Teil ⎬ (Nucleus ⎬ (Corpus
7 Pallidum, innerer Teil ⎭ lentiformis) ⎪ striatum)
8 Nucleus subthalamicus ⎪
9 Substantia nigra ⎭
10 Putamino-kaudales System
11 Pallido-subthalamisch-nigrisches System
12 Roter Kern

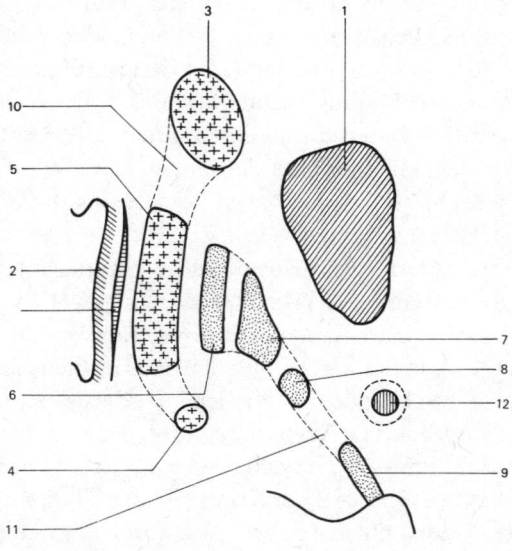

Dieser Kollektor sammelt alle Informationen, die später an die Großhirnrinde weitergegeben werden. Die einzige Ausnahme von dieser Regel sind die Riechfasern, die, wie erwähnt, von Anfang an mit ihrem Stockwerk, dem limbischen System, in Verbindung stehen. Dieses ist sehr alt, denn es gehört zum Paläocerebellum und ist damit ein zeitlicher Vorläufer der thalamischen Stockwerke und der Streifenkörper. Diese entstehen bereits in den subkortikalen Bereichen der Gehirnhälften und stehen in enger Verbindung zur Sammelzentrale und Schaltstation, die vom Thalamus gebildet wird. Sie dienen ihrerseits als Schaltstellen für die motorische Koordination des Thalamus. Wieder schließt sich der Kreis. Diese ergänzenden Elemente sind für den Thalamus, was der rote Kern und die Olive für das Paläocerebellum sind. Der Streifenkörper besitzt zwei unterschiedliche Teile: einen inneren, den *Schweifkern*, der am Außenrand des Thalamus liegt, einen kugelförmigen Kopf hat und einen Schwanz, der nach hinten abwärts verläuft (er wird mit dem Mandelkern in Verbindung gebracht, der im Uncus, dem Vorderteil des Hippocampus, liegt); und einen äußeren, den *Linsenkern*, der seinerseits in zwei Teile zerfällt: in das äußere Putamen und den inneren Globus pallidus (Pallidum), bei dem man wiederum einen äußeren und einen inneren Teil unterscheidet. In der Regel ordnet man diesem System noch die tiefergelegenen Gebilde Corpus Luysi (Nucleus subthalamicus) und Substantia nigra dazu.

Es gibt offenbar zwei histologisch wie funktionell unterschiedliche Systeme. Sie bilden in der Tat zwei Blöcke, die sich hinsichtlich ihrer Aktivitäten unterscheiden. Der eine ist motorisch und wird, da er auf den Zusammenschluß von Putamen und Schweifkern (Nucleus caudatus) zurückgeht, das putamino-kaudale System genannt. Der andere ist das pallido-subthalamisch-nigrische System, eine Umschaltstation. So wird die sensorische Kontrolle des Thalamus durch die Zentren der automatischen Bewegung im Schweifkern

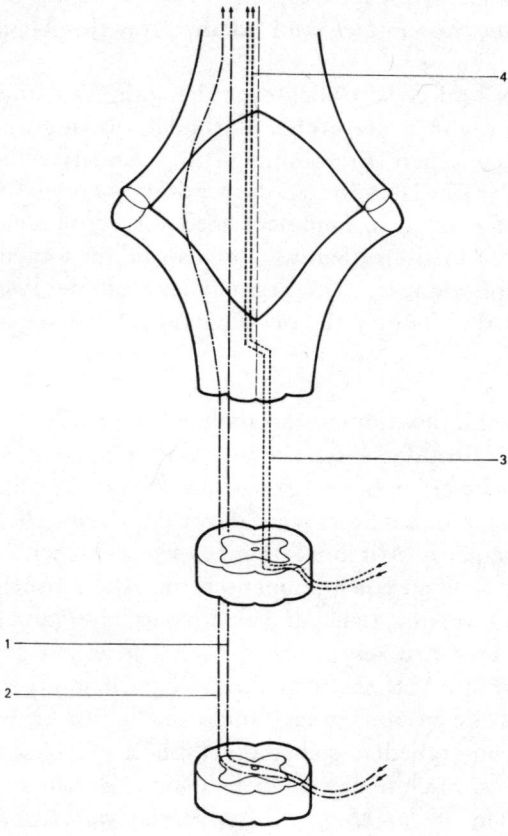

Abb. 38: Sensorische Kollektoren
1 Tractus spinothalamicus anterior (grobe Druck- und Tast-
empfindung) – 2 Tractus spinothalamicus lateralis (Schmerz- und
Temperaturempfindung) – 3 Gollscher und Burdachscher Strang
(Fasciculus gracilis und cuneatus) – 4 Lemnicus medialis

und im Linsenkern vervollständigt, die wiederum Verbindung zum roten Kern haben.

Alle sensorischen Kollektoren, mit Ausnahme des Riechnervs, führen zur Sammel- und Schaltstation des Thalamus (Abb. 38).

Einerseits sind diese Kollektoren die spino-thalamischen Stränge, Leitbahnen der taktilen Grobempfindung und der thermoanalgetischen Empfindung, und andererseits der Goll- und der Burdach-Strang, die schon im oberen Teil des Rückenmarks mit dem Lemnicus medialis verbunden sind und für die epikritische (lemniskale) Sensibilität sorgen. Der visuelle Empfindungsapparat liegt auf der Höhe der lateralen Kniehöcker im hinteren Teil des Thalamus, dem sogenannten Pulvinar.

So entsteht und funktioniert das thalamische Stockwerk wie ein zweites Hirn, das verstärkt und verfeinert, was in den unteren Stockwerken bereits erarbeitet worden ist. Und nun wird wiederum dieses Stockwerk durch das darüberliegende des Kortex ergänzt. Mit ihm kommt es zu einer jähen Entfaltung, als öffne man einen Sonnenschirm. Alle sensorischen Projektionen breiten sich auf Feldern aus, die ganz allein für sie bestimmt zu sein scheinen. Sie sind es tatsächlich, doch sorgen ihre Verflechtungen und Überschneidungen dafür, daß sie alle zusammen eine funktionelle Einheit bilden. Allerdings untergliedert sich diese Einheit morphologisch und architektonisch in vier unterschiedliche Zonen: den unten gelegenen *Schläfenlappen*, den *Hinterhauptlappen* im rückwärtigen Teil, den im oberen hinteren Areal gelegenen *Scheitellappen* und den *Stirnlappen* im oberen vorderen Teil (Abb. 39).

In jedem dieser Bereiche liegen Gehirnwindungen (Gyri), die von Furchen (Sulci) begrenzt werden. Es sei allerdings darauf hingewiesen, daß über diese Unterteilungen nicht die funktionelle Einheit des Ganzen in Vergessenheit geraten

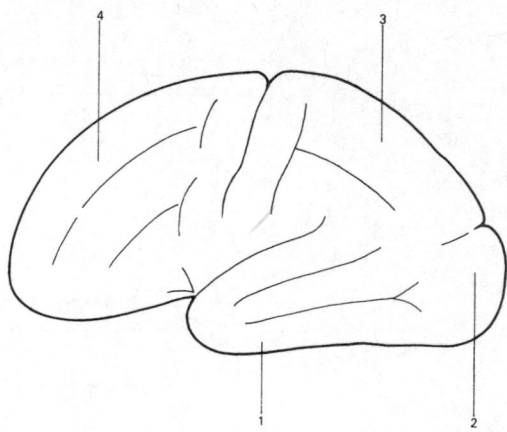

Abb. 39: Kortex (Großhirnrinde)
1 Schläfenlappen – 2 Hinterhauptlappen – 3 Scheitellappen –
4 Stirnlappen

darf. Damit wir uns nicht in der Vielfalt zerebraler Lokalisationen verlieren, behalten wir im Gedächtnis, daß alle diese Elemente Teile eines Gebildes sind, das als Ganzes wirkt und arbeitet.

Ohne allzusehr in Einzelheiten zu gehen, will ich doch festhalten, daß jeder thalamo-kortikalen Projektion auf einen Großhirnlappen eine entsprechende extrapyramidal-motorische Zone zugeordnet ist. Nach dem Weg über eine Umschaltstation im Bereich der Brückenkerne projiziert jedes dieser motorischen Felder auf die Rinde des gegenüberliegenden Neocerebellums. Von hier aus verlaufen Nervenfasern über den im Kleinhirn gelegenen *Zahnkern* (Nucleus dentatus) nach erneuter Überquerung der Mittellinie zum Thalamus und von dort zum Kortex zurück. Unterwegs zweigt ein Nervenbündel zum peripheren Teil des roten Kerns (Nucleus ruber) ab, dem Neorubrum. Wie beschrieben, werden über diese rubrische Schaltstation Verbindun-

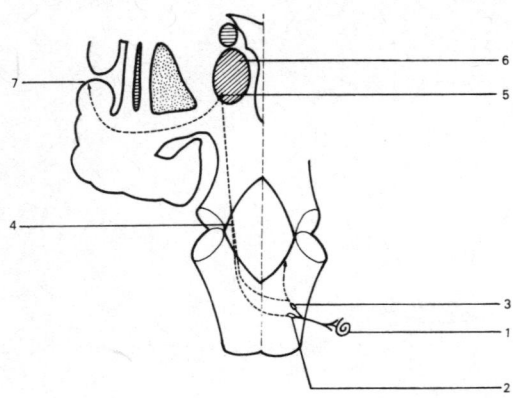

Abb. 40: Cochlearsystem
1 Cochlea – 2 Dorsaler Cochleariskern – 3 Ventraler Cochleariskern –
4 Lemnicus lateralis – 5 Medialer Kniehöcker – 6 Thalamus –
7 Heschlsche Windung

gen mit den vestibulo-spinalen Strängen im Bereich der vorderen Wurzeln des Rückenmarks hergestellt.

In diesem Stadium entwickelt sich das cochleäre System und zentralisiert sich in den dorsalen und ventralen *Cochleariskernen*, die von den Vestibulariskernen abgegrenzt sind (Abb. 40).

Die Entstehung der Cochlea ist von einer erheblichen Erweiterung des Kortex begleitet (Neokortex). Durch ihr Erscheinen leitet sie die Entwicklung des Systems ein, das ich als *«cochleären oder sprachlichen Integrator»* bezeichne. In Höhe des medialen Kniehöckers verbindet es sich mit dem Lemnicus lateralis und projiziert auf die Heschlsche Windung. Von diesem rein sensorischen Feld werden Informationen an weiter unten gelegene Bereiche weitergegeben: Ein angrenzendes Feld, das gnosische, scheint für das auditive Erkennen bestimmt zu sein. Daran schließt sich ein weiterer Bereich an, der jedoch nicht mehr auf der Heschlschen Windung liegt und einem extrapyramidalen, also motorischen Feld zugerechnet wird – ein Umstand, dem nach meiner Auffassung besondere Bedeutung zukommt, weil sich durch ihn bestimmte Gedächtnismechanismen weitgehend erklären lassen.

Aus dieser Zone zieht nämlich ein Strang von kortikopontinen Fasern, das Türcksche Bündel (Tractus temporopontinus), zu den im Mittelhirn (Mesencephalon) gelegenen Brückenkernen, bevor er auf die entgegengesetzte Seite der Kleinhirnrinde projiziert, und zwar im phylogenetisch jüngsten Teil, dem *Neocerebellum* (Abb. 41).

Auf dem Rückweg gelangen die Informationen über den Zahnkern des Kleinhirns zum Thalamus, der sie auf die anderen extrapyramidalen Rindenfelder projiziert. So kommt es zu einem Schaltkreis *Kortex – Brücke (Pons) –*

Abb. 41: Schaltkreis Kortex–Brücke–Kleinhirn–Thalamus–Kortex
1 Area 22 (motorisch) – 2 Tractus temporopontinus (Türcksches Bündel) – 3 Brückenkern (Nucleus pontis) – 4 Neocerebellum – 5 Zahnkern (Nucleus dentatus) – 6 Purkinje-Zellen – 7 Roter Kern (neorubrisch) – 8 Thalamus – 9 Kortikale Projektion und Rückkehr zur Brücke – 10 Balken

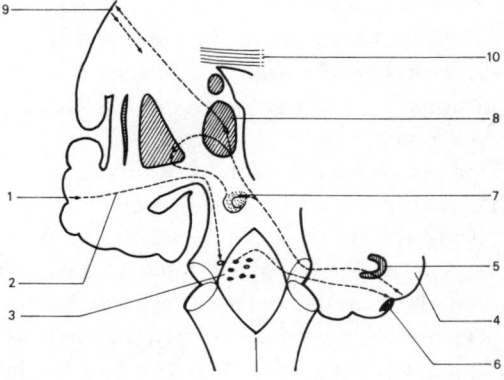

Kleinhirn – Thalamus – Kortex, der mehrfach Schleifen bildet, weil von jedem extrapyramidalen Feld ein ähnlicher Schaltkreis ausgeht. Im übrigen zweigt jedesmal ein Faserbündel zum roten Kern ab, das für einen peripheren Ausgang in Richtung der vorderen Wurzeln des Rückenmarks und für einen weiteren mit der vestibulären Bahn verbundenen Schaltkreis sorgt.

So verteilt also der Thalamus alle sensorischen Felder auf der Großhirnrinde, um immer genauere und leichter zu analysierende Projektionen zu erzielen. Nach einer Integration auf so fortgeschrittener Ebene organisieren sich extrapyramidal-motorische Reaktionen, die dergestalt zu den bereits bekannten Schaltkreisen ein zusätzliches Stockwerk anfügen. Durch diesen sehr komplexen Prozeß werden Erregungen des extrapyramidal-motorischen Kortex auf das Neocerebellum projiziert. Mit Hilfe des Netzes von Purkinje-Zellen, denen wir bereits auf der Kleinhirnoberfläche begegnet sind, entwickeln sich differenzierte Reaktionen in Analogie zum Körperbild, das über das Flechsigsche und das Gowerssche Bündel auf dem Paläocerebellum entsteht. Wie gezeigt, steht das Ganze unter der Kontrolle der vestibulären Erregungen im Bereich des Archicerebellums.

Bemerkenswert an diesem perfekt gesteuerten System erscheint mir das ständige Wechselspiel zwischen Kortex und vestibulärer Peripherie, zwischen oberem und unterem Stockwerk, zwischen den höheren Mechanismen und den Grundfunktionen – zwischen Körper und Geist, wie man hinzufügen könnte.

Dank der verschiedenen Schaltkreise wird zum Beispiel eine cochleäre Information, die ursprünglich in sprachlicher Form vorliegt, auf ein Feld der Heschlschen Windung des Schläfenlappens projiziert, Area 41 nach der Brodmannschen Topographie, dann an das darunterliegende gnosische Feld, Area 42, weitergegeben und schließlich im motorischen Feld 22 identifiziert und umgeschrieben. Von hier aus findet, wie

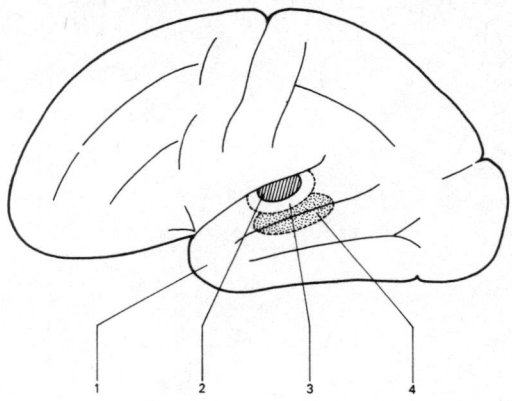

Abb. 42: Hörzentrum
1 Schläfenlappen – 2 Area 41 (sensorisch) – 3 Area 42 (gnosisch) –
4 Area 22 (motorisch)

gezeigt, die Engrammierung statt, indem die Information durch das Türcksche Bündel auf dem Weg über die Brücke, das Kleinhirn und die Rückkehr zum Kortex dem ganzen Nervensystem «eingeimpft» wird (Abb. 42).

Gleichzeitig kommt über den roten Kern ein peripherer motorischer Ausgang zustande. Bekanntlich gibt es sensorische Reaktionen auf die Tätigkeit des motorischen Apparates, womit sich der Kreis erneut schließt. Und so fort (Abb. 43).

Dank dieses komplexen kybernetischen Regelkreises erwächst aus der Fülle der Erinnerungsspuren das Gedächtnis, das nicht unbedingt im Gehirn lokalisiert sein muß, sondern mittels der vielen beschriebenen Schaltkreise über den ganzen Körper verteilt ist. So wird das Gedächtnis zu einem Element der dynamischen Struktur des Nervensystems, die unter anderem die Gebärde erfaßt, die Bewegung, den Blick, die Berührung, den Geruch, alles Elemente der Kommunikation mit der Umwelt, deren Vollendung die

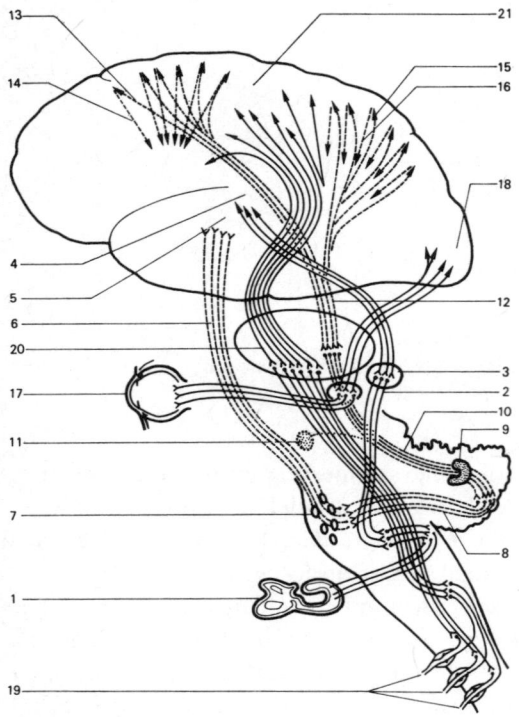

Abb. 43: Gesamtheit der Integratoren
1 Cochlea – 2 Lemnicus lateralis – 3 Medialer Kniehöcker –
4 Hörzentrum – 5 Subauditives extrapyramidales Feld – 6 Tractus
temporopontinus – 7 Brückenkerne – 8 Tractus pontocerebellaris –
9 Zahnkern – 10 Tractus dentato-rubro-thalamicus – 11 Roter Kern –
12 Tractus corticothalamicus – 13 Tractus frontothalamicus –
14 Tractus frontopontinus – 15 Tractus thalamoparietalis – 16 Tractus
parietopontinus – 17 Auge – 18 Sehzentrum – 19 Sensible Fasern –
20 Sensible thalamo-parietale Fasern – 21 Parietales Rindenfeld

Sprache ist. Durch sie scheint eine komplementäre Dimension ins Spiel zu kommen, der Dialog zwischen den beiden Hemisphären, der rechten, die denkt, und der linken, die ausführt, eine Dialektik, die sich auf verschiedenen Ebenen des Nervensystems herstellt, vor allem im Bereich des Balkens, der Verbindung zwischen den beiden Gehirnhälften (Abb. 44).

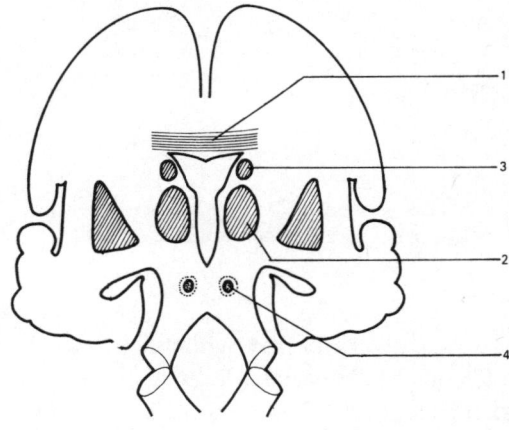

Abb. 44: Balken (Corpus callosum)
1 Balken – 2 Thalamus – 3 Schweifkern – 4 Roter Kern

Die Beschreibung dieses letzten – kortikalen – Stockwerks ermöglicht uns ein besseres Verständnis der Gesamtheit der sensomotorischen Mechanismen. Dank verschiedener kybernetischer Regelkreise gibt es Steuerprozesse auf den verschiedensten Ebenen: Die unteren Stockwerke sorgen für die grundlegenden Automatismen, während sich die höheren Stockwerke um die immer weniger automatisierten Tätigkeiten kümmern. Je höher wir steigen, desto dringlicher ist Aufmerksamkeit erforderlich, das heißt jene Wachheit, die nur das Bewußtsein zu liefern vermag.

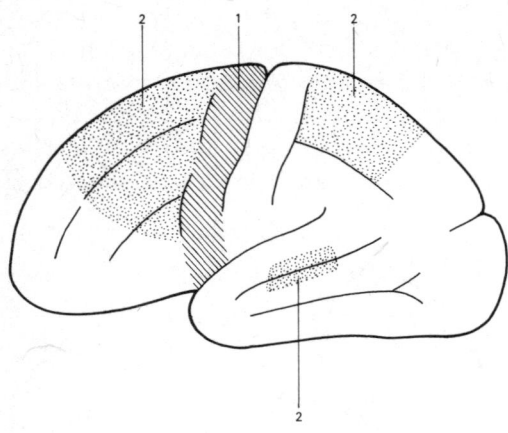

Abb. 45: Pyramidales Rindenfeld
1 Pyramidales Rindenfeld – 2 Extrapyramidale Felder

Das letzte Stockwerk besitzt schließlich noch einen sehr wichtigen Giebel, die *Pyramidenbahn* (Abb. 45).

Es handelt sich um die Steuerbahn. Sie bestimmt über die Ausführung und Koordination der Bewegungen, die durch die extrapyramidalen Zentren ermöglicht werden. Von der Pyramidenbahn wird die Maschine bedient, deren einzelne Teile ich auf den vorangehenden Seiten geschildert habe. Dank ihrer wird aus dem motorischen Akt ein willkürlicher Akt. Sie dirigiert und kontrolliert ihn mit Hilfe des Wachbewußtseins, wobei sie sich ständig der untergeordneten Teile und ihrer erworbenen Automatismen bedient.

In diesem Zusammenhang ist es interessant, daß die präfrontalen Rindenfelder, an deren Einfluß auf die Bewußtseinsmechanismen es kaum noch Zweifel gibt, durch extrapyramidale Bahnen reichlich versorgt werden, die zu den oben beschriebenen Schaltkreisen gehören und die, wie gezeigt, kortiko-cerebellär und cerebello-kortikal sind. Diese

präfrontalen Felder projizieren ihrerseits durch das Arnold-
sche Bündel (Tractus frontopontinus) auf das Neocerebellum. Nach meiner Auffassung läßt alles darauf schließen,
daß das neben diesen frontalen extrapyramidalen Feldern
gelegene motorische Pyramidenfeld die Anhaltspunkte für
seine Steuerfunktion in den ihm zugeleiteten Informationen
findet.

Wenn Sie mit dieser knappen Beschreibung des Nervensystems etwas anfangen konnten, werden Sie bemerkt haben,
daß sich mein Ansatz grundsätzlich von dem Standpunkt
unterscheidet, der in der Neurologie üblicherweise eingenommen wird. Sicherlich wird der Laie die funktionelle Auffassung des Nervensystems leichter akzeptieren können als
der Fachmann, ist er doch unbelastet von einer sich als
traditionell verstehenden Ausbildung. Je länger diese dauert,
desto mehr läuft sie Gefahr, in ihren Schemata zu erstarren
und ihre Lehren zur Wirklichkeit zu erheben. Aber welches
Schema kann es beanspruchen, der Wirklichkeit eines so
komplexen Gebildes gerecht zu werden?

Doch auch wer von dem Nervensystem so fasziniert ist,
daß er es zum Gegenstand seines beruflichen Lebens macht,
weiß oder spürt, daß in den Bahnen, den Strängen, den
Fasern, aus denen dieses grandiose Netz besteht, «etwas»
geschieht, sich bewegt, ausbreitet, verteilt. Wie stehen die
«Antivitalisten» dazu, die auf ihre Weise von der Energie
sprechen, der Energie der Materie – was immer das sei –, vom
Nervenimpuls, dem Impuls des Lebens, der entsteht und
zirkuliert? Doch wo, wie und warum dies geschieht, bleibt
ihnen verschlossen. Die Antwort scheint leicht, wenn man sie
dort sucht, wo sie nach meiner Auffassung zu finden ist: in
der Funktion.

Diese Funktion kann jeder Fachmann auf seinem Spezial-
gebiet entdecken, und jeder kann unter diesem Aspekt die
Elemente seines Gegenstandes so ordnen, daß der Funktion

Vorrang eingeräumt wird. Auch auf die Gefahr hin, parteiisch zu sein, weil ich einfach zu sehr unter dem Eindruck dessen stehe, was ich tagtäglich tue, behaupte ich, daß dieses Vorhaben auf Schwierigkeiten stößt, wenn man nicht vom Horchen ausgeht, um zur Sprache zu gelangen.

Um zu hören, richtet sich der Körper auf, und um ganz Ohr zu werden, ein akustischer Rezeptor der Sprache, wird der Mensch mit einem Nervensystem ausgerüstet, das zur Erfüllung dieser Funktion geeignet ist.

Lebensklang
und Mutterstimme

Läßt sich aus all den Beobachtungen aus den verschiedenen Ebenen der Schluß ziehen, daß das ganze Leben nur das eine Ziel hat: die Funktion des Horchens zu entdecken? Unbedenklich antworte ich mit Ja, so offenkundig scheint es mir zu sein, daß die abenteuerliche Reise des Lebens der Reifung dieser Funktion dient. Nun gilt es gemeinhin als unschicklich, im Zusammenhang mit unserem Universum, in dem alles ständiger Wandlung und Umgestaltung unterworfen ist, von Zweckbestimmtheit zu sprechen. Trotzdem scheint die Entwicklungsgeschichte des Menschen der Vollendung einer einzigen Dimension zu dienen: des Horchens, genauer: eines Horchens auf den Klang des Lebens.

Diese Untersuchung soll zeigen, wie der werdende Mensch das Leben im Innern der Gebärmutter erhorcht. Ich bin mir der Hindernisse, die sich diesem Versuch entgegenstellen, sehr wohl bewußt. Denn nur äußerst schwer läßt sich deutlich machen, was das Horchen sein kann, und noch schwerer läßt sich definieren, was das Leben ist.

Das Leben erhorchen

Vom Horchen, wie ich es verstehe, läßt sich so schwer reden, weil es um eine Fähigkeit geht, die nur sehr selten vorkommt und von der nur einige wenige Menschen eine klare Vorstellung haben. Diese außergewöhnliche Funktion ist dem Menschen zwar angeboren, scheint aber so tief in ihm vergraben, verschüttet, erstickt zu sein, daß sie vielen aufeinanderfolgenden Generationen verborgen bleiben kann. Doch so gering auch die Zahl derer ist, die in den Genuß dieser Fähigkeit kommen – uns allen erwächst Nutzen daraus. Unter diesem Blickwinkel betrachtet, scheint die Geschichte der Menschheit um dieses spezifisch menschliche Vermögen zu kreisen, das sich um jeden Preis entfalten möchte, während die Menschen bestrebt sind, sich um seine Vorteile zu bringen. Und das aus tausend Gründen. Man stelle sich vor, was wäre, wenn sich alle bemühten zu horchen. Würde sich das menschliche Verhalten nicht von Grund auf ändern? Alles wäre anders, als es heute ist, und zwar in einem Maße, das wir uns zunächst gar nicht vorstellen können.

Es dürfte inzwischen klar geworden sein, daß ich, wenn ich vom Horchen spreche, etwas anderes meine als das bloße Hören oder ein gutes Gehör. Wenn hier vom Horchen die Rede ist, dann geht es um eine Fähigkeit, die über die organische Funktion des Ohres weit hinausreicht.

Das Horchen ist eine Gabe höherer Ordnung, die sich mit Vorliebe und vorrangig das Gehör zunutze macht. Je besser dieses ist, desto weitgehender gelingt es uns, mit der Wahrnehmung der Klangwelt einer bestimmten Wirklichkeit nahezukommen, die natürlich ihrerseits wiederum den Möglichkeiten des Gehörs Rechnung trägt. Wenn das Gehör einwandfrei ist, dann sagen wir, daß die betreffende Person hören kann. Das heißt aber keineswegs, daß sie auch horchen will. Mit anderen Worten: Der Apparat, das Ohr, ist vorhanden und in der Lage, die eintreffenden Geräusche und Töne aufzufangen. Damit ist jedoch nicht gesagt, daß auch ein entsprechender Wunsch vorhanden ist: der nämlich, die Laute zu empfangen, sie zu sammeln, sie miteinander zu verknüpfen, sie zu speichern, sie zu integrieren. Diese Dimension ist das Merkmal des Horchens, bei dem das Wollen eine entscheidende Rolle spielt. Ein solches Horchen kann durch die ständige treibende Kraft, die von ihm ausgeht, das Leben des Menschen völlig umgestalten, der sich ihm mit dem Ziel verschreibt, die Kommunikation mit allem aufzunehmen, was ihn umgibt. Wer das vorhat, der muß die Welt entdecken, sie sehen, sie benennen, sie mit einer Synthese umgreifen, um hinter allem Beiwerk das Substrat wahrzunehmen, aus dem alle Erscheinungen erwachsen: das Leben.

Was hat es mit diesem auf sich? Ich werde in einem anderen Buch auf diese Frage zurückkommen, in dem ich mich auf verschiedenen Ebenen und unter verschiedenen Blickwinkeln mit ihr auseinandersetzen will, denn sie läßt sich nicht in einem einzigen Zugriff klären. So vielfältig das Leben in seinen Erscheinungen ist, so einheitlich scheint es in seinem Wesen zu sein, wie das Echo zeigt, das sich im tiefsten Innern von uns allen als undeutliche Wahrnehmung meldet.

Nachdem Klarheit über meine Zielsetzung herrscht – ich will eine genauere Vorstellung vom Begriff des Horchens und dem des Lebens gewinnen –, kann ich auch hoffen, zu der Frage zu kommen, wie das Leben selbst erhorcht wird.

Wie schon wiederholt festgestellt, ist das Horchen eine willkürliche, aktive Handlung, die den Menschen für alles öffnet, für den anderen ebenso wie für sich selbst. Es bietet ihm außerdem die Möglichkeit, weit darüber hinauszugelangen, bis hin zur Auslöschung der Wahrnehmung, die an das Medium einer Persönlichkeit gebunden ist. Es kommt dann zu einer über alle Grenzen ausgeweiteten Verbindung mit einem Ganzen, in dem sich jeder Mensch als winzigen Teil der Gesamtheit begreifen kann.

Horchen, das heißt erfahren, daß man eines dieser Teilchen ist, aber auch und vor allem, daß man als horchendes Teilchen der übrigen horchenden Welt zugehört. Hören dagegen heißt erfahren, daß man als einzelnes, unverbundenes Wesen existiert, das nach den Gegebenheiten des Augenblicks, seiner Stimmung gemäß an seiner Umwelt teilnimmt – kurz: bestimmt durch all die Elemente, die seine Persönlichkeit ausmachen.

Zugespitzt formuliert, ist das Horchen fast das Gegenteil des Hörens. Letzteres setzt übrigens ein ausgezeichnetes Gehör voraus, während das Horchen mit dem vorliebnimmt, was das Ohr ihm zu bieten hat. Natürlich ist es schön, wenn sich das Gehör in einem einwandfreien Zustand befindet, aber das ist nicht immer der Fall und auch nicht zwingend notwendig.

Die Fähigkeit zu horchen reicht also sehr viel weiter – ich möchte sagen: bis ins Unendliche. Sie führt zur schärfsten und feinsten Wahrnehmung all dessen, was ist. Sie ist eine Bekundung der fortwährenden Anteilnahme, die der Mensch noch der geringsten Einzelheit der Schöpfung entgegenbringt. Von dort aus ist es nur noch ein Schritt, hinter dem unendlich kleinen Teil des Wahrzunehmenden das Substrat aller Erscheinungen zu ahnen, die das Universum bilden und die allein der Mensch betrachten kann.

Dieses Substrat ist das Leben. Und auf das Leben richtet sich das Horchen. Auf dieser Ebene scheinen Leben und Horchen zwei reale Gegebenheiten zu sein. Mehr noch: Alles deutet darauf hin, daß es sich um zwei Erscheinungen handelt, die sich nicht voneinander trennen lassen. Vielleicht sind sie nur in engem Zusammenhang erfaßbar, einem Zusammenhang, der immer schon gegeben ist. Beide implizieren sie die Gegenwart des Seins, das auf sich selbst horcht. Denn das Leben ist nur ein Echo auf die Gewißheit des Seins, das in uns ist, verstärkt durch die nicht geringere Gewißheit, daß seine Grenzen weit über unseren Körper hinausreichen. Jedem Ohr, das diesen inneren Schwingungen lauscht, enthüllt sich das Sein und läßt den letzten Schleier fallen, der die Seele verbirgt. Diese, vom selben Stoff wie das Leben, ist nur eine andere Seite des Seins – oder sollte es sein.

Aber ist diese Seele nicht oft genug niedergedrückt und verstört, ein Widerhall der Mißtöne, die von außen auf sie eindringen? Solche Eindrücke, die eine völlig veränderte Grundhaltung schaffen, bestürmen den Menschen praktisch vom ersten Augenblick an, schon im Innern der Gebärmutter, wo das Nervensystem auf das Horchen hin angelegt wird, wo der Körper Gestalt annimmt und sich der Atem regt, der der Seele Leben einhaucht. Je mehr das werdende Geschöpf vom Leben durchdrungen wird, desto beglückender ist die Erfahrung der Schwangerschaft. Das Kind wird der Frau zu einem Geschenk. So gibt sie Tag für Tag ihrer Schwangerschaft die Kraft, die sie erfährt, an das Kind in ihrem Innern weiter. Diese Fähigkeit muß sie bewahren, wenn das Kind später geboren wird und sich in der Welt der Menschen zurechtfinden soll, und es hat schlimme Folgen, wenn die Einstellung der Mutter zu einer Beziehung führt, in der sie das Kind als ihren Besitz betrachtet.

Ist hinreichend bekannt, daß alles von den Anfangsbedingungen abhängt, wenn dieses neue Leben gelingen soll? Daß man einige entscheidende Tatsachen kennen muß, Tatsachen, die nichts anderes betreffen als die Fähigkeit, auf das Leben zu horchen? Das Kind sagt uns, was es will, was es erwartet, was es erhofft. Aber vermögen wir ihm auch zuzuhören, es gar *in utero* zu erhorchen?

Der Klang des Lebens

Es ist gut, wenn jede werdende Mutter bedenkt, daß der Embryo, bevor er die Umwelt vernimmt, zunächst seine eigene Existenz in einem ständig komplexer werdenden Organismus wahrnimmt. Dieser Informationsprozeß, der die Schwingungen des Lebens moduliert, bildet eine ganz andere Ebene der Beziehung als die einfachen Stoffwechselbedürfnisse, denn hier handelt es sich um mehr als um bloße Austauschprozesse, hier findet Kommunikation statt. Der Dialog beginnt, damit für die Gesamtheit der erforderlichen

Elemente gesorgt werden kann: für den Tonus, die Haltung, die vielen unterschwelligen, kaum noch wahrnehmbaren Bewegungen, deren scheinbare Unbewegtheit nicht darüber hinwegtäuschen darf, daß im lebenden Organismus alles Bewegung ist. Doch der üblichen Wahrnehmung bleiben die vielen Regungen des Körpers verborgen, die den Embryo zu einem lebendigen Organismus machen, so daß er oft schwer als solcher zu erkennen ist.

Ein lebendes Organ offenbart seine Existenz durch seine Funktion. Nehmen wir ein Beispiel: Das Herz manifestiert sich durch seinen Schlag. Es ist das, was es ist, durch die uns allen vertrauten rhythmischen Kontraktionen, die es zur bewegenden Kraft des Blutkreislaufs machen. Wenn wir diese Regulation unterbrechen, treten Rhythmusstörungen auf. In den Kontraktionsmechanismen der einzelnen Muskelfasern reduzieren sich dann die Bewegungen – es geht die Koordination verloren, als versuche jede Faser für sich, ohne übergreifende Ordnung, ihre Funktion zu wahren. Dieser Zustand wird als Herzflimmern bezeichnet. Die Frequenz ist höher als die der üblichen Kontraktionen. Sie zeigt eine gefährliche Störung an, die zu einem völligen Versagen des Organs führen kann. Was sich hier im Bereich der Muskelfaser ereignet, kann ebensogut auf molekularer Ebene stattfinden, oder, wenn wir so weit nicht gehen wollen, in der einzelnen Zelle, die wir als Ausgangselement der organischen Schwingung verstehen können.

Ferner ist, wie jedes lebende Organ, das Innenohr (bestehend aus dem mit Flüssigkeit gefüllten häutigen Labyrinth, das selbst wieder in Flüssigkeit schwimmt und schließlich von einer Knochenkapsel umschlossen ist) seinen eigenen Bewegungen unterworfen, seinen eigenen Vibrationen und allen Gegenreaktionen der es umgebenden Flüssigkeit (Perilymphe) auf jede andere Bewegung, so klein sie auch sein mag. Diese Gegenreaktionen werden mehr oder weniger verstärkt durch die akustischen Phänomene, die die Flüssigkeiten mobilisieren oder zumindest deren Molekularfelder aktivieren, und sie intensivieren oder verändern auf jeden Fall die ursprünglichen «Brownschen Molekularbewegungen», von denen man sehr wenig weiß – außer, daß es sie gibt.

Diese ständige Aktivität kann aufgefangen werden, und das ist eine der Aufgaben, die die Zilien, die Sinneshärchen der betreffenden Rezeptorzellen, haben. Ihre Funktion kann sich, wie gesagt, auf zwei Arten äußern: erstens durch die Analyse der makroskopischen Flüssigkeitsbewegungen, ihrer Geschwindigkeit in einer gegebenen Zeit, das heißt der Verlangsamung oder Beschleunigung; zweitens durch die mikroskopische Analyse, die die Brownschen Molekularbewegungen an den Zilien selbst erfaßt. Das Organ gerät also in Schwingungen und wirkt auf die Teilchen der es umgebenden Flüssigkeiten ein, und zugleich nimmt es deren Informationen auf. Mit anderen Worten: Die Corti-Zellen in der Cochlea sowie die verwandten Haarzellen in Utriculus, Ampullen und Sacculus verfügen über eine besonders sensible Aufnahmefähigkeit, die es ihnen ermöglicht, das Leben selbst, das sie durchdringt, auch wahrzunehmen. In einem geschlossenen Kreislauf fungiert die Zelle als Spender und zugleich als Empfänger.

So scheint sich das Cortische Organ besonders dafür zu eignen, alle Bewegungen wahrzunehmen – die Bewegungen der Moleküle und der Endolymphe, vor allem aber die Bewegungen, die durch das Organ selbst hervorgerufen werden, also durch die Corti-Zellen und ihre Anhangsgebilde. Die Kommunikation ist auf dieser Ebene so differenziert und subtil, daß sich mit einigem Recht behaupten läßt, das Organ höre sich selbst leben. Und das scheint mir die größte Leistung überhaupt zu sein!

Das Zellgeräusch wird wahrgenommen, sobald das Organ entsteht, und die Gedächtnisspuren, auf die ich mich in meinen klinischen Beobachtungen beziehe, lassen darauf schließen, daß solche Engrammierungen bereits in tiefster uteriner Nacht stattfinden. Wo werden sie gespeichert? Gegenwärtig läßt sich darauf noch keine Antwort geben, doch irgendwo muß es geschehen, da das spätere Gedächtnis das Vorhandensein solcher Erinnerungen bezeugt. Was spricht gegen die Annahme, daß diese Engrammierungen auf die Wirkung von RNS und DNS zurückgehen? Und daß diese ersten Informationen mit der Reifung des Nervensystems auf höher entwickelte Neuronenkomplexe übertragen werden? Das ist, wie gesagt, eine Hypothese, beim gegenwärtigen Stand der Forschung unbeweisbar, aber grundsätzlich spricht auch nichts gegen sie.

Die extrem feinen Schwingungen, von denen oben die Rede war, sind natürlich Töne von besonders kurzer Wellenlänge und von hoher Frequenz, die wahrscheinlich auf unendlich geringfügige Aktivitäten zurückgehen. Das helle Rauschen, das sie hervorrufen, nennt man in bestimmten Meditationsschulen «unhörbaren Ton», während ich es gern «Lebensgeräusch» oder «Klang des Lebens» nenne. Dieses Geräusch, das die Gesamtheit aller Zellen mit Leben erfüllt, liegt in höheren Frequenzbereichen – in aufsteigender Kurve von 800 bis über 8000 Hertz hinaus. Hier stoßen wir wieder auf die Schallphänomene, die ich als «gefilterte Töne» bezeichnet habe.

Wie kann man dieses Lebensgeräusch wahrnehmen, diesen Uratem, der so intensiv spürbar wird, wenn die Außenwelt zum Schweigen kommt, dieses «Ohrenklingen», dieses leise, gleichmäßige Rauschen, das sich nicht nach dem Rhythmus des Herzschlags, nicht nach dem Takt der Atmung richtet? Dieser innere Gesang der Bewegung läßt sich nur entdecken und entschlüsseln, wenn die äußeren Bedingungen günstig sind. Es muß Ruhe herrschen, aber eine lebendige Ruhe, eine «summende Stille», wie ich es einmal genannt habe. Nicht diese künstliche Stille, die durch technische Schalldämpfung hervorgerufen wird. In solchen schalltoten Räumen vernimmt man nicht mehr das helle, feine Rauschen, sondern ein dumpfes Brummen, das rasch in einen Zustand der Depression führt.

Der Klang des Lebens verliert sich, sobald der Mensch sich mit den Problemen des Daseins auseinandersetzen muß. Die Sorgen, die Zwänge, die Stimmungen, die die oft schwierigen Anforderungen des Alltags hervorrufen, lassen die Fähigkeit zu horchen verkümmern. Deshalb muß der Mensch, will er diese besondere Wahrnehmungsfähigkeit zurückgewinnen, die für ihn eine unmittelbare Verbindung mit dem Leben bedeutet, nach Mitteln suchen, sich diesen Zugang wieder zu verschaffen. So läßt sich diese Schwingung, die wie ein eindringlicher, harmonischer Gesang im pulsierenden Schweigen der Natur klingt, leichter in tiefer Nacht vernehmen.

Tatsächlich begleitet dieser Urgesang jeden Zustand der Gelassenheit, der Ruhe, der Heiterkeit. Ich mag hier nicht das Wort Entspannung verwenden, weil es seiner ursprünglichen Bedeutung zu sehr entkleidet worden ist und weil ich mich auf lange Erklärungen einlassen müßte, um ihm diese Bedeutung zurückzugeben. In einem Zustand des Wohlbefindens und der Ruhe also meldet sich das Geräusch, als würden die Zellen zu uns sprechen, als würde sich das Cortische Organ von allein einschalten. Und handelt es sich nicht tatsächlich um eine Selbsteinschaltung, der das Ohr Dauer zu verleihen vermag, so daß es ständig die Gegenwart des Lebens bezeugt? In der Spirale der Cochlea vernimmt das Ohr das Pulsieren des Lebens, wie wir das Rauschen hören, das aus der Muschel kommt, wenn wir das Ohr an ihre Öffnung legen.

Nach einer solchen Horchfähigkeit streben Adepten spiritueller Schulen auf ihrer Suche nach dem Klang des Universums. Um diese Modulation, in den «unhörbaren Tönen» vernommen, bemüht sich der Asket mit soviel Ausdauer, weil sie der Ursprung einer inneren Schwingung ist. Den weisen Männern Indiens und Tibets ist der Klang des Lebens sehr wohl bekannt. Um dieses feine und sensible Horchen müssen wir uns bemühen, um in unserem Innern die sensorische Übersetzung eines ständig sich vollziehenden Lebens zu offenbaren. Wer diese Wahrnehmungsfähigkeit besitzt, erlebt die wahrhaft propriozeptive Empfindung von ungeahnter Intensität – die des singenden Lebens.

Dazu sind natürlich ganz besondere Bedingungen erforderlich, eine besondere Art der Stille und eine besondere Art der Anpassung des Gehörs, damit dieses einen Klang aufzufangen vermag, der äußerst fein und nur sehr schwer auf Dauer wahrzunehmen ist. Zu den Bedingungen gehört auch die Körperhaltung, die eingenommen werden muß, um Zugang zu dieser Wahrnehmung zu finden. In diesem Zusammenhang pflege ich von der «Horchhaltung» zu sprechen, in der das Labyrinth eine Position einnimmt, die zur Wahrnehmung dieses Klanges besonders geeignet ist. Voraussetzung ist eine Harmonisierung der Muskelspannungen, vor allem im Bereich der Gesichtsmuskulatur.

So schwer es ist, sich den Klang des Lebens vorzustellen, wenn man ihn noch nie vernommen hat, so schwierig ist es auch, die Horchhaltung nachzuempfinden, wenn man nie Gelegenheit hatte, sie zu erproben. Sie verlangt eine ständige Anspannung des Hammer- und des Steigbügelmuskels, und das ist eine nicht zu unterschätzende Leistung. Dank dieser großen Anspannung lassen sich die Störgeräusche, wie die tiefen Frequenzen es sind, weitgehend unterdrücken oder zumindest fernhalten, damit im häutigen Labyrinth ein gleichmäßiger innerer Druck bewahrt bleibt. So können die hohen Frequenzen hervortreten und mit ihnen jene erste Modulation, die die Wahrnehmung des Lebens ist.

Erinnern wir uns, daß die Corti-Zelle ein selbständiges Individuum ist, das autonom arbeitet, in den Stützzellen wie in einer Fassung sitzt und mit den Zilien in die Gallerte der Kuppel eindringt. Diese Zelle hat ihre Wahrnehmungsfunktion so verfeinert, daß sie sich selbst in ihrem Milieu hören zu können scheint. Diese erste Zilienreizung ist der Ursprung der energiespendenden, aufladenden Funktion des Ohres, deren Fortbestand durch jeden äußeren Impuls gewährleistet wird. Die Corti-Zelle und die Haarzellen in Utriculus, Ampullen und Sacculus haben die ganz wesentliche Aufgabe, die aufgefangene Schwingungsbewegung in elektrische Energie umzuwandeln und mit ihr das Nervensystem zu speisen.

Durch die eigene Aktivität entdeckt sich das Cortische Organ gewissermaßen selbst und schwingt in der Modulation des Lebens, die ihn fortwährend stimuliert. Eine solche Wahrnehmung fällt in einem flüssigen Milieu leichter, ganz besonders im Fruchtwasser, dem Milieu, dem meine Untersuchung gilt. Dort gelingt es den Corti- und den anderen Haarzellen buchstäblich, sich leben zu hören, wie schon mehrfach dargelegt wurde. Autonom lebend, vibrieren sie, treten sie in Resonanz mit diesem Urklang. Mit anderen Worten: Dank der vielen Errungenschaften, die das Ohr im Laufe seiner phylogenetischen und ontogenetischen Entwicklung macht, vermag es wie kein anderes Organ diese über die ganze Entwicklungsgeschichte wirksame Kraft zu entschlüsseln. Gewiß ist das Ohr dazu bestimmt, alles zu entdecken, vor allem aber dazu, ohne Unterbrechung diese Urmodulation des Lebens zu vernehmen. Isf es nicht wunderbar, daß wir Nutznießer dieser Gabe sind, die fortbesteht in den Erscheinungen des Lebens, und daß wir in ihrer Vibration vernehmen, daß wir sind? Diese Modulation zu hören, so oft man es wünscht, scheint mir eine der großen Möglichkeiten zu sein, die uns zuteil werden können, sind wir doch durch sie mit jenem erstaunlich kräftigen Seil des Lebens verbunden.

Nach meiner Auffassung ist, wie gesagt, das Cortische Organ dazu gemacht, dieses Geräusch, dieses vibrierende Summen aufzufangen. Neben diesem Klang sind alle anderen Geräusche nur Ballast. Notwendiger Ballast, gewiß, um sich

in der Welt zu bewegen, aber doch Ballast, der diese Ur-
schwingung manchmal bedenklich verdeckt, diese Melodie,
die vom innersten Wesen der Welt hervorgebracht wird, den
Klang, in dem das Sein schwingt und sich manifestiert.

Zweifellos kommt es in diesen Momenten zum Schweigen
der Außenwelt. Wenn man auf das Lebensgeräusch eingestellt ist, ist die Wahrnehmung so geschärft, daß sie alle
anderen Geräusche und sogar die Erinnerung an sie ausschaltet, denn diese würden die innere Wahrnehmung beeinträchtigen. Aus diesem Grund müssen wir die Leere suchen, die
Leere von allem, was wir erworben haben, damit mehr Raum
ist für die Wahrnehmung des Seins, das in uns ist.

Auf der Suche nach diesen Urtönen entdeckt man das
Schöpferische, offenbart sich die Schöpfung. Auf diesem Weg
finden wir auch unser inneres Erfülltsein, unsere Ruhe, unsere Heiterkeit. Alle störenden Regungen werden ausge-
schaltet, alles ist so geordnet, daß das werdende Sein uns
aufruft, mit ihm eins zu werden, unsere Persönlichkeit zu
vergessen, diese Maske des Menschen, die die Schöpfung
verhüllt und die Urmodulation verschüttet. Wenn der
Mensch die Schwingungen des Lebens ausschaltet, unter-
wirft er sich dem Rhythmus seiner Persönlichkeit – seiner
Sorgen, seiner Erinnerungen, seiner Zwänge.

Kehren wir nun zurück zum Ohr des Fetus. Nach viereinhalb Monaten intrauterinen Lebens, so lehrt die Anatomie,
ist die Entwicklung des Innenohrs in jeder Hinsicht abgeschlossen, was nicht heißt – ich wiederhole es –, daß das
Organ nicht schon vorher funktioniert. Nichts spricht gegen
die Annahme, daß sich die Funktion schon einstellt, während
die einzelnen Teile aufgebaut werden. Es wurde hier mehrfach betont, daß die Funktion sogar entscheidenden Einfluß
auf den Aufbau hat. Damit liegt ein geschlossener Kreis vor,
in dem sich die Bauabsicht mit der Funktion verbindet, um
vielleicht das zu werden, was man in der Wissenschaft «In-
duktion» genannt hat.

Kurz: Am Anfang steht das Horchen, das seine eigene Funktion bestimmt, die wiederum den Bau des Hörsystems vorgibt. Das Ohr entsteht also auf der Grundlage dieser Urmodulation, einer ersten Klangmatrize des Lebens, auf der sich die akustischen Erscheinungen einprägen, die besonders markant oder zumindest auffällig sind.

Die Urmodulation tritt in Resonanz mit dem Lärm, von dem das Ohr überschwemmt wird. Dieses Organ wird somit zum Medium für das erste *Imprinting*, um einen heute gebräuchlichen Ausdruck zu verwenden. Das Geräusch ist da, noch bevor es eine integrierte Sinnesempfindung gibt. Es wird noch nicht differenziert wahrgenommen, aber es ist da, unzweifelhaft und unverwechselbar.

Dem Erwachsenen wird der Klang des Lebens zum Gegenstand einer fortwährenden Suche. Er weiß, daß er ursprünglich ist, vor jeder Prägung da war, und fühlt sich deshalb unwiderstehlich dazu gedrängt, ihn wiederzufinden. Alles, was die Außenwelt von jetzt an seinen Neuronen einprägt, engrammiert, alles, was sich im Laufe dieser Urbeziehung ansammelt, wird seinen Zustand als Mensch bestimmen, der sich an den Geschäften der Menschen beteiligt. Die Gefahr ist groß, daß seine ursprüngliche Verbindung mit dem Leben allmählich abreißt, daß er es nicht mehr zu erhorchen, noch nicht einmal in seinem Innern zu spüren vermag. Von den zahllosen Anforderungen des Alltags in Anspruch genommen, muß er dann einen langen, mühsamen, oft von Enttäuschungen gepflasterten Weg zurücklegen, um diese erste Durchdringung des Körpers durch das Leben wiederzuentdecken.

Dieser langwierige, schwierige Lernprozeß führt einige Menschen, in denen der Wunsch nach Leben besonders wach ist, auf jene Ebene zurück, auf der alles relativ, nebensächlich erscheint im Vergleich zur Urmodulation, zur Lebensmelodie, die jedem System, das auf sie aufbaut, eine reelle und analoge Antwort ermöglicht.

Das Lebenskontinuum, das jeder in seinem Innern vernehmen müßte, wird leider unterbrochen und zugedeckt durch die Eindrücke und Erscheinungen der Außenwelt. Dennoch müßte jeder Austausch mit der Umgebung, wenn er gut geführt wird, einen in jeder Hinsicht echten, objektiven Dialog hervorbringen. Im Idealfall würde man jede Modulation aus der Außenwelt vor dem Hintergrund dieser Lebensmodulation vernehmen. Der Bewußtseinszustand wäre weit höher, und die Sprache würde die Dimension gewinnen, die echter Dialog verlangt. Es gelingt nur wenigen Menschen, so weit zu kommen, und auch ihnen nur in ganz bestimmten, flüchtigen Augenblicken.

Dem Kind gerät die Urmodulation nie in Vergessenheit, denn es nimmt sie in der Stimme der Mutter wahr, der es während seiner langen uterinen Existenz gelauscht hat. Mit schlafwandlerischer Sicherheit hat es sie von allen anderen Geräuschen zu unterscheiden gewußt, die in seine Höhle drangen. Und rasch entwickelt sich vor der Klangfolie des Lebensgeräusches ein echter Dialog zwischen dem werdenden Kind und der Mutter.

Dieser Dialog ist die Grundlage der künftigen Sprache. Deswegen läßt sich die Bedeutung der Klangbasis, als den der Fetus die Stimme der Mutter vernimmt, gar nicht überschätzen. Dank seiner wird das Kind mit dem tiefen Verlangen geboren werden, die Kommunikation mit seiner Umgebung aufzunehmen.

Die Modulation der Liebe der Mutter vermag sich gleichwertig nur mit der Modulation des Lebens zu verbinden. Alles andere ist Beiwerk und entfernt uns vom wahren Horchen, nach dem wir uns während unserer ganzen Existenz sehnen.

Die Ergebnisse aus langjähriger Erfahrung mit der auf fetale Weise wahrgenommenen Mutterstimme berechtigen mich, über dieses ungewöhnliche Klangmaterial zu sprechen.

Die Mutterstimme

Die ungewöhnliche Wirkung, die die Stimme der Mutter erzielt, läßt darauf schließen, daß sie ganz andere Bereiche anspricht, als gemeinhin bei akustischen Experimenten berücksichtigt werden. Die Ergebnisse, die mit bestimmten Paßbändern, künstlichen Vokalen oder der menschlichen Stimme erzielt werden, unterscheiden sich so grundlegend von der Wirkung der Mutterstimme, daß man sie nicht in dieselbe Kategorie einordnen kann. Wenn es überhaupt möglich ist, die Wirkung zu definieren, so würde ich sagen, daß alle Töne, die nicht zur Stimme der Mutter gehören, bloße Konditionierung sind, während die Mutterstimme für die Entfaltung des Lebens notwendig ist. Mir erscheint die Stimme der Mutter für die Entwicklung der postnatalen Sprachstrukturen ebenso unentbehrlich wie das Licht für die Entfaltung der visuellen Strukturen.

Ihr Fehlen gefährdet in hohem Maße die Entstehung der Horchfunktion, wodurch, wie wir heute wissen, auch die Fähigkeit, Beziehungen einzugehen, in Mitleidenschaft gezogen werden kann. Wenn die entsprechenden Voraussetzungen fehlen, kann sich das Substrat nicht herausbilden, auf dem die Kommunikation aufbaut. Und diese Grundlage entwickelt sich aus dem Wunsch nach Kommunikation. Die Beziehungsstruktur, an der der Wunsch nach Kommunikation Halt findet, kommt durch die Mutterstimme zustande, die der Fetus als Ausdruck von Zuwendung und Fürsorge erfährt.

Eine angeborene Fähigkeit des Fetus beginnt im Rhythmus der Mutterstimme zu schwingen, die zu ihm spricht. Diesem Impuls verdankt die spätere Sprache des werdenden Kindes seine ersten Modulationen. Wenn dieses Stadium erreicht ist, wird die Beziehung ausgebaut und gefestigt, so daß sie zu einer dauerhaften Wirklichkeit wird.

Durch die Situation, in der sie entsteht, ist die Beziehung

aber auch kompliziert und verwirrend, macht sie doch durch die äußerste Abhängigkeit des Kindes, das sich ganz in der Gewalt der Mutter befindet, die Urdistanz deutlich, die jede Beziehung verlangt. Es heißt, zwei zu sein und zwei in einem zu sein, wenn man ein werdender Organismus im Leib der Mutter ist. Diese einzigartige, grundsätzliche und überaus bedeutsame Beziehung, die jeder Mensch erfährt, gibt ihm in einem ganz entscheidenden Zeit- und Lebensraum die Fähigkeit zur Kommunikation mit dem anderen und die Möglichkeit, sich selbst zu begegnen.

Wir haben es also mit einer Situation zu tun, die zugleich Einer- und Zweierbeziehung ist und die der Embryo in dieser Zeit außerordentlich intensiver Zellaktivität als verwirrend erlebt. Nach den Anweisungen einer sehr komplexen Programmierung entstehen aus dem genetischen Material in genau festgelegten Entwicklungsabschnitten zunächst der Fetus und dann das Kind, das sich anschickt, das Abenteuer des menschlichen Lebens zu bestehen. So integriert nach meiner Vorstellung der menschliche Keim diese Situation in seine innere Hülle, ohne daß irgendein Bewußtsein in ihm geweckt wird. Allerdings ist der Bewußtseinsbereich bereits angelegt; er ist nur noch nicht erforscht. An ihn sind all die Erinnerungen gebunden, von denen bisher die Rede war und die sich mit Hilfe entsprechender Techniken nach Wunsch wachrufen lassen.

Es entfaltet sich in dieser besonderen Zeit zweifellos eine Beziehung, die den bloßen Hautkontakt an Intensität weit übertrifft. Gäbe es nur ihn, würde sich das Kind nach der Geburt rasch von der Mutter trennen, würde doch die ganze Abhängigkeit auf der Nahrungsversorgung beruhen. Beim Absetzen des Jungtieres läßt sich der Bruch der Zweierbeziehung deutlich beobachten. Bei ihm verlagert sich die Beziehung nicht in jene andere Dimension, in der sich beim Menschen dann die Kommunikation entfaltet. Auch sie schafft eine Zweiersituation, die indessen schwerer zu erkennen ist, weil der andere erst dann in sie einbezogen wird, wenn das «Ich bin» in Erscheinung tritt, das «Ich bin anders als du», welches das Kind, das sich psychisch von der Mutter ablöst, auf so charakteristische Weise zum Ausdruck bringt. Insofern beruht diese Beziehung auf einer bipolaren Spannung. Doch von Anfang an hängt die Verteilung auf die beiden Pole von der Haltung der Mutter ab. Der entscheidende Aspekt dieser Beziehungsdimension ist die Liebe, mit der die Mutter das Kind umgeben und die dieses mit gleicher Intensität zurückgeben muß. Je größer die Liebesfähigkeit der Mutter ist, desto größer wird die Bereitschaft des Kindes zur Geburt sein.

Die Mutterliebe ist die entscheidende Bedingung für das Zustandekommen dieser Beziehung. Es geht also nicht darum, das Kind auszutragen, wie der Vogel das Ei ausbrütet, schwanger zu werden und niederzukommen, wie das Tier es tut, sondern darum, sich auf die Geburt eines menschlichen Wesens einzustellen. Es ist erfüllt von der Liebe der Mutter, und aus dieser Liebe gewinnt es den Wunsch zu lieben. In ihr entdeckt es die eigene Identität, die es von der Mutter abgrenzt und aus der es seine Freiheit schöpft. Und diese Freiheit wird um so größer sein, je besser die Liebesfähigkeit entwickelt ist.

Die Liebe einer Mutter ist einzig in ihrer Art. Sie ist von unglaublicher Kraft, schwer zu messen und kaum zu steuern. Sie ist allerdings verschiedenen Zwängen familiärer und soziokultureller Art unterworfen. Von solchen Verzerrungen hängen großenteils die Spannungen in der Beziehung zwischen der Mutter und dem Kind in ihr ab. Schwerwiegende Konsequenzen für die Zukunft des Kindes können sich daraus ergeben.

Doch bemüht man sich um eine Erziehung der Eltern? Bringt man ihnen bei, Mutter zu sein, Vater zu werden? In den meisten Ländern gibt es keine entsprechende Unterweisung. Viele versuchen ihr Glück, indem sie sich gegen bestehende Verhaltensweisen auflehnen, als ginge es darum, mit einer

Tradition zu brechen. Ist das die Lösung? Genügt es nicht, einfach zu lernen, was Mutterliebe ist? Sie ist etwas ganz anderes als der Mutterinstinkt, auf den man sich stets beruft, um die Liebe der Mutter zu ihren Kindern zu erklären.

Der Unterschied ist groß. Ein Beispiel soll verdeutlichen, was ich meine. Ich glaubte einmal, Affen zum Spracherwerb bringen zu können, indem ich menschliche Laute in das Innere der Gebärmutter trächtiger Affenweibchen leitete. Diese utopische Vorstellung führte mich in die Affenwelt. Ich mußte mein Unternehmen bald aufgeben, doch hatte ich genügend Erfahrungen mit einer Gruppe von Rhesusaffen gesammelt, um zu erkennen, daß das Affenweibchen bei der Geburt eines Jungen eine Fürsorge und Zuwendung entwickelt, die mich in Erstaunen versetzte.

Die Bindungen zwischen dem Affenweibchen und ihrem Neugeborenen scheinen auf den ersten Blick emotionaler Natur zu sein. Das sind sie jedoch nur durch eine Mißdeutung des Menschen, der seine eigene Erfahrung in die Beziehung projiziert. So verhalten sich zum Beispiel Weibchen, die Totgeburten zur Welt bringen, diesen gegenüber, als würden sie leben. Rasch vertrocknen die toten Geschöpfe in ihren Armen, sie schrumpfen und mumifizieren, bis sie schließlich Puppen ähneln, aber sie werden weiterhin von der Mutter umhergetragen. Diese Affenweibchen verhalten sich, als hätten sie lebende Junge im Arm. Im wahrsten Sinne des Wortes «äffen» sie alle Bewegungen nach, die von Müttern mit lebenden Jungen ausgeführt werden. Doch nach genau drei Monaten lassen diese Affenweibchen dann ihre Nachkommen – ob lebend oder tot – wie auf Knopfdruck im Stich und kümmern sich nicht mehr um sie. Das Instinktprogramm ist abgelaufen oder hat vielmehr diesen Abschnitt abgeschlossen. Das Programm, das für das Mutterverhalten gesorgt hat, wird nicht mehr abgerufen, und jedes Affenweibchen nimmt sein normales Leben wieder auf, ohne die geringste Erinnerung an die Mutterrolle.

Jede Handlung, die das Verhalten der Affenweibchen in den drei Monaten nach der Geburt ihrer Jungen bestimmte, war also von einem Programm vorgeschrieben, das in diesem Zeitraum abgerufen wurde. Mit Liebe hat dies nicht das geringste zu tun. Zwar hätten die Affenweibchen gelitten, wenn man ihnen in diesem Zeitraum ihre – lebenden oder toten – Jungen fortgenommen hätte, doch dieser Schmerz wäre nur auf den Eingriff in den Ablauf eines Instinktprogramms zurückzuführen gewesen, dem das Tier nicht entrinnen kann. Es kommt in einem solchen Fall zur Unterbrechung eines ausgelösten Mechanismus: Die normale Entfaltung eines instinktgesteuerten Vorsorgesystems ist gestört.

Ganz anders liegen die Verhältnisse beim Menschen, obwohl sicherlich auch er mehr oder weniger mit diesem Instinkt ausgerüstet ist. Doch es kommt die Liebe hinzu, in diesem Fall die Mutterliebe. Sie ist so ungreifbar wie das Wasser, in dem man die Hand badet, und so unentbehrlich wie dieses für das Bad. Sie ist eine unabdingbare Notwendigkeit für die Entfaltung des Kindes, für die Schwingungen und Manifestationen seines Seins. Deshalb hängt weitgehend vom Vorhandensein, der Art und der Intensität der Mutterliebe das spätere Verhalten des Kindes in seiner Entwicklung zum erwachsenen Menschen ab.

Diese Liebe der Mutter offenbart sich in ihren verschiedenen Formen und in ganz besonderer Weise in ihrer Stimme, die das Kind in seiner Urmodulation vernimmt. Unablässig strengt es, wie ein Musiker auf einer Flöte übt, sein Hörorgan an, damit die Schnecke den besonderen Frequenzbereich erreicht, in dem der Klang des Lebens vernehmbar wird.

Dieser Frequenzbereich ist nicht analysierbar. Aber darum geht es auch gar nicht. In ihm kristallisiert sich der Lebensbegriff, und in ihn ordnen sich alle von außen kommenden Töne ein. Alles wird vernommen als Veränderung der Urmodulation, alles wird aufgenommen als Unterbrechung der schwingungsintensiven Stille, alles zeichnet sich als weißer

Schallfleck auf diesem Urkontinuum ab. Die Unterbrechungen fallen auf wie schwarze Morsezeichen auf weißem Papier.

Paradoxerweise sind es die Brüche, die Unterbrechungen, die wir wahrnehmen – ein Prinzip, auf dem die ganze Akustik beruht. Jedes Geräusch, ganz gleich welcher Art, stört den lebendigen, regen Gleichgewichtszustand des vorhandenen Molekularfeldes. So läßt sich jedes Schallphänomen als Modulation der Stille betrachten.

Der Fetus nimmt also die akustischen Phänomene als Unterbrechungen seines ursprünglichen Resonanzfeldes wahr. Auf dieser atmenden Folie des Lebens werden die Diskontinuitäten als Brüche, als mehr oder minder große Schallpakete integriert.

Wie erwähnt, liegt dieses Hintergrundgeräusch, dieser Lebensklang in den höheren Frequenzen. Die Gründe seien hier noch einmal wiederholt. Es handelt sich zum einen um Schwingungen im Molekular-, beziehungsweise im Zellbereich, also um unendlich kleine Wellenlängen. Ferner habe ich im embryologischen Kapitel berichtet, daß der erste physiologische Ansatz des Cortischen Organs in der cochleären Basis liegt, das heißt dort, wo später die hohen Frequenzen wahrgenommen werden. Nichts spricht gegen die Annahme, daß die Basis deshalb zuerst aktiv wird, weil es diese Reizung durch hohe Frequenzen gibt.

Diese Urinformation wird vom Nervensystem, das sich gerade erst auszubilden beginnt, noch nicht weiterbefördert. Trotzdem prägt sie schon, moduliert durch alle aus der Umgebung eintreffenden Schwingungsphänomene, ein Gedächtnis, das zellulärer Natur ist. In dem Maße, wie das Nervensystem wächst und die motorischen Nervenbahnen entstehen, das heißt erst nach etwa viereinhalb Monaten fetalen Lebens, lassen sich motorische Reaktionen feststellen – was nicht bedeutet, daß vorher nichts geschehen ist. Wir haben nichts gesehen, nichts bemerkt, aber sicherlich haben sich tausend entscheidende Dinge ereignet.

Klangmaterial, das dieser Grundmodulation besonders nahe kommt, das deren Struktur also nur geringfügig verändert, wird natürlich als wohltuender empfunden, da das Kontinuum nicht zu sehr zerrissen wird und keine Körperreaktionen ausgelöst werden (ausgehend von Utriculus und vor allem Ampulle, die beide direkt auf die vestibulo-spinalen Bahnen einwirken, die Nervenverbindungen zwischen Gleichgewichtsorgan und Rückenmark). In diesem Fall geschieht nichts außer einer glücklichen Steigerung des ursprünglichen Hintergrundgeräusches, des Lebensklangs. Am reichsten an Obertönen ist die Mutterstimme.

Während alle durch neurovegetative Prozesse der Mutter hervorgerufenen Geräusche von Geweben weitergeleitet werden, auf die Gebärmutterwand treffen und den Fetus über das Fruchtwasser erreichen, gelangt die Stimme der Mutter aller Wahrscheinlichkeit nach über die Wirbelsäule, also durch eine als Filter wirkende Knochenleitung, in den Uterus und an das Ohr des Fetus. Hinter der vegetativen Geräuschkulisse der Mutter vernimmt der Fetus von fern diese Stimme, die den Dialog beginnt, die die affektive Botschaft übermittelt. Dergestalt siedelt sich der Dialog auf der Kurve der speziellen Frequenzen an, die aus der Knochenleitung resultieren. Diese Schallübertragung wird später auch als Filter für jenes Horchen dienen, dem der Bau des Cortischen Organs genau angepaßt ist. Vielleicht entwickelt sich dieser außergewöhnliche Apparat nur, um auf diese erste, von Liebe und Wärme getragene Modulation horchen zu können.

Der vorgeschlagene Schallweg würde also wie ein Filter die Übertragung hoher Töne begünstigen. Die Mutterstimme – ausdrücklich spreche ich von der *Stimme* der Mutter und nicht von ihrer Sprache – wird ihrerseits moduliert, als würde ein Kontinuum von Tönen von einer Diskontinuität überlagert. Diese Modulation geht auf die Intervalle der Silben zurück. Auch der Sprachfluß wird also wahrgenommen wie Morsezeichen, die auf einem Kontinuum erkennbar werden.

Die Mutterstimme ist zweifellos die Klangbasis, auf die sich die Sprachbildung stützt. Die Mutter bringt ihre Stimmung, ihre Gefühle und vor allem ihre Liebe in einem akustischen Material zum Ausdruck, das der Fetus auf ganz besondere Weise wahrnimmt. Dieser Prozeß kann in seiner Bedeutung gar nicht überschätzt werden. Dies gilt auch für Funktionen höherer Ordnung, die sich später durch die Projektion cochlearer Information auf die Großhirnrinde entwickeln. Soll diese Projektion zustande kommen, muß der Übertragungsweg, der über graue Kerne im Zentralnervensystem, vor allem im Bereich des Thalamus, verläuft, frei von allen Belastungen, allen affektiven Hindernissen sein; es dürfen keine Blockaden vorliegen, wie man das im allgemeinen nennt, denn sie vermindern in gewisser Weise die Durchlässigkeit dieser Kerne. Die Wahrnehmung der Umgebung wird dadurch buchstäblich verdunkelt, als käme es zu einer Eintrübung, die «psychische Zustände» hervorruft.

Um die Entstehung solcher Gemützustände zu verhindern, die das Kind in seinem Streben lähmen, einen unbeeinträchtigten Bewußtseinszustand zu erreichen, muß die Mutter das Kind mit einer Stimme umfangen, in deren Schwingungen sich das Leben mitteilt. Durch die akustischen, emotionalen, liebevollen Qualitäten dieser Stimme wird, so könnte man sagen, der Wunsch zu leben geweckt und verstärkt.

Natürlich kann die Übertragung des Lebens über die Mutterstimme nur stattfinden, wenn die Frau ihre Lebensfreude und ihr Wohlgefühl auch zum Ausdruck bringen kann. Dazu braucht sie während der Schwangerschaft ein Klima der Harmonie und Zufriedenheit, das sie zum Bewußtsein dessen kommen läßt, was sich in ihr ankündigt und vollendet. Selbst wenn vielfältige äußere Schwierigkeiten vorliegen, vermag die dem Kind vermittelte Liebe sie doch auszugleichen. Das

Kind kann im Stall geboren werden, wenn das seelische Gleichgewicht und die Liebe der Mutter es mit der Freude am Leben erfüllen.

Deshalb kommt der Vorbereitung der werdenden Mutter so große Bedeutung zu. Ihre Stimme ist der materielle Träger der alles entscheidenden Nachricht, die sie dem Kind während ihrer ganzen Schwangerschaft zukommen läßt. Und dieses entwickelt sein Gehör, um die Stimme aufzufangen, die sich auf dem klanglichen Hintergrund des Lebensgeräusches abzeichnet. Die Stimme wird jenseits der Sprache wahrgenommen, genauer: ohne ihren semantischen Inhalt, so daß nur die Klangfarbe bleibt, geprägt vom unverwechselbaren Sprachrhythmus der Mutter. Diesen Rhythmus erkennt das Kind nach der Geburt wieder, findet ihn unter allen anderen heraus und sucht ihn sein Leben lang.

Das bringt mich zum Anfang des Buches zurück, wo ich an Beispielen geschildert habe, wie nachhaltig die sprachliche Prägung durch pränatale Erfahrungen sein kann. Heute weiß man, daß schon der Embryo akustischen Einflüssen unterworfen ist, die sich ihm in Form von Engrammen, von unauslöschlichen Eindrücken einprägen und bestimmte Rhythmen, ja Grundstrukturen festlegen. Eine Wiederkehr von Rhythmus und Kadenz der Sprache, die die Mutter in den ersten Monaten ihrer Schwangerschaft gesprochen hat, kann dem Kind später die Möglichkeit geben, die besonderen Merkmale dieser Sprache zu erkennen und sie seinen Grundparametern einzuverleiben. Wie gezeigt, werden diese ersten Sinneswahrnehmungen – so meine Theorie – von den Vestibularis- und Cochleariskernen engrammiert, von wo sie später, wenn die weitere Entwicklung es zuläßt, auf die Großhirnrinde projiziert werden. So macht sich das Bewußtsein diese ältesten Erwerbungen zunutze, indem es die primitiv gespeicherten Erinnerungsreste auf diese Ebene hebt. Entsprechend verhielt es sich im Falle der kleinen Isabelle, als sie die Modulationen der englischen Sprache erfassen konnte, die die Mutter der Wahrnehmung des Lebensgeräusches direkt eingeprägt hatte. Jede Modulation, gleich welcher Art, zeichnet sich auf dieser Urwahrnehmung ab. Die Stimme der Mutter, jenseits von 8000 Hertz gefiltert, das heißt im Frequenzbereich des Lebensklanges, mußte bei Isabelle jene ersten Engramme abrufen.

Bei den kleinen Adoptivkindern aus Caracas zeigte sich hingegen, daß sich die gleiche Reaktion auch ohne die Stimme der Mutter hervorrufen ließ, und zwar durch die gefilterten Modulationen Mozartscher Musik. Es scheint in der Tat so, daß jede Reaktivierung des Lebensklanges sehr stark auf die frühesten Engramme einwirkt. Diese Wirkung ist am intensivsten, wenn man mit der gefilterten Mutterstimme arbeitet. Es lassen sich aber, wie gesagt, mit gefilterter Musik interessante Ergebnisse erzielen. Wir haben ausschließlich mit Kompositionen von Mozart gearbeitet, dabei vor allem mit Violinstücken, das heißt mit einer Musik, die besonders reich an Obertönen ist. Ich habe mich schon in mehreren Schriften zu dieser Wirkung Mozartscher Rhythmen geäußert. Sie läßt auf einen Mechanismus körperlicher Integration schließen, der auf einem neuronalen Gedächtnis beruht.

Diese Arbeit mit der gefilterten Mutterstimme und mit gefilterter Musik hat mich dazu geführt, mich mit den besonderen Merkmalen dieser Urmodulation zu befassen. Ich hatte es mir zum Ziel gesetzt, sie durch geeignete Verfahren zu mobilisieren, um beim Kind oder Erwachsenen den Wunsch zum Leben wachzurufen. Wahrscheinlich werden wir in nicht allzu ferner Zeit die Merkmale dieses «Liebeskerns» kennen, der so eng mit dem Leben verbunden ist. Wir werden das Fehlen der Mutter ersetzen können, vor allem in Adoptionsfällen und in Situationen, in denen die Stimme der Mutter aus bestimmten Gründen nicht zu verwenden ist.

Es gibt ja Mütter, die ihre Kinder ablehnen, denen schon der Keimling Widerwillen einflößt. Man braucht nur auf die

Stimme solcher Mütter zu hören, um zu wissen, was sie ihren Kindern eingeben, einimpfen. In diesen Fällen spürt der Fetus zutiefst das Fehlen der aktivierenden Modulation, der energiespendenden Bindung, die die Liebe, vermittelt durch die Mutterstimme, herzustellen scheint.

Augenscheinlich ist der Fetus nicht in allen diesen Fällen bis an sein Lebensende von dem erfahrenen Mangel gezeichnet. Er vermag den Wert des Lebens trotzdem zu erkennen. Einige Menschen finden sich schlecht und recht mit dem Bruch der Urbeziehung ab. Andere, die verletzlicher und sensibler sind, leiden unter dem Mangel und spüren von Anfang an das ganze schmerzliche Gewicht ihrer Verlassenheit. Ihnen fehlt der Wunsch zu horchen, weil ihnen der Wunsch zu lieben fehlt.

Durch die Wiederbelebung der Horchfunktion mit Hilfe gefilterter Töne können wir in diesen Fällen den Wunsch zu leben und die Liebesfähigkeit neu wecken. Ich habe schon darauf hingewiesen, daß Leben, Liebe und Mutter die gleichen symbolischen Saiten zum Klingen bringen und in der Vorstellung identisch sind. Deshalb versuchen wir, durch die Vermittlung der Mutterstimme die ersten Eindrücke des intrauterinen Lebens wiedererstehen zu lassen.

Damit diese Eindrücke den Wunsch zu kommunizieren in sich tragen, bitten wir die Schwangeren oft, für das Kind in ihrem Leib zu sprechen und zu singen. Wir raten ihnen sogar zu dem Versuch, auf das zu horchen, was das Kind ihnen mitteilen möchte. Es muß sich ein Dialog entspinnen, ein von Liebe getragener Dialog, den die Mutterstimme in jenem Frequenzbereich anbahnt, in dem sich der Klang des Lebens manifestiert.

In diesem besonderen Frequenzbereich siedelt sich, umschlossen von der Mutterstimme, jenseits aller Semantik, die wahrhafte Sprache an, die dem Fetus die Lebensbejahung der Mutter vermittelt. Sie ist ihre Bewahrerin und Übermittlerin. Seit vielen Jahren beschäftige ich mich nun schon mit dieser

Ursprache und mit der Suche nach Klängen, die einen reinen, herauskristallisierten Liebeskern wiedergeben, der die Vorstellung der persönlichen Mutter in der Vorstellung einer idealen Mutter übersteigt, die wie nichts anderes auf der Welt ein «Gefäß» für das Leben ist.

Der Leser wird den Ausführungen über die Mutterstimme entnommen haben, daß für mich Mutter und Leben eine Einheit bedeuten. Nach meiner Auffassung würde eine neue Zeit anbrechen, wenn man die Schwangere lehren könnte, den Klang des Lebens wiederzuentdecken, der aus dem Kind einen Menschen und aus der Frau eine Mutter macht. Dies versuchen wir seit mehreren Jahren zu erreichen, indem wir Schwangere dazu anleiten, den Klang des Lebens in gefilterten Tönen zu vernehmen.

Mir ist klar, daß dieses Kapitel die Gemüter sehr erregen und viele Kommentare provozieren wird. Die einen werden es Science-fiction nennen, die anderen einfach Hirngespinst, und nur wenige werden ihm wissenschaftlichen Wert zuerkennen. Die Theorie über den Lebensklang stellt die Forschung gewiß vor schier unlösbare Probleme. Wer die subtilen Schwingungen je erfahren hat, wird ohnehin verstehen. Wer mit dem Intellekt zu begreifen versucht, was mit ihm nicht zu erfassen ist, wird sich vergebens bemühen. Experimente im Labor und im klinischen Bereich werden da eher Zugänge eröffnen. Begnügen wir uns hier mit der Feststellung, daß die vornehmlichste Aufgabe der Mutter darin besteht, dem Kind Liebe zu vermitteln, in deren Wellenlänge sie selber schwingt.

Erinnerung
und Gedächtnis

In den vorangegangenen Kapiteln habe ich mich mit der Entwicklung des fetalen Gehörs befaßt. Wir wissen jetzt, daß es nach viereinhalb Monaten intrauterinen Lebens seine Tätigkeit aufnimmt. Vorher gibt es keine Reaktionen. Die traditionelle Experimentalwissenschaft lehrt uns, daß sich jeder Reiz in einer Reaktion äußert. Und doch geschehen viele Dinge, die man bisher weder entschlüsseln noch messen noch einordnen kann.

Aus meinen Forschungsarbeiten der letzten fünfzehn Jahre ergibt sich ein ungefährer Eindruck dessen, was der Fetus an Klanginformationen erhält. Ich habe darüber hinaus versucht zu erkunden, was er genau wahrnimmt. Es bleibt die Frage, was der Fetus behält und was er speichern möchte, wenn man denn in diesem Zusammenhang überhaupt schon einen Ansatz von Willen voraussetzen kann. Überlegen wir also, was für Engrammierungen in den viereinhalb Monaten vor Beginn des fetalen Lebensabschnittes stattfinden können.

Nach meiner Auffassung können solche Engramme verschiedener Art sein. Erwerbungen können nämlich auf unterschiedliche Weise gespeichert werden. Allerdings beruhen sie alle auf demselben Vorgang und ihre scheinbar komplexen Strukturen auf einer mehr oder weniger großen Zahl von Verflechtungen. Jede Aktivität des Vestibularsystems beinhaltet beim einfachsten Prozeß eine periphere Information, die ihren Ursprung im Vestibularapparat hat – im Utriculus, im Sacculus, in den Bogengängen oder, was wahrscheinlicher ist, im gesamten Apparat. Anschließend gelangt sie in die Vestibulariskerne, die, wie wir inzwischen wissen, durch ihren frühen Entstehungszeitpunkt die Funktion von Urgehirnen übernehmen.

Sobald die Meldungen von der Peripherie einzutreffen beginnen, teilt sich diese vestibuläre Information – eine Information also, die den Raum, das Gleichgewicht betrifft – der Gesamtheit des Muskelsystems mit. Dieses ist bald in der Lage, für das Gleichgewicht des Fetus in der Gebärmutter zu sorgen. Das alles geschieht zwar nicht an einem Tag, vollzieht sich aber in dieser ungeheuer ereignisreichen Zeit mit einem erstaunlichen Tempo. Wenn das neuromuskuläre System seine Tätigkeit aufnimmt, wird die Kontrolle, wie in den voranstehenden Kapiteln dargelegt, unbedingt notwendig. Die sensiblen Nervenfasern schließen sich zu Bahnen zusammen und übermitteln über die Umschaltstation des Kleinhirns die Informationen, die die Vestibulariskerne brauchen, um in den verschiedenen Segmenten des entstehenden Körpers die notwendigen Koordinierungskorrekturen vorzunehmen. Sehr rasch stellt sich ein «Vorbewußtsein» ein, das, so primitiv es auch sein mag, dennoch ein Bewußtsein ist und glücklicherweise bald zu einer Organisation jener Aktionen, Reaktionen und Gegenreaktionen führt, die später als «Automatismen» bezeichnet werden.

Ich habe immer wieder betont, daß es einen prinzipiellen Unterschied zwischen automatischen und unbewußten Bewegungen gibt. Letztere gehören keineswegs in die Kategorie der Automatismen: Impulshaft und völlig ungeordnet überlagern sie die Automatismen. Diese hingegen sind das Ergebnis sehr komplexer Bewegungsabläufe, die oft wiederholt worden sind und sich, sobald sie eine bestimmte Bewußtseinsschwelle erreicht haben, grundlegend von den anarchischen Reaktionen unterscheiden.

Natürlich ist dieses Bewußtsein beim Embryo noch rudimentär, doch es gehört derselben Ordnung an wie jenes Bewußtsein, das beim Tier den Körper lenkt, um ihn zur Befriedigung seiner Bedürfnisse zu bringen.

Es handelt sich noch um ein recht undeutliches Bewußtsein, nicht undeutlicher indessen als das Bewußtsein, das später willkürlichere Akte wie zum Beispiel das Gehen steuert. Die Unterschiede bestimmen die Bewußtseinsstufen, die den verschiedenen Stockwerken des sich bildenden Nervensystems entsprechen. Das vestibuläre Urgehirn bedient sich zunächst bewußt, dann automatisch der motorischen und sensiblen Fasern unter Einbeziehung des Kleinhirns, der Olive und des Mittelabschnitts im roten Kern. Die Koordination dieses Gesamtsystems weckt einen Keim von Bewußtsein, das ich «Vorbewußtsein» genannt habe. Auf ihm bauen die anderen Bewußtseinsstockwerke auf, bis uns das ganze Gehirn in seinem letzten Aufbau sogar die Möglichkeit bietet, ein Bewußtsein dieses Bewußtseins zu erlangen.

Dieses ist flüchtiger Natur und verlangt von uns ständige Wachsamkeit. Auch wenn wir uns darum bemühen – wir werden es nicht zu einem Automatismus führen können. Wenn uns dies indessen gelänge, so würden wir andere Bewußtseinsebenen erklimmen, während dieses Stockwerk unserer Aufmerksamkeit entglitte und genauso automatisch werden würde wie die Mechanismen, deren sich die unteren Stockwerke des Nervensystems bedienen. Es versteht sich, daß das Wort «untere» hier keineswegs pejorativ gemeint ist. Es handelt sich um die Bezeichnung einer relativen Position wie der des Erdgeschosses eines Hauses im Verhältnis zum ersten Stock, dieses im Verhältnis zum zweiten usw. Diese Richtigstellung ist um so notwendiger, als sie uns daran erinnert, daß sich das zehnte Stockwerk nicht errichten läßt, ohne daß es das neunte gibt, und so fort bis zum Fundament, das genauso seine Aufgabe hat, noch dazu eine Aufgabe von, im wahrsten Sinne, grundlegender Bedeutung, ruht doch der ganze Bau auf ihm. Nie darf dieses Fundament vergessen werden, wenn sich die Aufmerksamkeit auch mit Vorliebe auf das höchste Stockwerk richtet.

Diese höchste Ebene wird um so stabiler sein, je besser und fester die unteren Stockwerke gefügt sind. Allerdings ist es bei jedem Bau möglich, die oberen Stockwerke zu beginnen, bevor noch die unteren fertiggestellt sind. Ferner können wichtige Elemente fehlen, etwa die Treppe oder der Fahrstuhl, die meist erst zum Schluß eingebaut werden. Die erforderlichen Bauteile können auf anderen Wegen herbeigeschaft werden, von der Außenseite zum Beispiel mit Hilfe von Baugerüsten oder Kränen.

Gleiches gilt für das Nervensystem: Man sieht es in seiner Gesamtheit entstehen. Die ersten Stockwerke, die ihre Funktion früher aufnehmen als die anderen, scheinen zunächst autonom zu sein und sich nach und nach die Regionen zu erobern, für die sie zuständig sind und deren Entwicklung allmählich abgeschlossen wird: zunächst die muskuläre Infrastruktur, dann die dazugehörenden sensorischen Reaktionen, schließlich die Koordinationselemente, die nach und nach entstehen und in den Geschehensablauf einbezogen werden. So geht es weiter bis zum obersten Stockwerk, dessen Funktion allerdings auf einer ganz anderen Ebene liegt. Mit Hilfe der zuvor errichteten Strukturen erfaßt es in immer bewußterer Weise, was die ersten Systeme an Informationen gesammelt haben, und es zieht Nutzen aus den funktionalen Errungenschaften, die zum größten Teil zu Automatismen geworden sind. Letztere entsprechen jeweils anfangs, wie beschrieben, einer Art Bewußtsein der schon fertiggestellten Stockwerke, einer Art vorbewußter Speicherung, deren Inhalte sich, mangels geeigneter Bahnen, noch nicht auf die Großhirnrinde projizieren und von dort wieder in die darunterliegenden Stockwerke zurückschicken lassen.

Durch das Wechselspiel miteinander verknüpfter Projektionen von immer größerer Komplexität entstehen aufeinander Stufen von Bewußtsein für komplexe Errungenschaften wie die Statik, das Gehen, das Gleichgewicht, das Körperbild und später die Lateralität, lauter vorbewußt entstandene Elemente, die unterschwellig kontrolliert werden. Das Gehirn wird zur Zentrale, während die Urgehirne, in diesem Fall Vestibularis- und Cochleariskerne, dank des ständigen Eingreifens des häutigen Labyrinths die Kontrollinstanzen sind.

Das hier entwickelte Schema ist aus Gründen der Verständlichkeit sehr vereinfacht, doch kommt es beim Fetus der Wahrheit ziemlich nahe, weil das Hirn dort noch nicht den späteren Komplexitätsgrad erreicht hat. Dieses Hirn ist übrigens so reich an Anschlüssen, Abzweigungen und Kompensationsmöglichkeiten, daß später die Funktion eines Teils von einem anderen Teil übernommen werden kann, selbst wenn es sich um eine ganz wesentliche Aufgabe handelt. Dabei erreichen die Aktivitäten der Kompensation oder Vertretung allerdings nicht die Qualität, die entsteht, wenn die unteren Stufen des Systems auch einwandfrei funktionieren. Das leuchtet ein, und doch ist es interessant, daß das Nervensystem die Gesamtheit seiner Tätigkeit erhalten kann, auch wenn Einzelteile schwere Mängel aufweisen.

Es gibt zahlreiche Belege für meine Thesen über die verschiedenen Bewußtseinsstufen. Eigentlich müßte man sie alle anführen, denn sie könnten einigen Aufschluß über die vielfältigen Aspekte archetypischer Symbole geben, die allen Menschen gemeinsam sind, weil alle die gleiche ontogenetische Entwicklung durchlaufen. Ihr intrauterines Dasein versorgt sie mit ähnlichen Erfahrungen, aufgrund deren sich später gleiche Symbole entwickeln.

Zwar läßt sich kaum vorstellen, was in die befruchtete Eizelle engrammiert werden kann, doch man braucht nur kurze Zeit zu warten, um auf relativ differenzierte Strukturen zu stoßen. Sobald die Eizelle mit ihrer Entwicklung begonnen hat, wird der Embryo *in utero* von seinen Eihäuten umgeben und das Ganze auf dem Plazentasockel implantiert.

Hier bildet sich rasch die Nabelschnur aus, die wie eine Pipeline alle zur Entwicklung des entstehenden Geschöpfes erforderlichen Elemente heranschafft. Diese Elemente werden in großer Fülle aus den Plazentazotten bezogen, die über die vielen Blutgefäße der Gebärmutterwand versorgt werden. Eine direkte Verbindung zur Mutter besteht nicht. Alles vollzieht sich mittels osmotischer Diffusion durch die Wände von Gebärmutter und Plazenta, die eine Vielzahl von Kontaktstellen aufweisen. Die Nabelschnur, eine Art Verbindungsrohr, enthält die Blutgefäße, über die die Aufbaustoffe herbei- und die Abfallstoffe herausgeschafft werden. Diese Gefäße sind direkt mit der Herzpumpe verbunden, die sich schon bald beim Embryo ausbildet. Die Gesamtheit dieser Gefäßverbindungen ist von einer gallertartigen Schutzhülle umgeben; das Ganze ist die Nabelschnur. Interessanterweise ist diese zwar reich an Blutgefäßen, doch ohne die geringste Innervation. Sie verfügt also über keinen sensorischen Apparat, ganz zu schweigen von einem motorischen. Unter diesem Gesichtspunkt, in Hinblick auf das spätere Nervensystem, ist sie ein Fremdkörper. Sie wird nicht integriert, und diese Ausgrenzung macht sich immer stärker bemerkbar, je weiter sich der sensorische Apparat herausbildet und in seiner Reifung fortschreitet.

Wir haben verfolgt, wie rund ums Labyrinth die Sammelstellen für die aufgenommenen Informationen entstehen. An der Peripherie zeigen sich in der Haut gelegene Sinnesapparate, deren Lage eigenartig an die Seitenlinie der niederen Fische erinnert. Bei diesen handelt es sich, wie im Kapitel «Die Entstehung des Ohres» beschrieben, um kleine Röhren, die an den Seiten entlanglaufen. In ihrem Innern befinden sich Sinneszellen, die Vorläufer der Corti-Zellen in der Cochlea. Während diese Zellen bei Weiterentwicklung der Hörmechanismen zur otolithischen Vesicula wandern, bleiben die peripheren Nervenfasern an ihrem ursprünglichen Ort. An ihren Enden wachsen – natürlich im Laufe von Jahrtausenden und je nach Spezies verschieden – Rezeptoren für druckvibratorische, insbesondere taktile Sinnesempfindungen.

Vieles spricht nach meiner Auffassung für den Gedanken, daß diese verschiedenen Apparate eine ganz andere Organisationsweise haben. Demnach haben wir es mit zwei Prozessen zu tun. Das Prinzip des ersten ist die morphologische Stabilität der Haarzelle, die unabhängig ist, in einem aquatischen Milieu lebt und über Jahrtausende ihre Gestalt bewahrt, gleich welchem Apparat sie angeschlossen ist: der Seitenlinie, der otolithischen Vesicula, Utriculus/Sacculus, den Bogengängen oder schließlich der Cochlea. Doch außerhalb dieses äußerst stabilen Systems wird sie in einem zweiten Prozeß einer Reihe von Veränderungen unterworfen. Es handelt sich um Vereinfachungen, die es ihr erlauben, sich den Erfordernissen eines Lebens an der Luft anzupassen.

Erinnern wir uns an die besonderen Merkmale, die diese Zellen ursprünglich aufwiesen: Sie sind mit einem mehr oder minder dichten Büschel von Sinneshärchen (Zilien) versehen, leben unabhängig in dem sie umgebenden Milieu, sitzen auf epidermischen Stützzellen und sind eingebettet in einen Wurzelstock von Dendriten, der den unteren Teil der Zelle umhüllt (Abb. 46).

Die vielen Abwandlungen dieser Grundform lassen sich zwei Kategorien zuordnen:

1. Es kommt bei der Haarzelle zu einer immer stärkeren Verdichtung des Zilienbüschels, bis dieses sich in Gestalt der Feder oder des Haares zum wichtigsten ihrer Bestandteile entwickelt hat. Der Haarbalg ist der Endpunkt dieser Entwicklung, wobei die Dendriten das Haar an seinem unteren Ende umschließen (Abb. 47).

2. Eine Reihe von Veränderungen führen zum Verschwinden der Zilien und ersetzen die Zelle durch Substanzen, die wie «Körnchen» oder Körperchen von verschiedener Be-

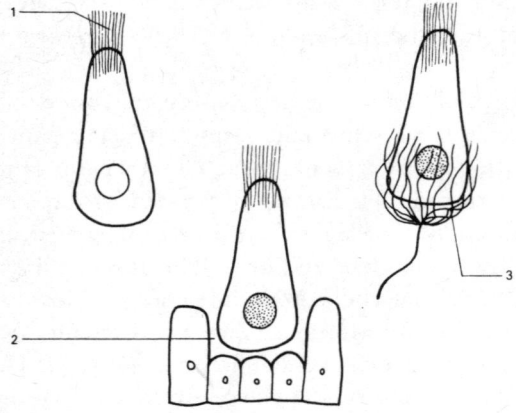

Abb. 46: Haarzelle
1 Zilienbüschel – 2 Unabhängigkeit gegenüber den Stützzellen –
3 Dendritenkissen

schaffenheit aussehen. Bei einer Aufzählung von abnehmendem Komplexitätsgrad sind zu nennen: Meißnersche Tastkörperchen, Krausesche Endkolben, Ruffinische Endorgane, Pacinische und Golgi-Mazzonische Körperchen. Am Ende dieser Entwicklungsreihe sind nur noch freie Dendritenfasern vorhanden, meist Endorgane oder freie Nervenendigungen genannt (Abb. 48).

Man kann die ganze Entwicklung in einem Schema darstellen, was mir empfehlenswert erscheint, weil sich dann die verschiedenen Veränderungen besser im Blick behalten lassen. So gewinnt man eine klarere Vorstellung vom Schicksal der Haarzelle, die nicht nur Vorfahr der Corti-Zelle ist, sondern auch des gesamten sensorischen Apparates in der Haut, in den Muskeln, in den Gelenken und in den Knochen. Diese Rezeptoren sind in ihre Umgebung integriert und in ihrer größten Vereinfachung zu bloßen Endfasern reduziert (Abb. 49).

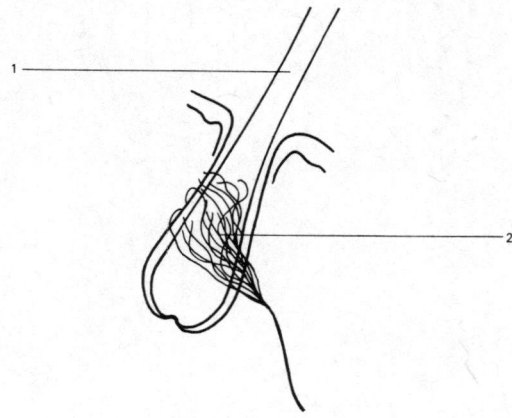

Abb. 47: Haarbalg   1 Haar – 2 Dendrit

Diese Ausführungen über die verschiedenen Apparate zur Aufnahme von Vibrationen lassen vielleicht deutlicher erkennen, welche wichtige Rolle sie im Bereich der Kommunikation spielen: für das Horchen und die Sprache. Ich werde auf diese Frage in einer anderen Veröffentlichung zurückkommen. Hier mag die Feststellung genügen, daß die Muskeln und die verschiedenen Körpersegmente oder Metameren mit sensorischen Körperchen ausgestattet sind. Diese leiten die empfangene Information an die Ansätze von Hirn- und vor allem Kleinhirnteilen weiter, die rund um das Ur-Ohr entstehen. In der Haut und den darunterliegenden Gewebeschichten bilden sich besonders empfindungsfähige Zonen aus. Überaus zahlreich sind sie im vorderen Bereich des Körpers, im Gesicht, an den Händen, an der Innenseite der Arme und Beine und an den Fußsohlen. Andere Regionen, vor allem der hintere Teil des Körpers, sind spärlicher mit Sinneszellen ausgestattet. Einige Felder sind

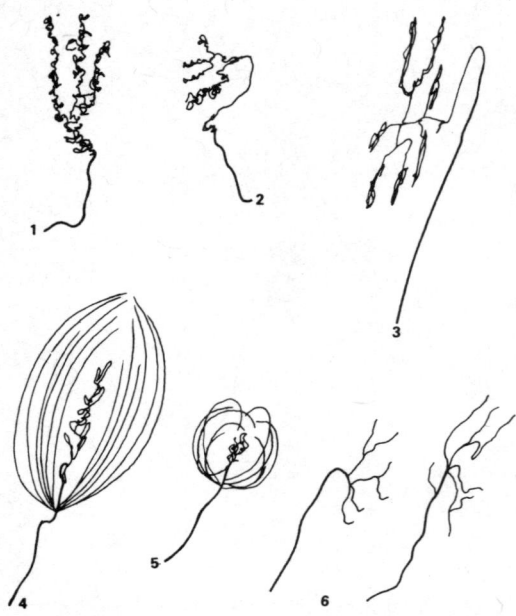

Abb. 48: Sensorische Körperchen in der Haut
1 Meißnersches Tastkörperchen – 2 Krausescher Endkolben (Kälte-Rezeptor) – 3 Ruffinisches Endorgan (Tastsinnrezeptor) – 4 Pacinisches Körperchen (Druckempfindung) – 5 Golgi-Mazzonisches Körperchen (Druckempfindung) – 6 Freie Endigung

also hinsichtlich der bewußten Wahrnehmung begünstigter als andere.

Zu dieser kommt es nicht etwa durch Zauberhand, sobald die Entwicklung der Reflexbögen abgeschlossen ist. Diese auf Laborversuchen beruhende Auffassung legt nämlich den Schluß nahe, die durch Reizung der Peripherie hervorgerufenen motorischen oder evozierten Reaktionen, die in den Endbereichen der Schaltkreise gesammelt werden, seien die einzigen vorkommenden Reaktionen. Tatsächlich beginnt

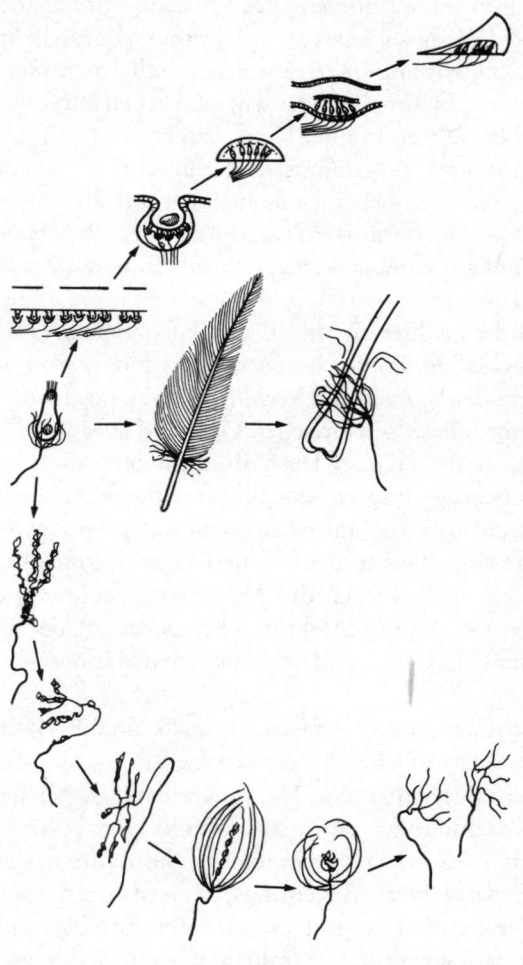

Abb. 49: Weiterentwicklungen der ursprünglichen Haarzelle

jedoch *jedes* periphere Organ, das seine Tätigkeit aufnimmt, in den ihm zugeordneten Nervenzellen Informationen zu speichern. So entwickelt sich ein tiefreichendes, nicht weitergeleitetes, nicht entwickeltes und deshalb auch nicht analysiertes Vorgedächtnis, ein Zellengedächtnis. Diese «Gedächtnisorte» bewahren folglich ihren isolierten, fast punktuellen Charakter und vergrößern sich allmählich. Übersichtlich sind sie, weil sie sich im allgemeinen auf einer Hauptlinie verteilen – eine Reminiszenz an die oben beschriebene Seitenlinie – und auf einigen wenigen Parallellinien, zwei oder drei im Höchstfalle.

Besonders zahlreich sind diese sensorischen Orte an der Hand, vor allem an der Innenseite der Finger und dort wiederum an den Spitzen. Im Verhältnis dazu besitzen die Arme nur wenige dieser sensorischen Orte und sind somit weniger sensibel als die Hände. Deshalb erscheinen diese mit ihrer besonders ausgeprägten Sensibilität wie zwei Suchgeräte, die zur Beschaffung von Informationen auf zwei Antennen angebracht sind. Die Informationen können zunächst nur in den ersten Stockwerken des Nervensystems integriert werden, bevor sie an die zerebralen Projektionsfelder gelangen, die später den Armen und besonders den Händen zugeordnet sind.

So wird das uterine Universum fortlaufend erkundet und die dabei gesammelten Informationen in den jeweils fertiggestellten Bereichen des Nervensystems gespeichert. Von diesen Erkundungen rührt das Gefühl einer «Vorwahrnehmung» her, eines «Déjà-connu», das im Laufe des anatomischen und psychischen Reifungsprozesses wieder auftaucht. Damit verbunden scheint der Wunsch zu sein, die in den unteren Stockwerken gesammelten «Erinnerungen» in die oberen Stockwerke fluten zu lassen. Wenn dieser nervöse Ausbreitungsprozeß unterbleibt, ist das Gedächtnis der ersten Engrammierungen, der Erinnerungen, auch weiterhin in den peripheren Kollektoren lokalisiert, und es besteht die

Möglichkeit, daß es niemals über dieses Stadium hinausgelangt. Wenn dagegen eine Motivation vorliegt, die für eine weite Verbreitung dieser bislang nur unscharf gespeicherten Informationen sorgt, wird ihre Integration möglich. Sie lassen sich um so besser analysieren, je weiter sie in der komplexen architektonischen Hierarchie des Nervensystems, vor allem des Gehirns, nach oben gelangen.

Mit anderen Worten: Die mit sensorischen Elementen reich ausgestatteten Hände werden aufs Geratewohl umhertasten und mal auf die Gebärmutterwand treffen, mal auf die Nabelschnur, die der Fetus, wie erwähnt, infolge der fehlenden Innervation als Fremdkörper empfindet, und mal den Körper selbst entdecken. Auch dieser kommt ständig mit der Gebärmutterwand und der Nabelschnur in Berührung. So ergeben sich Tausende von Wahrnehmungen, die das früheste Stadium der Engrammierungen bilden. Sie haben die kleinste Verbreitung und sind am wenigsten faßbar, da in diesem Stadium alles ungeordnet gespeichert wird. Ein Inventar der Bestände ist erst möglich, wenn die höheren Stockwerke eingreifen können, denn deren Aufgabe ist ja die Entschlüsselung und Ordnung der peripher gesammelten Informationen.

Deren Analyse ist notwendig, und man merkt rasch, wie viele «Erinnerungen», wie viele archaische Gedächtnisinhalte durch periphere Reize wachgerufen werden können. Mit der Entwicklung der höheren Sammelstellen vom beginnenden Nervensystem bis zum Hirn vervollständigt sich die Tätigkeit der Sinnesapparate. Nervenimpulse, die Informationen in Richtung Hirn befördern, führen zugleich diese ersten Sinneswahrnehmungen mit sich – unscharf zwar, aber durchaus präsent. Später werden solche Empfindungen wiedergesucht – etwa die Berührung von Wasser, Plüsch, Fell usw. Es dauert lange, bis eine neue Empfindung in der Hirnrinde als solche wahrgenommen wird, ohne Überlagerung von Erinnerungen, kurz: ohne Störung. Eine Berührung erinnert an eine andere, ein Ton weckt tausend Anklänge. Es kommt zu einer echten Reminiszenz, einer Art Hysterese, wie man sie sehr ausgeprägt in hysterischen Reaktionen beobachten kann. In solchen Fällen werden Erlebnisse wiedererweckt, die im Nervensystem gespeichert waren und zu Reaktionen führen, die sich der Analyse des Betroffenen entziehen. Jeder Reiz weckt zunächst das archaische Gedächtnis, noch bevor er als solcher für sich selbst wahrgenommen und analysiert wird. Die Empfindung entspricht dem, was aufbewahrt ist. Unter diesem Blickwinkel gewinnt der psychiatrische Begriff der «Hysterie» erst seine wahre Bedeutung, weil man ihn von der Vorstellung des *hyster*, im Griechischen Uterus, Gebärmutter, befreien kann. Die Gebärmutter ist «hyster» nur, insofern sie bewahrt, zurückhält.

Kommen wir auf den Fetus zurück, der eingetaucht ist in die aquatische Welt des Uterus: Zu was für Engrammierungen führen seine Explorationen, und was würde aus ihnen, wenn er die Eindrücke projizieren könnte, die er zu einem Zeitpunkt gespeichert hat, da sich seine Apparate, obwohl schon sehr komplex, funktional noch in einem rudimentären Zustand befanden? Das beste Bild für diese Urengrammierung scheint mir der «Baum» zu sein, den Kinder so leicht zeichnen, als ergebe er sich von selbst, und zwar an jedem Ort der Erde, selbst dort, wo es keine Bäume gibt!

Der Baum findet sich eben immer in der Gebärmutter mit den plazentären Wurzeln, der Nabelschnur als Stamm und der deutlich ausgebildeten Krone des Körpers. Zuerst und am deutlichsten wird der Plazentasockel wahrgenommen, dann die Nabelschnur, die von besonderer Bedeutung ist, weil ihre Wahrnehmung in früheste Zeit zurückreicht, während der Körper noch als knospenhafter Ansatz empfunden wird. Mit wachsender Wahrnehmungsfähigkeit entfaltet sich die Krone immer stärker, während sich Wurzeln und Stamm zurückbilden. Im Innern der Krone zeichnet sich die Struktur von Ästen ab, deren Triebe unter dem Atem des Lebens zu erwachen scheinen. Fortan wird der Körper «erlebt». Früchte bilden sich aus und bezeichnen die Orte der ersten Hautempfindungen, die noch punktuell isoliert sind und in ihrer Lokalisation meist bestimmten Linien folgen.

Diese aufeinanderfolgenden Strukturen, die sich in mehr oder weniger differenzierter Form bei jedem Menschen, gleich welchen Alters, finden, lassen genaue Rückschlüsse auf die Fixierung embryonaler beziehungsweise fetaler Erfahrungen zu. Sie zeigen auch das Entwicklungsstadium der Mechanismen an, die später das Körperbild bestimmen. Man beobachtet also den Ausdruck einer archaischen inneren Struktur, deren Fixierungen sich später eventuell durch geeignete Verfahren mobilisieren lassen. Mit Hilfe dieser Verfahren kann man stufenweise die Engrammierungen freisetzen, die man während seines intrauterinen Lebens gesammelt und in seinen peripheren Sinneskollektoren angestaut hat, ohne daß sie je an die Gesamtheit des Nervenbaumes weitergegeben wurden. Dieser bestimmt nämlich später das Aussehen der Krone: Die Zeichnung stellt jetzt die letzte Stufe des Lebensbaumes dar, der auf den Baum mit den Früchten folgt.

Dieses Beispiel verdiente mehr Aufmerksamkeit, würde aber den Rahmen dieses Buches sprengen. Es läßt jedoch ahnen, wie tief die Eindrücke des intrauterinen Lebens sind. Wir sollten sie unser ganzes Leben lang aufdecken und klären, damit die sensomotorischen Schaltkreise von ihnen befreit werden. Diese Informationsapparate können um so genauer arbeiten, je gründlicher wir sie säubern und von allen Hindernissen entlasten. Natürlich kann das Ziel nicht sein, diese ersten Erwerbungen zu beseitigen, wir müssen sie vielmehr an die Oberfläche bringen. Sie müssen weitergeleitet, integriert und eingeordnet werden, damit sie nunmehr entsprechend ihrer Entstehungszeit und Bedeutung den richtigen Stellenwert einnehmen. So klassifiziert, werden sie zu einer echten «Datenbank» frühester Erfahrungen. Aus der

Dunkelheit ins Licht des Bewußtseins befördert, sind sie von unschätzbarem Wert für das Verständnis späterer Integrationen. Relikte dagegen, die nicht aufgedeckt und folglich auch nicht analysiert und klassifiziert werden, beeinträchtigen die Weiterleitung empfangener Informationen. Sie sind gewissermaßen Verunreinigungen, die mit Gewißheit jede spätere Stimulation affizieren, die aufgenommen und den Analysatoren im Großhirn zugeleitet werden soll.

Die Menschwerdung führt über die Freisetzung und Verteilung dieses so bedeutungsreichen Kapitals. Aber natürlich können wir die Datenbank, von der oben die Rede war, nur mit Hilfe der inzwischen verbalisierten Engrammierung erfassen. Diese ist nichts anderes als die Umwandlung der vorsprachlichen Engrammierung. Hier gewinnt die Sprache eine ganz besondere Dimension, indem sie über ihre Eigenschaft hinaus, etwas zu bezeichnen, sich verkörperlicht, wobei der Körper als Instrument dient. Er wird in den Dienst der Sprechfunktion gestellt, damit sich die Worte bilden können. Dazu muß der Körper gewissermaßen verbalisiert werden, und das wiederum kann vollständig nur geschehen, wenn alles entschlüsselt wird, was irgendwo im Nervenbaum gespeichert ist. Und selbstverständlich sind diese Reserven in der Peripherie zu suchen. Das macht deutlich, wie wertvoll die Reminiszenz der in den Sinnesorganen gespeicherten Informationen ist: Durch ihre Engrammierung auf höherem Niveau – auf sprachlicher Ebene – kommt es zu einer regelrechten Reinigung der ersten, peripheren Stockwerke. Von nun an wird jede Stimulation direkt an die Großhirnrinde übertragen, die die Informationen ihrerseits an den gesamten Körper weitergibt, ohne daß sie einem ihre Qualität modifizierenden Einfluß unterworfen sind.

Doch wenn die Verbalisierungsprozesse nicht hinreichend ausgearbeitet werden, so läßt sich unschwer vorstellen, wie sich diese Art von «Erinnerungsverunreinigung» auf die spätere Erfahrung auswirkt und wie nachhaltig sie das psychische oder gar psychopathologische und organische Verhalten bestimmt. Ich könnte viele Beispiele für solche «verstopften» Nervenschaltkreise nennen, um deutlich zu machen, was ich hier über das Gedächtnis gesagt habe, doch ist das aus Platzgründen nicht möglich. Eine Struktur nimmt indessen einen so bedeutenden Platz ein, daß es mir notwendig erscheint, kurz bei ihren verschiedenen Wirkungsbereichen zu verweilen. Es handelt sich um das *parasympathische System*. Sein Bereich ist sehr groß und entspricht der Entfaltung des X. Hirnnervs, des *Vagus*. Zum oberen Bereich gehören noch weitere Systeme, das des *Okulomotorius* (III. Hirnnerv – Augenmotorik), des *Facialis* (VII. Hirnnerv – Gesicht) und des *Glossopharyngeus* (IX. Hirnnerv – Kehlkopf), zum unteren Bereich der II., III. und IV. Sakralnerv.

Das parasympathische Netz ist so groß, daß es überall dort zuständig ist, wo es gilt, Informationen an die inneren Organe weiterzugeben oder von ihnen entgegenzunehmen. Es ist schlechthin das Nervennetz des Inneren. Weil der Nervus vagus einen so bedeutenden Bereich kontrolliert, nimmt er eine ganz besondere Stellung ein. So ist er – von oben nach unten – zuständig für Kehlkopf, Bronchien, Herz, Magen, Darm, Bauchspeicheldrüse, Nieren, Milz und Leber. Die Wirkung des Parasympathicus wird ergänzt durch die der Zervikalnerven, die unter anderem die Tränen- und Speicheldrüsen innervieren, und der Sakralnerven, die für die Beckenorgane zuständig sind.

Am Rande sei ein nicht unwichtiges Detail vermerkt: Dieses außergewöhnliche innere Netz verfügt in Gestalt des Ramus auricularis (aurikulärer Ast) des Nervus vagus auch über eine äußere Antenne. Der untere Teil des äußeren Gehörgangs sowie die Innen- und Außenseite des Trommelfells werden sensorisch von diesem Ast des Vagus innerviert. Neuere Forschungsarbeiten zeigen ferner, daß die Sensibilität des Steigbügelmuskels, der motorisch vom Nervus facialis innerviert wird, ebenfalls in den Wirkungsbereich des X. Hirnnervs, also des Nervus vagus, fällt.

Die Aufgabe des Parasympathicus scheint weitgehend darin zu bestehen, Informationen sensorisch aufzufinden, die im Bereich der Eingeweideperipherie empfangen werden. Tatsächlich weiß man wenig über die sensiblen Detektoren der inneren Rezeptoren. Es scheint sich um freie Endfasern zu handeln, die mit Rezeptororganen des Pacini-Typus in Verbindung stehen. Sie wirken in einem großen sensorisch innervierten Bereich, der – wenn alles normal und harmonisch ablaufen würde – eine Reihe von bestimmten propriozeptiven Empfindungen koordinieren müßte. Doch leider geht es nicht immer so ideal zu, wie zu hoffen wäre. Weit entfernt von der funktionellen Autonomie, zu der das sympathisch-parasympathische System eigentlich bestimmt ist, ist das Netz überall durch Tausende von Kurzschlüssen gestört, die durch die große Fülle von «Erinnerungen» ältesten Ursprungs hervorgerufen werden. Diese beeinträchtigen die Mechanismen, die für das Zusammenspiel der Sinneskollektoren der Eingeweide zuständig sind.

So läßt sich beim besten Willen keine unverfälschte Information mehr bekommen – keine Information, die nicht durch alle diese uralten Engramme beeinträchtigt wäre. So ist etwa das Ernährungsverhalten das Ergebnis solcher Engramme. Gleiches gilt im Bereich der Atmung für die Mechanismen, die den normalen Atemrhythmus behindern und bestimmte Störungen, wie etwa Asthma, hervorrufen können. Auch der Kreislauf wird in Mitleidenschaft gezogen durch die «Verunreinigungen», die die harmonische Regulierung des Systems stören.

Ohne daß ich im einzelnen auf die verschiedenen Auswirkungen eingehen kann, dürfte klar geworden sein, welche Bedeutung die somatische Umwandlung, die Somatisierung dieser psychisch negativ gefärbten «Erinnerungen» hat. Die Psychosomatik hat hier einen ihrer Ursprünge. Doch man ahnt auch, wie leicht es ist, diese psychischen und somatischen Verwicklungen zu lösen, wenn man die peripheren Engramme reinigt und ihnen Zugang zum gesamten Nervensystem verschafft, damit sie die Ebene eines verbalisierten Bewußtseins oder einer bewußten Verbalisierung erreichen können. Es geht, wie gesagt, nicht darum, diese Engramme zu löschen, sondern darum, sie zu relativieren, das heißt, ihnen den gebührenden Stellenwert zuzuweisen, sie entsprechend ihrer tatsächlichen Bedeutung einzuordnen. So wichtig sie auch einmal gewesen sein mögen – aufgrund der Zeit, die seit ihrer Entstehung verstrichen ist, kommt der Wirklichkeit, auf die sie verweisen, nur noch ein relativer Wert zu.

Die längst versunkenen, in das älteste Entwicklungsstadium des Menschen zurückreichenden Erlebnisse, wieder wachgerufen mit Hilfe der gefilterten Töne, führen rasch zur Begegnung mit dieser Dimension. Von ihren Verstopfungen befreit, funktionieren die Sinnesapparate der Eingeweide wieder gemäß der ihnen eigenen Dynamik, während die Störungen verschwinden. So wird verständlich, warum die über das Elektronische Ohr zugespielten gefilterten Töne, vor allem wenn sie als Ausgangsmaterial die Mutterstimme haben, im allgemeinen zu einer Normalisierung der neurovegetativen Funktionen führen. Wenn ein Mensch die Dimension des Horchens zurückgewonnen hat, kommt es nicht selten zur Auflösung von Symptomen wie Bulimie oder Magersucht, Verdauungsstörungen, Atembeschwerden und bestimmten kardiovaskulären Anomalien – etwa Herzklopfen und Herzrhythmusstörungen.

Aus diesen Überlegungen zu den Engrammen folgt, *daß die Erinnerung paradoxerweise das Gedächtnis zu behindern scheint.* Der Mensch ist nichts als Gedächtnis, und er wäre ein ewiges Gedächtnis, würde er an diesem Eintauchen *in memoriam* nicht durch zwei Faktoren gehindert: durch den einen, der eben jene Anhäufung von punktuellen Erinnerungen ist, die die sensorischen Organe und ihre motorischen

Antworten bis zur völligen Sättigung verstopfen, und durch den anderen, der mit der Intelligenz zu tun hat, dieser kostbaren und gefährlichen Gabe, die uns die Türen der Existenz offenbaren, aber auch verbergen kann. Sobald irgendwelche Ereignisse als störend erlebt werden, werden sie durch bestimmte, in hohem Maße intellektualisierte Prozesse unter Verschluß genommen und blockieren so – durch ihre Engramme – jeden Informationsfluß in die Bereiche, in denen sich auch nur eine Spur dieser Erinnerung zeigen könnte.

Dennoch gibt es vielfältige «Erinnerungen», die im Laufe der Zeit, der Jahrtausende, den Status eines Gedächtnisses erhalten müssen. Es sind die Erinnerungen, die durch ihre systematische Wiederholung Eingang in den genetischen Code finden. Das geschieht indessen nur bei zwingender Notwendigkeit, das heißt, wenn ein reelles Bedürfnis vorliegt, auf Merkmale der Umwelt zu reagieren.

Man findet nur das, was ist, was also – zumindest beim Menschen – in dieses ewige Gedächtnis eingeschrieben ist. Besäße die betreffende Notwendigkeit nicht diesen grundsätzlichen Charakter, würde sie nicht im Gedächtnis gespeichert werden. Sie wäre lediglich eine Erinnerung, ein markantes Ereignis im geschichtlichen Ablauf unserer Daseinsepisode. Man braucht sich nur anzusehen, wie viele ideologische Gedankengebäude schon aufgrund der regelmäßigen Wiederkehr solcher historischer Erinnerungen errichtet wurden, um immer wieder ein Verhalten zu bestimmen, weil man zugleich vergißt, daß solche Muster nur deshalb systematisch vorkommen können, weil das Gedächtnis in seiner ontologischen Entwicklung gestört wurde.

Der Mensch, könnte man sagen, vergißt leicht, daß er grundsätzlich gut ist, weil ihn seine Reaktionen gegenüber der Umwelt daran hindern, seinen eigentlichen Zustand zu objektivieren. Sein Verhalten läuft also seiner inneren Natur zuwider. Er reagiert auf die Erinnerungen, die in seiner Persönlichkeit gespeichert sind, Erinnerungen, die die Wirklichkeit seines Handelns und seiner ursprünglichen Motivation verschleiern. Was er tatsächlich tut, weist überhaupt keine Ähnlichkeit mit dem auf, was er ursprünglich gern getan hätte. Seine Erinnerungen liegen wie ein Schatten über der Gedächtnisfunktion, die mit der wirklichen Intelligenz so eng verwandt ist.

Diese ist nichts anderes als die Fähigkeit, das menschliche Erkenntnisvermögen ganz auszuschöpfen und die Verteilung der Ergebnisse räumlich und zeitlich zu organisieren. Dieses *Inter-legere*, die Intelligenz, ist die kognitive Erfassung der Erkenntnisobjekte in ihren wechselseitigen Beziehungen. Mit den analytischen und synthetischen Mitteln, die in den verschiedenen Bewußtseinsstockwerken zur Verfügung stehen, werden Vergleiche angestellt, Analogien und Unterschiede ermittelt.

Doch leider ist auch die Intelligenz nicht gegen Verirrungen gefeit. Und statt sich in seiner Erkenntnis dem Bereich des Gedächtnisses zuzuwenden, um durch solch systematische Selbstbeobachtung die verschiedenen Programmebenen zu erfassen, ist der Mensch fixiert auf seine «Erinnerungen». Gleichzeitig und verstärkt durch die Intelligenz erhalten diese den Anschein eines wahren Gedächtnisses und bilden ein um so größeres Sichthindernis, je höher der Intelligenzgrad ist. Wir wissen alle, was für eine Verschwendung die Menschen mit ihrer Intelligenz treiben, indem sie sie auf das eingrenzen, was sie intellektuelle Fähigkeiten nennen, denn diese erweisen sich als schwächliches Wissen und vermögen kaum vor dem Bewußtsein zu bestehen, sobald dieses einmal geweckt ist und sich auf die Suche nach dem Gedächtnis des Seins begibt.

Evolution
und Regression

So komme ich zu dem Schluß, daß jedes entwicklungsgeschichtliche Stadium zur Entfaltung einer neuen Struktur führt, die die Nachfolge der vorhergehenden Struktur antritt, sich aber hinreichend von ihr unterscheidet, um als neu und eigenständig gelten zu können. In Wahrheit handelt es sich um Wiedergeburten der alten Strukturen in den neuen und insofern um ebenso viele Tode. Voraussetzung für eine solche «Wiedergeburt» ist, daß es zuvor zu einer Veränderung, einer Metamorphose, zu der Aufgabe eines früheren Zustands gekommen ist.

Unter normalen Umständen nimmt der anatomische Fortschritt seinen Lauf, und es bedarf schon nachteiliger, pathologischer Bedingungen, um den Ablauf seiner Entwicklung zu behindern, die dank einer vorgegebenen Programmierung von allein vonstatten zu gehen scheint. Doch die andere Dimension – die den Menschen im Rahmen dieser Evolution bestimmt und die für seine Menschwerdung verantwortlich ist –, diese Dimension ist einer Entwicklung unterworfen, die sich weniger selbstverständlich als der anatomische Prozeß zu vollziehen scheint. Woher kommt dieser Unterschied? Woher kommt es, daß sich die Zellentwicklung leichter zu organisieren scheint als die Funktion, die uns zum Menschen macht? Die Antwort lautet, daß diese Funktion – obwohl auch sie von einem Programm höherer Ordnung abhängig ist, demjenigen ähnlich, an das die anatomische Evolution gebunden ist – doch unter einer Reihe von Überlagerungen verschiedener Art verborgen liegt.

Das Ganze geschieht *in utero*. Deshalb erscheint mir eine Unterweisung der Eltern so wichtig. Nur so kann sich die Lebensqualität der Kindergeneration aus einem Prozeß wahrhafter Menschwerdung entwickeln. Es ist leicht, einer Schwangerschaft ihren Lauf zu lassen, die sich, von wenigen Ausnahmen abgesehen, von selbst normal entwickelt. Für die psychische Entfaltung eines Menschen zu sorgen, damit er später auf die Psychologie verzichten kann, weil er keine Probleme hat, das ist weit schwieriger und bedarf einer langen erzieherischen Führung.

Die Menschwerdung besteht, aus dieser Perspektive gesehen, darin, den Menschen seine besondere, unverwechselbare Identität finden zu lassen. Er sollte auf der psychischen Ebene werden, was er von ganz allein auf der anatomischen wird, und von einem Stadium zum nächsten fortschreiten, ohne daß sich ihm irgendein unüberwindbares Hindernis in den Weg stellt. So erreicht er seine wahre Größe, diejenige, die ihm von Natur aus, das heißt, von der Natur zugedacht ist.

Unter Verweis auf die Darstellung der Stufen der ontogenetischen Entwicklung läßt sich sagen, daß der werdende Mensch dieses Endstadium erreicht, indem er verschiedene «Zeitschichten» durchquert, in denen er zunächst als Eizelle vorhanden ist, dann als befruchtetes Ei (Blastozyste), als Embryo, später als Fetus und schließlich als Säugling. Dieser ist ausführlich untersucht worden und uns weit besser in seinen verschiedenen Wachstums- und Entfaltungsprozessen bekannt. Seine anatomische, seelische und geistige Entwicklung läßt sich heute in allen Einzelheiten beschreiben. Das gilt nicht für den Fetus. Obwohl er in den letzten Jahrzehnten Gegenstand zahlreicher Forschungsarbeiten war, bleiben doch noch viele Wissenslücken.

Im Rückgriff auf die im dritten Kapitel geschilderte dynamische Entwicklung des Nervensystems lassen sich die einzelnen Etappen wie folgt beschreiben:

Die erste, die der Eizelle, ist ein unbestimmtes Warten, das auf einer so komplexen Ebene programmiert wird, daß wir uns zu ihrer näheren Kennzeichnung gewöhnlich auf den Zufall berufen.

Auf der zweiten, der der befruchteten Eizelle, werden die verschiedenen Induktoren tätig, die die primäre Organisation steuern.

Auf der dritten, der des Embryos, bildet sich das Vestibularsystem, das, wie dargelegt, als Induktor des Nervensystems verstanden werden kann. Alles gruppiert sich so um diesen Induktor, daß in das neu entstehende System bereits räumliche Beziehungen integriert werden. Doch damit kein Mißverständnis entsteht: Es ist trotz seiner noch rudimentären Struktur schon dicht gefügt und reich an Möglichkeiten. Alles ist hier bereits integriert: die sich anbahnenden Körperhaltungen und die relative Stellung der Gliedmaßen, die bald zu dieser früh gebildeten Zentrale Verbindung haben. Alles beginnt an einem Ausgangspunkt, dessen Zentralisierungsvermögen alle Vorstellungen übertrifft. In der Folge verteilt die entstehende Struktur ihre Energie, gibt gewissermaßen die erworbenen Fähigkeiten an jüngere, raffinierter miteinander verknüpfte Organisationen ab, die aber unverändert abhängig bleiben von diesem ersten Organismus: dem Vestibularapparat. Deshalb ist der Embryo im wesentlichen «vestibulär».

Natürlich entstehen parallel dazu die verschiedenen Organe, die zur Erhaltung des Nervensystems erforderlich sind: Herz, Kreislaufsystem, Verdauungsapparat usw. Aus einer Reihe von Nervenverbindungen, die zur Steuerung dieser Gebilde dienen, entsteht das neurovegetative System. Gleichzeitig bildet sich zur Vorbereitung der Kommunikation – wie immer sie aussehen mag – der lokomotorische Apparat, ein sensomotorischer Komplex, der sich, ausgehend von den

Vestibulariskernen, zu den motorischen Zentren einerseits und der Peripherie andererseits erstreckt.

Mit Beginn des Fetalstadiums nimmt in der vierten Etappe die Cochlea ihre Funktion auf und scheint die gesamte Primärorganisation umzugestalten, so daß der Eindruck entsteht, alles würde nun endgültig der Großhirnrinde übertragen. Doch das ist ein Irrtum. Zwar wird alles an eine höhere Ebene weitergeleitet, doch die primäre Steuerfunktion bleibt im Bereich des archaischen Gehirns, das eine Art Basisarchitektur ist, auf der alles andere sich aufbaut. Das Vestibularhirn ist der Ursprung und die Grundlage der Gesamtstruktur.

Wie steht es mit den restlichen Elementen? Hat der übrige Teil des Systems weniger Bedeutung als die eben geschilderten Zusammenhänge? Es liegt mir fern, das zu behaupten. Ich will die Rolle der anderen Elemente dieses Gebildes keineswegs schmälern. Doch wenn man sich den Gedanken zu eigen macht, daß das Gehirn, dieses wunderbare Organ, auf einer Basisstruktur beruht, von der die Urinduktionen ausgehen, und wenn man im Gedächtnis behält, daß dieses Gebilde immer als erster Induktor arbeitet, als Ausgangspunkt für die gesamte ihm angeschlossene Organisation, so wird man das Gehirn sicherlich besser verstehen, nicht nur in seiner Architektur, sondern auch in seiner funktionellen Physiologie. Es wird der Zweck dieses fabelhaften Apparates deutlich, den es nur gibt – ich wiederhole es –, um zu horchen, das heißt, um als vermittelnde Instanz zwischen der Sprach- und der Sprechfunktion zu dienen. Auf der Grundlage der Sprechfunktion kann dann der gesamte Kommunikationsprozeß stattfinden.

Im Fetalstadium übernimmt also das Gehirn, das in seiner Architektur bereits angelegt ist, zunächst die vestibulären und dann die cochleären Funktionen, die ein Teil auch seiner späteren Tätigkeit bleiben.

Zusammenfassend können wir sagen, daß das Embryonalstadium durch eine globale, grundlegende gestische, nonverbale Integration charakterisiert ist. Nebenbei bemerkt: Sie kann später nicht verbalisiert werden, solange sie nicht die Möglichkeit hat, sich zu reproduzieren und dadurch den Ort der ersten Engrammierungen posturaler Art im Bereich der Vestibulariskerne zu verlassen. Um dieses Stadium zu überwinden, muß sie mit der Kraft ihres sensomotorischen Ausdrucks in die Organisation höherer Ebenen eindringen. Hier kann die primäre Integration dank der inzwischen hinzugekommenen Cochlea in ihrer Bedeutung erfaßt und entsprechend in einem verbalisierten sensomotorischen Gedächtnis eingeordnet und gespeichert werden. Es handelt sich dabei um eine regelrechte Übertragung.

Wenn ich den Embryo als «vestibulär» bezeichnet habe, so ist der Fetus «cochleär». Mithin ist der «Embryo-Fetus» global gesehen vestibulo-cochleär. Zumindest sollte er es sein und aus diesem Grunde alle vestibulären Erwerbungen auf den cochleären Integrator übertragen. Mit anderen Worten: Er muß die gesamten somatisch verarbeiteten Informationen auf die Großhirnrinde projizieren. Umgekehrt verkörpert er sie später erneut mittels der Sprachschleife, indem er sie verbalisiert. So gelangt das, was irgendwo im Nervensystem verborgen war, in den Bewußtseinsbereich.

Es sind viele Verfahren entwickelt worden, um den Übergang von einem Integrator zum anderen zu erreichen, ohne daß man indessen von ihrer Existenz wußte. So versucht zum Beispiel die Psychoanalyse, durch die Kraft der Verbalisierung ans Licht zu bringen, was im Dunkeln verborgen ist. Bisweilen bleiben jedoch Elemente, die im Vestibularapparat eingeschlossen sind, diesem Verfahren entzogen, weil der Zeitpunkt ihrer Speicherung zu weit zurückliegt. Auch bestimmte körpertherapeutische Techniken, die zum Wiedererleben der Geburt führen sollen (Urschrei und andere), verfolgen das gleiche Ziel. Ebenso gelten bestimmte bioenergetische Übungen der Wiedererweckung der ersten Eindrücke über den Körper. Ähnlichen Zielen dienen verschie-

dene Körperstellungen im Hatha-Yoga, dessen körperanaly-
tische Bedeutung nicht hinreichend gewürdigt wird.

Offensichtlich fehlt jedoch in all diesen Verfahren das erste
Glied der Kette: der Vestibularapparat, das eigentliche Urhirn. Wenn wir also, dem ontogenetischen Ablauf folgend,
erst die vestibulären Empfindungen und dann ihre Übertra-
gungen auf die Cochlea abrufen, stoßen wir zunächst auf die
archaischen sensomotorischen Reaktionen vestibulärer Art,
dann auf sensomotorische Reaktionen jüngeren, cochleären
Ursprungs. Durch Hinzutreten der Sprechfunktion entsteht
dann die endgültige funktionelle Struktur des Gesamtgebil-
des. Mir ist klar, daß man dieses Verfahren vervollkommnen
kann. Es wird sicherlich verfeinert, vertieft werden, doch ich
weiß nicht, ob man sehr viel mehr erreichen wird, da es doch
schon auf den Ursprung selbst einwirkt.

Wenn allerdings von Anfang an eine verbalisierte und
damit faßbare Vorstellung der Körpererfahrung möglich
wäre, dann käme es gewiß nicht zu dieser Dichotomie zwischen dem Körper und seinem Inhalt, zwischen dem Körper
und seinem «Bewohner», wie man sagen könnte. Im Gleich-
schritt mit der körperlichen Entwicklung würden sich die
verschiedenen psychischen Schichten bilden. Damit ergäbe
sich die Möglichkeit eines Lebens ohne Probleme. Natürlich
wird es dazu nicht kommen, nicht weil die Bedingungen, von
denen die Rede ist, sich nicht verwirklichen ließen, sondern
weil wir in einer Welt leben, die eine solche Entwicklung
nicht zuläßt. Mit anderen Worten: Die meisten Probleme
scheinen Projektionen der Außenwelt zu sein, die in das
Nervensystem integriert werden und es Zwängen unterwer-
fen, die verhindern, daß die Entwicklung auf der psychischen
Ebene ebenso problemlos verläuft wie auf der anatomischen.

Die Welt, die uns am engsten umschließt und deshalb am
stärksten einengt, wenn sie nicht entsprechend vorbereitet
ist, ist der Leib der werdenden Mutter. Durch sie wird das
Kind in einen Verhaltensprozeß hineingezogen, der bewirken

kann, daß funktionelle Gebilde, die zum Aufbau der Persönlichkeit bestimmt sind, über einen Latenzzustand nie hinaus-
kommen. Was geschieht in solchen Fällen? Alles ist pflan-
zenhaft gewachsen, doch ohne den ordnenden Einfluß des
Induktors, so daß sich die ersten Impulse nur anarchisch
entfalten. Anatomisch sind die Organe angelegt, doch der
Vestibularapparat hat die Koordination des Ganzen nicht
übernommen und scheint sich nicht um die aufrechte Haltung, die Vertikalität zu bemühen. Dadurch bleibt auch die
Lateralität unbestimmt, und die Sprache, die das Einsetzen
der cochleären Funktionen anzeigt, kann sich nicht wunsch-
gemäß entwickeln.

Entscheidend ist: Wenn das Fundament, der somatische
Vestibularis-Integrator, nicht sein Reifestadium erreicht,
ruhen alle späteren Stockwerke auf einer unsoliden Basis.
Sie können angelegt und auch ausgebaut werden, bleiben
aber ein reichlich instabiles Gebäude. In den meisten Fällen
ist die strukturell-funktionelle Entwicklungsverzögerung
homogen. Jedes Wachstum bleibt erwartungsvoll im An-
fangsstadium stecken. Wenn es in seinen Ansätzen, in seinen Versuchen durch nichts gefährdet wird, werden diese
immer schwächer; der Wunsch, erwachsen, größer zu werden, verkümmert. Falls man jedoch die Möglichkeit hat,
rechtzeitig einzugreifen, bevor die Schäden irreversibel
sind, falls man Gelegenheit hat, auf die Basisstrukturen ein-
zuwirken, dann kann man erleben, wie sich eine neue Kraft
ausbreitet, wie gewissermaßen der Saft, das Leben ein-
schießt in einen Körper, der erwacht und sich selbst entdeckt. Um diese Überlegungen zu verdeutlichen, will ich im
folgenden den Fall eines Mädchens schildern, das ich Anne-
Marie nenne.

Anne-Maries Geschichte

Ein konkretes Beispiel soll die vorstehenden Ausführungen durch den lebendigen Aspekt des Erlebten und Erfahrenen ergänzen. Natürlich gehen wir in der Praxis den umgekehrten Weg. Denn von dem «Fall», der sich uns darstellt, schließen wir auf die entsprechende funktionelle Dynamik. Anhand dieser greifbaren Fakten stellen wir die Mängel, die Abweichungen von der Normalität fest. Ausgehend von dem erstellten Inventar läßt sich dann das Verfahren bestimmen, um die Reifung der nicht oder nur schlecht arbeitenden Struktur nachzuholen.

Für Anne-Maries Fall habe ich mich entschieden, weil er zeigt, wie sich die Prozesse entfalten, von denen in den vorstehenden Kapiteln die Rede war. Wir werden sehen, wie sich die verschiedenen Stockwerke jener Struktur aufbauen, die uns zum Menschen macht. Es sind dies alles Stadien, die sich auf das architektonische Gerüst des Nervensystems stützen. Auch auf die Gefahr hin, mich zu wiederholen, betone ich noch einmal: Das Netz entsteht, damit sich die Horchfunktion entwickeln kann, die wiederum die Voraussetzung für die Sprechfunktion ist.

In extremen Fällen – und Anne-Marie gehört zu diesen – läßt sich beobachten, wie sich, eines nach dem anderen, drei Stockwerke in uns bilden. Bei der Beschreibung spreche ich von den Integratoren, und folgende drei Stadien werden erkennbar: das vestibuläre, das visuelle und das cochleäre Stadium, wobei wir jeweils auf ihr Vorherrschen oder Ungenügen achten.

Anne-Maries Geschichte reicht zurück ins Jahr 1960, genau bis zum 14. Januar. Auf Anraten von Freunden brachte die Adoptivmutter die Dreizehnjährige in meine Sprechstunde. Die Adoptivmutter war eine zarte Frau von achtundsechzig Jahren, die trotz ihres Alters noch als Beamtin arbeitete. Sie trug eine Haube, die sie nie abzusetzen schien und die offensichtlich zu klein war, denn darunter quoll lockiges, schneeweißes Haar hervor. Sie wirkte kultiviert, war sehr sympathisch und sehr schüchtern, so daß der Eindruck entstand, sie verstecke sich hinter ihren dicken Brillengläsern. Rasch begann sie, von den düsteren Aussichten zu sprechen, die sie ängstlich in die Zukunft blicken ließen. Denn je älter Anne-Marie wurde – und die Zeit verging rasch –, desto geringer schien die Chance zu werden, sie zur Selbständigkeit zu erziehen. Hinzu kam, daß der Frau die Pensionierung bevorstand. Angesichts der hohen Kosten, die ihr entstanden, hatte man sie ohnehin schon länger als gewöhnlich in ihrem Beruf arbeiten lassen.

Obwohl von unseren Freunden vorgewarnt, waren wir doch nicht auf die fremdartige Welt gefaßt, die uns erwartete. Und das ist noch recht vorsichtig ausgedrückt. Doch der Leser mag selbst urteilen. Jedenfalls hatten wir Mühe, bei Beginn des Gesprächs ein gewisses Erstaunen zu verbergen. Anne-Marie hatte nämlich in ihrem Verhalten mehr Ähnlichkeit mit einem ängstlichen Tier, das bedrückt und unglücklich war, als mit dem jungen Mädchen, mit dem wir rechneten, mochte es auch voller Probleme stecken.

Unsere Überraschung blieb der Frau nicht verborgen, die uns rasch mit der Geschichte vertraut machte, mit den Ereignissen, die, zumindest aus ihrer Sicht, erklärten, was mit ihrer Adoptivtocher geschehen war. Ich muß gestehen, daß unser Erstaunen im Fortgang der Anamnese noch wuchs. Aus dem, was die Frau uns berichtete, war zu schließen, daß es sich in Anne-Maries Fall um das handelte, was man in der Versuchssituation affektive Deprivation nennt.

Anne-Marie war bei ihrer Geburt im Februar 1947 ausgesetzt worden und bis zum Dezember desselben Jahres im Heim geblieben. Daraufhin war sie zur Adoptivmutter gekommen. «Zu diesem Zeitpunkt», so hieß es auch in einem schriftlichen Bericht der Adoptivmutter, «hatte sie noch nie ein Spielzeug in den Händen gehalten. Sie war sehr brav, weinte nie und schien es rasch als großes Glück zu empfinden, umsorgt zu sein. Lange Zeit war sie ein ausgesprochen glückliches Kind.» Leider beschloß die Frau, die von ihrem Beruf sehr in Anspruch genommen war, das Kind ihrer Mutter anzuvertrauen, die am Waldrand in Fontainebleau im Haus der Familie wohnte.

Anne-Marie empfand diese Entscheidung sicherlich als zweite Aussetzung. Denn sie verlor praktisch ihre Adoptivmutter und sah sich der Obhut einer fremden Großmutter anvertraut, die mit ihren fast achtzig Jahren schon zu alt für diese Rolle war. Diese Frau war zutiefst erschrocken, als sie erfuhr, daß sie sich fortan um Anne-Marie kümmern sollte, und zwar die ganze Woche über. Sie mußte allein mit dem Kind fertig werden, bis die Adoptivmutter, die in Paris arbeitete, am Wochenende Zeit fand. Das war natürlich keine gute Lösung. Mochte sie auch dem Anschein nach praktische Vorteile bieten, so beschwor sie andererseits Schwierigkeiten herauf, die das Kind mit einer ganz eigenartigen Atmosphäre umgaben.

Ferner war offenkundig, daß die beiden Frauen zu alt waren, um die Rollen, auf die sie sich eingelassen hatten – die der Großmutter und die der Mutter –, mühelos übernehmen zu können. Sie hätten gut Urgroßmutter und Großmutter des Kindes sein können. Beide waren sie gleichermaßen hilflos und unfähig, mit den Problemen dieser Situation fertig zu werden. Sie zogen den Hausarzt zu Rate und teilten ihm ihre Sorgen mit. Er sollte sich nicht nur um Anne-Maries Gesundheit kümmern, sondern ihnen auch mit seiner Erfahrung helfen – wenn schon nicht im einzelnen bei der Erziehung des Mädchens, dann doch zumindest durch allgemeine Richtlinien. Dank seiner Ausbildung würde er ihnen – so hofften sie – einige sichere Rezepte zur Vermeidung folgenreicher Erziehungsfehler nennen können.

Unter dem Vorwand, es gelte, eine beginnende Rachitis im

Keim zu ersticken, verordnete der gute Mann vor allem frische Luft. Dieser Vorschrift war nicht schwer Folge zu leisten, zumal der Ort ideal geeignet war. Außerdem entwickelte der Arzt nach Rousseauschem Vorbild eine Theorie über die Vorteile, die es für Kinder hat, wenn sie sich ganz allein inmitten der Natur entfalten könnten. Er vergaß nur leider, daß er es mit zwei überaus gewissenhaften und gehorsamen Frauen zu tun hatte, die buchstabengetreu alles befolgten, was nach Verordnung oder Rezept aussah. Überdies war ihm entgangen, wie orientierungslos die beiden waren. Sie waren so verwirrt, daß sie keinerlei Urteilsvermögen mehr hatten. So taten sie, wie der gelehrte Mediziner ihnen geraten hatte, und überließen das Kind der Natur und sich selbst. Von Entfaltung konnte natürlich keine Rede sein . . .

Anne-Marie erlebte dieses Vorgehen als eine weitere Aussetzung. Sie verbrachte ihr Leben in frischer Luft und Verzweiflung – und büßte die Vertikalität ein, denn sie bewegte sich häufiger auf allen vieren als in aufrechter Haltung fort. Die Sprache – und mit ihr das Ensemble der ersten Erwerbungen – wurde mehr schlecht als recht wachgehalten durch die sporadisch auftauchende «Wochenendmutter». Doch als Anne-Marie fünf Jahre alt war, verlor sie die Sprache, nachdem man ihr die Polypen herausgenommen hatte. «Dieser Eingriff war eine Katastrophe für die geistige Verfassung des Kindes», erklärte die Adoptivmutter. «Sie wurde extrem furchtsam und verlor das Vertrauen in mich völlig. Nach Auffassung von Professor H., den wir konsultierten, haben die plötzliche Trennung von mir und die fremde Umgebung genügt, um bei dem außerordentlich sensiblen Kind diesen Schock hervorzurufen. Von einer Mandeloperation, die für einen späteren Zeitpunkt geplant war, hat er aus diesem Grund dringend abgeraten.»

So wirkte Anne-Marie bei dieser ersten Begegnung auf uns eher wie ein Menschenaffe, nicht wie ein junges Mädchen von dreizehn Jahren. Stark gekrümmt und hypotonisch, schien sie überhaupt kein stützendes Knochengerüst zu haben. Sie wich unseren Blicken aus und antwortete mit einigen Grunzlauten, die wohl «Ja» oder «Nein» bedeuten sollten und die so leise geflüstert waren, daß man sie kaum hören konnte.

Während wir das Kind beobachteten und die traurige Geschichte vernahmen, die die Mutter erzählte, dachten wir, daß nur wenig fehlte, um die Vorstellung von einem sechzig Kilometer von Paris entfernt aufgefundenen «Wolfskind» wachzurufen. Dieses hätte sich in seiner Struktur allerdings doch noch von Anne-Marie unterschieden, denn es wäre mit der Sprache nie in Berührung gekommen, so daß sein cochleärer oder sprachlicher Integrator keinerlei Stimulationen ausgesetzt gewesen wäre. Andererseits wären der vestibuläre und der visuelle Integrator sicherlich sehr stark beansprucht worden durch die Lebensumstände eines solchen «Wolfskindes», die sich natürlich grundlegend vom Hintergrund der Erziehung Anne-Maries unterschieden hätten. Der vestibuläre oder somatische Integrator, der nicht zur Sprache, das heißt zur Vertikalität hin ausgerichtet worden wäre, hätte eine ähnliche Funktion übernommen wie bei den Menschenaffen, während sich das Sehen zum wichtigsten Sinn entwickelt und dadurch dem ihm zugeordneten Integrator eine vorherrschende Stellung verschafft hätte. Der cochleäre Integrator, dem die Sprachfunktion unzugänglich geblieben wäre, hätte einfach als akustischer Detektor gedient.

In Anne-Maries Fall war von keiner dieser Strukturen richtiger Gebrauch gemacht worden. Zwar hatte der Vestibularapparat von allen drei Integratoren die meisten Reize empfangen, doch der lange Leidensweg des Kindes, die vielen Traumen, die es hatte hinnehmen müssen, hatten es gekrümmt, geduckt und tief in jene früheste Verzweiflung zurückgestoßen, die bei der ersten Aussetzung in ihm gewachsen sein muß.

Die Aussetzung ist sicherlich kein plötzlicher Entschluß, der im Moment der Geburt gefaßt wird. Während sie schwanger ist, sieht sich die Mutter selbst mit dem Gedanken konfrontiert, das Kind, dem sie das Licht und das Leben schenken soll, nicht anzunehmen. Nicht Knall auf Fall kommt es zur Ablehnung, sondern oft entsteht sie zusammen mit dem Kind bei der Empfängnis, wächst während der Schwangerschaft und reift zum Entschluß bei der Geburt. Düsteres Drama zweier Geschöpfe eines Fleisches, das auf immer zerreißt, während das Leben weitergeht in dem kleinen Wesen, das seinem eigenen Tod, seinem Schicksal überlassen ist, allein mit sich selbst und vollkommen auf andere angewiesen.

Anatomisch verläuft die Entwicklung zwar normal, doch psychisch geschieht praktisch gar nichts. Alles bleibt funktionell in der Schwebe, da sich nicht der Wunsch zu leben durchsetzt, sondern die Notwendigkeit zu überleben, in einem Leben zu bestehen, das der Tod vom Augenblick der Geburt an überschattet. In einem solchem Kampf, im Bemühen, das Handikap zu überwinden, stellen sich die Funktionen in seltenen Fällen besonders ausgeprägt und kräftig ein, meist aber anarchisch und rudimentär.

In Anne-Maries Fall wurden alle Versuche schon im Ansatz erstickt. Die Aussetzung war zweifellos das tiefste Trauma – und unter dem eben beschriebenen Blickwinkel auch das schwerwiegendste. Dann kam der Heimaufenthalt, das monatelange Warten, das aber dennoch ein gewisses Aufgehobensein ermöglicht haben dürfte. Auch das Verlassen dieser Situation wird nicht spurlos an dem Kind vorübergegangen sein. Zumindest wird es Angst in ihm geweckt haben. Erneuter Ortswechsel, erneuter Verlust der Wurzeln, der gewohnten Umgebung. Und wohin ging es? Glücklicherweise wird die liebevolle Zuwendung der neuen Mutter Anne-Marie getröstet haben. Doch das Kind sollte das endlich gefundene Paradies nur erblicken, um wiederum ständige, wöchentlich erneuerte Aussetzungen zu erleben, die sein ganzes Dasein dem Rhythmus dieser regelmäßigen Zurückweisung unterwarfen. Zu allem Überfluß kam dann noch die operative Entfernung der Polypen, die den Wunsch zu sprechen endgültig erstickte, einen Wunsch, dessen beharrliches Fortbestehen bis zu diesem Zeitpunkt ohnehin ein Wunder war.

Der cochleäre Integrator gab seine Funktion endgültig auf. Alles zerfiel. Auch der visuelle Integrator war nahezu inaktiv. Im Eingangsgespräch war kaum zu beobachten, daß Anne-Marie von ihren Augen Gebrauch machte. Offensichtlich schien das Kind keinen Anlaß zu haben, die cochleäre Funktion durch die Augen zu ersetzen. Sogar der vestibuläre Integrator war in seiner Entwicklung zurückgeblieben. Nur mühsam bewegte sich das Mädchen unter der Last seiner jungen, schweren Jahre. Kurz, alles befand sich in einem Zustand extremer Unreife. Die wenigen Ansätze zur Entwicklung der Integratoren waren sofort wieder durch die immer neuen Erfahrungen von Verlassenheit erstickt worden.

Anne-Maries Horchfunktion konnte rasch überprüft werden, da das Mädchen bereitwillig auf die Tests einging. Sie schien sogar erfreut zu sein, daß man sich um sie kümmerte. Die Ergebnisse zeigten, daß ihr Gehör recht gut und ohne schwerwiegende Mängel, die Fähigkeit zu horchen dagegen gleich Null war. Das war auch nicht anders zu erwarten. Sie war nicht in der Lage, hohe und tiefe Töne zu unterscheiden und sie räumlich einzuordnen, und sie verfügte nicht über das geringste Vermögen, Klänge zu analysieren. So war sie im sprachlichen Bereich nicht zur phonetischen Entschlüsselung fähig, und noch viel weniger vermochte sie natürlich Laute phonologisch zu erkennen. Allerdings war ihr Hören nach innen weitaus stärker entwickelt als ihre äußere Teilnahme, was in der übermäßigen Neigung zum Ausdruck kam, sich in sich selbst zurückzuziehen und in einer eigenen Klangwelt zu leben. So waren die geflüsterten Antworten, die sie uns gab, für sie selbst offensichtlich laut genug. Ihre eigene innere Wahrnehmung war besser als die Wahrnehmung der Umwelt. Keine Frage, daß nach außen die Tür praktisch versperrt war. Der Mangel an Anteilnahme, den sie bewies, wurde glücklicherweise ausgeglichen durch ihre Bereitschaft, neue Kontakte zu knüpfen. Sie erinnerte mich an eine Kerzenflamme, die zu erlöschen droht, doch beim geringsten Lufthauch wieder aufflackert, weil sie sich in einer absolut stillen Umgebung befindet. Zweifellos hatten es die Liebe und Zuwendung der Adoptivmutter verhindert, daß die Flamme völlig erloschen war. So lebte Anne-Marie in ihrer leidvollen Welt, und es war wahrhaftig kein Wunder, daß ihr die Last der schmerzlichen Erfahrungen zu schwer geworden war, die sie im Laufe ihres kurzen Lebens über sich hatte ergehen lassen müssen.

Aufgrund der Untersuchungsergebnisse sah ich gute Chancen, daß sie bei einer entsprechenden Erziehung zum Horchen rasch positive Reaktionen zeigen würde. Denn obwohl die Fähigkeit zu horchen nur im Keim angelegt war, bestand in ihr offensichtlich der Wunsch danach. Warum war Anne-Marie nicht autistisch geworden? Vermutlich wegen ihrer starken Natur, einer Flamme, die auch unter schwierigsten Bedingungen noch glomm, wenn auch ganz schwach. Sie verdankte es auch der liebevollen Fürsorge einer Adoptivmutter, die diese letzte Bindung ans Leben gegen alle Unbilden zu verteidigen vermochte.

Wir machten einen Termin aus und konnten sehr bald mit Anne-Maries Horcherziehung beginnen, schon wenige Tage nach unserem ersten Zusammentreffen. Wir entschieden uns für Intensivsitzungen mit gefilterter Musik unter dem Elektronischen Ohr. Auffälligstes Ergebnis war, daß Anne-Marie sich aufrichtete. Mit Einführung der Horchhaltung veränderte sich ihr ganzes Erscheinungsbild. Um die Dimension des Horchens – als Voraussetzung für die Sprachfunktion –

ging es, wie dargelegt, bei der Entwicklung zur Vertikalität. Man hatte das Empfinden, daß sich Anne-Marie buchstäblich entfaltete. Endlich sah man auch ihr Gesicht, das vorher nur dem Boden zugewandt gewesen war. Ja, manchmal leuchtete darin sogar ein Lächeln auf.

Während also der – inzwischen wohlbekannte – vestibuläre Integrator seine Tätigkeit aufnahm, fand auch der zweite Integrator Gelegenheit, sich einzuschalten. Anne-Marie betrachtete alles, was sich in ihrer Umgebung zeigte, und ihr Blick wurde mit jedem Tag wacher. Schließlich begann sie auch zu sprechen. Diese letzte Etappe zeigte uns, daß der cochleäre Integrator ebenfalls seine Funktionen aufnahm, nachdem er zuvor die beiden anderen Integratoren aktiviert hatte. Es läßt sich also an diesem Kind beobachten, wie die anatomische Entwicklung von Anfang an normal verlaufen war, während sich die funktionellen Strukturen, die zum Horchen führen, nicht ausgebildet hatten. Sie hatten in den Beziehungen zu anderen Menschen nicht die nötige Unterstützung gefunden, zu keinem Zeitpunkt, weder während des intrauterinen Lebens noch nach der Geburt.

Während dieser Zeit erwies es sich als unsere Hauptaufgabe, der Adoptivmutter zu helfen, die angesichts all der auftretenden Veränderungen, die sie zwar erhofft, mit denen sie aber nicht mehr gerechnet hatte, alle Vorschläge aus Angst vor neuen Enttäuschungen erst einmal zurückwies. Anne-Marie begann mit großem Eifer zu lernen und hatte bald alle ihre Versäumnisse aufgeholt, so daß ihrer Einschulung in die Anfangsklasse des Gymnasiums nichts mehr im Wege stand.

Hören wir zum Fortgang der Entwicklung die Frau selbst. In einem Brief vom 25. Juli 1960 schrieb sie:

«Mein lieber Herr Dr. Tomatis,
entschuldigen Sie die Anrede, die Ihnen ein bißchen zu vertraulich erscheinen mag, aber sie bringt die Dankbarkeit zum

Ausdruck, die ich Ihnen gegenüber empfinde, da Sie bereit sind, mir zu helfen, aus meiner kleinen Anne-Marie ein junges Mädchen zu machen, das sein Leben allein bestreiten kann.

Ich habe mir gedacht, daß es Sie vielleicht interessiert, ein paar Zeilen über sie zu hören. Gewiß ist noch ein langer Weg zurückzulegen. Trotzdem zeichnet sich eine gewisse Entwicklung ab, und ich freue mich darüber. Vielleicht darf ich Ihnen beim nächstenmal eine junge Ärztin vorstellen, die Anne-Marie seit gut vier Monaten einmal wöchentlich Unterricht erteilt. Mit dem Beginn der Sitzungen bei Ihnen sind diese Stunden unterbrochen worden, doch Mademoiselle G. hat häufig Gelegenheit, Anne-Marie zu sehen, und hat die Veränderungen sehr wohl bemerkt, die mit ihr vorgegangen sind, seit Sie sich um sie kümmern.   M. L.»

Ein paar Zeilen von Anne-Marie waren angefügt:

«Lieber Herr Doktor,
wir machen seit dem 2. Juli Urlaub in der Schweiz und bleiben hier noch bis zum 17. August. Wir sind am Lac Bleu. Mit dem Sessellift sind wir auch schon gefahren. Es gefällt mir gut. Ich lese viel. Das Wetter ist nicht sehr schön. Die Milch kommt von einem Bauernhof in der Nachbarschaft und schmeckt gut. Mama geht es gut. Heute haben wir fast einen schönen Tag. Es sind Wolken am Himmel, aber manchmal auch blaue Stellen.»

Ein anderer Brief vom 17. Mai 1961. Seit fast einem Jahr finden die Sitzungen zwei- bis dreimal wöchentlich statt, nur unterbrochen von den Ferien, und noch immer geht es im wesentlichen um die Erziehung zum Horchen. Noch immer auch beurteilt die Mutter die Ergebnisse positiv:

«Mein lieber Herr Dr. Tomatis,
am letzten Montag scheute ich mich, Sie mit einigen Fragen zu belästigen, die mich im Zusammenhang mit meiner klei-

nen Anne-Marie beschäftigen. Mademoiselle L., die immer so viel Verständnis zeigt, hat mir geraten, sie Ihnen schriftlich vorzulegen, wozu ich mich gern entschlossen habe.

Ganz ohne Zweifel haben Ihre Sitzungen zur Horcherziehung bei Anne-Marie eine Veränderung hervorgerufen, die alle, die sie kennen, in Erstaunen versetzt hat. Ein Beispiel unter vielen: Einer ihrer früheren Lehrer, mit dem wir noch in freundschaftlicher Beziehung stehen, hat kürzlich einen Spaziergang mit ihr gemacht. Als sie zurückkamen, hat er mir erzählt, Anne-Marie habe sich mit ihm über vieles unterhalten und dabei eine wache Beobachtungsgabe gezeigt. Sie unterscheide sich in nichts von einem Mädchen ihres Alters. Früher dagegen habe sie während eines solchen Spaziergangs kein einziges Wort gesagt.

Ich kann täglich beobachten, wie ihr Geist, ihr ganzes Wesen förmlich aufblüht. Ich habe sie in den letzten Tagen zum erstenmal singen hören, nachdem sie es mehrere Jahre unterlassen hatte, weil ihr eine Lehrerin törichterweise gesagt hatte, sie singe falsch.

Noch ein weiterer merkwürdiger Umstand: Während das Kind seit Jahren unter einer Verstopfung litt, gegen die sich weder mit Medikamenten noch mit körperlicher Bewegung etwas ausrichten ließ, hat sie jetzt plötzlich ohne irgendein Zutun täglich Stuhlgang. Gibt es da möglicherweise einen Zusammenhang?

Nun hat ja bekanntlich jede Medaille ihre Kehrseite, und so muß ich zugeben, daß das Kind durch den langen Weg, den es dreimal wöchentlich zurücklegt, doch sehr in seiner schulischen Leistung zurückgeworfen wird. Aufgrund ihrer Langsamkeit ist Anne-Marie gezwungen, abends lange aufzubleiben und morgens früh aufzustehen. Trotzdem kann sie dem Stoff der Sexta nicht folgen. Sogar in Englisch, einem Fach, in dem sie bis Mitte Februar wirklich gut war, hat sie nun ernsthafte Schwierigkeiten. Ich habe den Eindruck, daß sie erschöpft ist. Deshalb gestatte ich mir die folgende Frage:

Glauben Sie, daß sich in der Verwandlung des Kindes, für die ich Ihnen gar nicht genug danken kann, noch weitere Erfolge erzielen lassen? Wenn ja, so seien Sie versichert, daß ich Ihrem Rat blind Folge leisten werde. Oder glauben Sie, daß wir alles erreicht haben, was zu erreichen war? Ich verlasse mich ganz auf Sie und bitte Sie, diesen Brief zu entschuldigen. Ich grüße Sie und Ihre Frau in herzlicher Dankbarkeit. M. L.»

Zu diesem Brief ließe sich eine Fülle von Anmerkungen machen, zeigt er doch einerseits, was man von einer Horcherziehung erwarten kann, und andererseits, wie dies von einer Mutter erlebt wird. Es wird deutlich, welche Schwierigkeiten es der Frau bereitete, die Veränderungen der Adoptivtochter zu verarbeiten. Um ihre Besorgnis zu zerstreuen, antwortete ihr meine Frau umgehend – am 19. Mai – mit folgendem Brief:

«Liebe Frau L.,
Sie hatten völlig recht, sich an uns zu wenden und uns Ihre Sorgen bezüglich Anne-Marie mitzuteilen.

Die Erschöpfung, unter der sie gegenwärtig leidet, ist nur zu verständlich, bedenkt man, daß sie einerseits im letzten Trimester des Schuljahres steht und daß sie andererseits infolge der Behandlung großen Belastungen ausgesetzt ist, sowohl durch den Weg als auch durch die Sitzungen selbst. Es besteht jedoch überhaupt kein Anlaß zur Besorgnis, und wir raten Ihnen, die Sitzungen bis zum September zu unterbrechen.

Wir glauben, daß wir Anne-Maries Zustand noch erheblich verbessern können, und würden uns freuen, wenn wir sie nach den großen Ferien, ausgeruht und zu neuen Fortschritten bereit, wieder bei uns begrüßen könnten.

Wir stehen Ihnen jederzeit zur Verfügung.

Mit den besten Grüßen auch an Anne-Marie
Léna Tomatis.»

Und hier die Antwort der Mutter:

«Wie freundlich von Ihnen, Madame, mir so rasch zu antworten. Und wie sicher Sie die richtigen Worte der Aufmunterung und der Zuversicht finden, die man braucht, wenn man sich wie ich schon so lange Zeit um eine Sache bemüht, die man sich mit der ganzen Kraft seines Herzens wünscht. Pausenlos wiederhole ich den Satz ‹Wir glauben, daß wir Anne-Maries Zustand noch erheblich verbessern können› und weiß gar nicht, wie ich Ihnen dafür danken soll. Diese Zeilen mögen Ihnen vielleicht überschwenglich erscheinen, doch sie erklären sich aus der Angst, die ich mir zwar nicht anmerken lasse, aber die mich doch quält, seit ich begriffen habe, daß dieses Kind, dem ich so zärtlich zugetan bin, unter Umständen Schwierigkeiten haben könnte, sich in das normale Arbeitsleben einzugliedern. Und nun verflüchtigen sich all diese Probleme dank Ihrer und Ihres Mannes Arbeit. Meine kleine Anne-Marie hat sich so gründlich gewandelt, daß alle, die sie sehen, überrascht sind. Deshalb sage ich Ihnen aus tiefster Seele Dank und grüße Sie auf das herzlichste. M. L.»

Am 30. Dezember 1961 erhielt einer unserer Psychologiestipendiaten, der an einer Untersuchung über unsere Methode arbeitete und von einigen Eltern Berichte einholte, folgenden Brief von Madame L.:

«Bevor Anne-Marie das Pariser Institut besuchte, war sie ein Mädchen von höchst seltsamem Wesen. Stets zeigte sie sich mit hängenden Schultern, tief gesenktem Kopf, gelähmt von einer schrecklichen Schüchternheit. In ihren Schulleistungen hinkte sie zwei Jahre hinter ihren Altersgenossen her, und es war offensichtlich, daß ihr ihr schulisches Fortkommen völlig gleichgültig war. Außerdem hatte sie große Schwierigkeiten, sich auszudrücken.

Ich habe es schon mit den verschiedensten Mitteln versucht: sechs Jahre Heilgymnastik gegen die schlechte Haltung, Schwimmunterricht, der wegen der Bewegungsschwierigkeiten des Kindes abgebrochen werden mußte, obwohl er von einem Lehrer mit Spezialausbildung erteilt wurde, sowie heilpädagogischer Unterricht, für den gleichfalls ein Fachmann zuständig war. Unzählige Ärzte hatte ich vergeblich konsultiert, bis ich das Glück hatte, Dr. Tomatis kennenzulernen.

Heute ist Anne-Marie ein hübsches, lebhaftes Geschöpf. Sie hält sich fast ganz gerade. In der Schule zeigt sie großen Eifer und wird sicherlich bald sehr gute Ergebnisse erzielen. Sie hat noch Schwierigkeiten, ihre Gefühle zum Ausdruck zu bringen, was eher an unbegründeter Scheu als an mangelnder Intelligenz zu liegen scheint, doch ich hoffe, daß sie auch dieses Handikap noch überwinden wird.»

Anne-Marie besuchte das Gymnasium bis zur mittleren Reife und ließ sich zur Stenotypistin ausbilden. Nach einer Prüfung konnte sie schließlich Beamtin werden wie ihre Adoptivmutter.

Schließlich starben die beiden Frauen, die sich ihrer angenommen hatten – erst die Großmutter und dann auch die Adoptivmutter. Doch sie war in sich hinreichend gefestigt, um mit solchen Verlusterlebnissen fertig zu werden, wobei ihr sicherlich die Ablenkung durch die Anforderungen des Alltags halfen, die sie fortan zu bewältigen vermochte. Mir scheint diese Fallgeschichte, die zeigt, welche Kraft die Horchfunktion zu entfalten vermag, über die menschliche Anteilnahme hinaus, die sie weckt, bedeutsam zu sein. Am konkreten Fall zeigt sich, daß diese Funktion der entscheidende Induktor ist. Er bewirkt den Übergang zur Vertikalität, die ihrerseits zur Ausbildung der für die Sprache besonders wichtigen Lateralität führt.

Mit dem Horchen scheint die Artbildung des Menschen

einzusetzen, die auf einer Dreiheit beruht: Sprache – Vertikalität – Lateralität. Unter Artbildung versteht man im allgemeinen die Konvergenz mehrerer parallel vorkommender Strukturen. Nach meiner Theorie liegt indessen eine bestimmte Reihenfolge vor: Das Horchen führt zur Sprache, die ihrerseits die Vertikalität hervorruft, und diese wiederum ist die Voraussetzung für die sprachliche Lateralität. Ich unterscheide zwischen der Lateralität der Sprache und derjenigen, die sich in Umständen vor- und außersprachlicher Art manifestiert. Im Idealfall decken sich diese «Lateralitäten».

Bei diesem Kind hatte nichts seine funktionelle Reife erreicht. Man konnte noch nicht einmal von einer richtigen Fixierung sprechen. Es handelte sich um eine Funktionsschwäche aufgrund mangelnder Motivation zu horchen – als sei es dieser nicht gelungen, die ineinander verschachtelten Strukturen zu «entflechten». Alles war nur schwach angeregt. Nichts hatte sich so weit manifestieren können, daß es eine normale «psychologische» Dimension erreichte. Keines der drei Stockwerke – des vestibulären, visuellen und cochleären – hatte sich funktionell hinreichend entwickelt, um dominant werden zu können. Doch alles war latent in einer, ich wiederhole es, normalen Anatomie vorhanden. Das beweist die Tatsache, daß alles wiederbelebt und in einem Maße strukturiert werden konnte, das ausreichte, um einen harmonischen Zustand herzustellen. So wurde eine soziale Eingliederung und eine Unabhängigkeit möglich, an die noch wenige Jahre zuvor nicht zu denken gewesen war.

Ganz anders verhält es sich mit den Fällen, in denen die Entwicklung bis zu einem bestimmten Grad fortgeschritten ist, bis sie plötzlich blockiert und auf diesem Niveau fixiert wird. Auch hier ist bei normalem anatomischem Fortschritt eine funktionelle Dysharmonie zu beobachten. Vom Zeitpunkt der Fixierung an sind die psychischen Strukturen schlecht oder gar nicht entfaltet. Die Strukturen, die vor der

Fixierung angelegt wurden, formen sich aufgrund ihrer un-
verhältnismäßigen Entwicklung abnorm aus.

So verhält es sich im Falle des autistischen Kindes, das
psychisch noch nicht geboren ist. Es bleibt in dem uterinen
Universum und nimmt seine Umwelt wie durch eine Ka-
mera wahr, deren Objektiv der Geburtskanal ist. Es sieht
nach draußen, wie man durchs Fernrohr blickt: Gleichgültig registriert es die Bewegung der Dinge. Es spielt mit dem
Licht und dessen Unterbrechungen, der Dunkelheit, ist eingetaucht in eine aquatische Welt und weiß nichts von der
Urbeziehung, der des *initium*, die durch die Stimme der
Mutter *in utero* entsteht. Da dieses Kind den Wunsch, die
Stimme der Mutter zu hören, nicht hat wachhalten können,
hat es damit auch den Wunsch eingebüßt, den Klang des
Lebens zu erhorchen. Auf die Welt der fotografischen Re-
gistrierung beschränkt, verschließt es sich der Klangwelt
und ist nicht mehr in der Lage, die Bilder miteinander zu
verknüpfen, die für es keine reelle Bedeutung besitzen.
Ohne logischen Zusammenhang ziehen sie an ihm vorbei,
von einigen kurzen Bildfolgen abgesehen, die sich ständig
wiederholen. Sie geben Halt durch ihren repetitiven Ablauf,
aber zugleich machen sie ihm angst, weil ihnen die innere
Logik – oder besser: der Logos – fehlt. Dem autistischen
Kind gelingt es nicht, die verschiedenen Bilder miteinander
zu verknüpfen, ohne sie anzuschauen. Und während seine
anatomische Struktur fortschreitet, nehmen seine psychischen Strukturen den devianten Charakter einer entfrem-
denden Fixierung an.

Bleibt die Frage, wie es zu dieser Fixierung kommt. In
vielen Fällen scheint das Kind von der bloßen Lebenskraft
aus dem Leib der Mutter getrieben zu werden, ohne daß es
dieser gelingt, das Geschöpf wirklich zu gebären und ihm den
Wunsch zu vermitteln, fortan außerhalb ihrer selbst zu leben.
Es knüpft sich kein Band zur Wirklichkeit, denn das Kind ist
nicht geboren, sondern nur zur Gebärmutter hinausgetrieben

worden. So sind seine Erfahrungen völlig unwirklich, erlebt es sie doch, als sei es noch im Mutterleib. Zugleich sind sie nicht zu verwirklichen, weil es sich nicht mehr dort befindet. Es ist in eine Welt geworfen, die es nicht akzeptiert, es wünscht, an einem Ort zu bleiben, von dem es für immer ausgeschlossen ist. Autistisch sein, das heißt, auf eine seltsame Art nirgends zu sein.

Die Fixierung ist in einem solchen Fall offensichtlich vestibulärer Art. Diese Kinder verfügen über einen hervorragenden Gleichgewichtssinn und eine erstaunliche Geschicklichkeit, eine fotografische Geschicklichkeit, könnte man fast sagen. Man braucht sie nur vor ein Puzzle zu setzen, um sich davon zu überzeugen. Sie setzen es mit einer unglaublichen Geschwindigkeit zusammen, als hätten sie Augen überall. In der Tat scheint ihr ganzer Körper wie der des Argus mit Augen bedeckt zu sein. Sie sind von höchster visueller Wachsamkeit, doch ohne eine andere Möglichkeit der Integration als die der Form und der Automatismen, die durch sie ausgelöst werden. Der Starrsinn solcher Kinder ist sprichwörtlich. Wenn sie sich zu einer bestimmten Handlung entschlossen haben, dann sind sie von ihrem Vorhaben nicht abzubringen, und ihre Bewegungen laufen rasch und exakt ab. Wenn man sie hingegen an ihrem Vorhaben hindert, fühlen sie sich gepackt, angezogen von dem Objekt, auf das sie ihren fotografischen Blick geworfen haben. Doch in dieser leblosen Welt wird nichts erhorcht. Alles wird gesehen, folglich existiert alles, aber nichts kann sein, da nichts bezeichnet wird. Ihr Universum ist ein toter Gegenstand, dem kein Leben eingehaucht werden kann durch das Signifikans, das Bedeutung verleihende Zeichen, das dieses Universum in den Rang eines Signifikats, eines Bezeichneten, heben könnte. So bleibt die Welt der Autisten phänomenologisch im Bannkreis des Gesichtssinnes, von dem keine Brücke zum Horchen und folglich auch nicht zur Sprache führt. Natürlich verändert sich das Bild grundlegend, sobald das Horchen die Führung übernimmt. An diesem Beispiel erst verstehen wir das Bibelwort besser: «Höret, so werdet Ihr sehen.»

Natürlich gibt es auch die anderen Fälle, in denen alles einen als normal zu bezeichnenden Reifegrad erreicht hat, und glücklicherweise sind diese Fälle in der Mehrzahl. Manchmal ist jedoch die innere Organisation der Mechanismen der einzelnen Integratoren nicht völlig abgeschlossen. Die Folgen sind minimal im Vergleich zu dem zitierten Beispiel. Leichte Störungen sind alltäglich, etwa in Form von motorischen Beeinträchtigungen und Koordinationsproblemen, die vom vestibulären Integrator abhängen. Ebenso verhält es sich mit Lese- und Schreibschwierigkeiten, die eher den cochleären im Zusammenwirken mit dem visuellen Integrator betreffen. Solche leichten Störungen versucht man mit verschiedenen Verfahren zu beheben − von heilgymnastischen bis zu psychomotorischen Methoden für vestibuläre, von heilpädagogischen bis zu logopädischen für cochleäre Beeinträchtigungen. Es leuchtet ein, daß eine Schulung von Vestibularapparat und Cochlea, mit der man direkt am Ausgangspunkt, an der Ursache aller dieser Mängel ansetzt, die erwähnten Verfahren erheblich unterstützen kann.

In den Fällen, in denen alles fast normal erscheint, kann durch ein tragisches Ereignis das bislang Erworbene verlorengehen. Das kann plötzlich oder allmählich geschehen und alle Dinge betreffen, die schon zur festen Ausstattung des Betroffenen zu gehören schienen, wobei die Erwerbungen um so gefährdeter sind, je komplexer und jünger sie sind. So kommen wir hier auf das Thema zurück, das ich schon im ersten Kapitel angeschnitten habe: Sind die dort geschilderten Fälle als Beispiel einer Regression zu betrachten? Wer das meint, verkennt die Bedeutung, die dieser Terminus in der Medizin und der Psychologie besitzt. Wenn mich zum Beispiel eine Erinnerung aus meiner Kindheit überkommt, dann kann ich so weit gehen, daß ich ihr verbal oder gestisch Ausdruck verleihe. Deswegen handelt es sich aber noch lange nicht um eine Regression. Ich befinde mich in einer Situation, die derjenigen genau gleicht, die diese Erinnerung geprägt hat. Diese Prägung kann mehr oder weniger stark sein. Sie liegt mit großer Wahrscheinlichkeit in nonverbaler Form vor, wenn sie in der embryonalen Phase des intrauterinen Lebens gespeichert wurde. Daher erklärt sich die Unterschiedlichkeit der Reaktionen, je nachdem, ob vestibuläre oder cochleäre Engramme wachgerufen werden.

Hier läuft in der Tat ein im Gedächtnis gespeicherter Prozeß ab, der deshalb aber noch lange nicht als Regression zu bezeichnen ist. Der Psychiater aus dem Anfangskapitel zum Beispiel hat die Reminiszenz einer psycho-sensomotorischen Erwerbung erlebt, die in die funktionell ältesten Nervenzentren integriert war. Mit der Reifung des Nervensystems, die in etwa der genetischen Vorgabe folgt, kommen zu den archaischen Erwerbungen komplexere hinzu. In der Endphase werden sehr komplizierte Strukturen gebildet, die zu den eigentlich menschlichen Erwerbungen führen. Zu ihnen gehören die Urstrukturen unserer Art, denen sich später die Vertikalität, die Lateralität und schließlich die Sprache überlagern – die Triade also, die für den Menschen und den Prozeß der Menschwerdung charakteristisch ist.

Doch diese Endstrukturen besitzen eine Anfälligkeit, über die der französische Kliniker Jules Gabriel François Baillarger bereits 1865 berichtet hat. Er hielt sie für bloße Furniere auf den primären Grundstrukturen, die er der Kategorie der Automatismen zurechnete. Baillarger beschrieb einige Störungen des Nervensystems, die zu einem Verlust der jüngeren Erwerbungen führen. Diese scheinen noch nicht endgültig etabliert zu sein. Sie sind zwar eine evolutionäre Notwendigkeit, bleiben aber dennoch anfällig.

Wie berechtigt dieses «Baillarger-Prinzip» war, erwies sich, als Hughlings Jackson dessen Begründung nachlieferte. Dieser Arzt war zeit seines Lebens bemüht, die Richtigkeit der Baillargerschen Thesen zu beweisen. Unter Berufung auf die Arbeiten von Hubert Spencer hat er den Begriff «Auflösung» eingeführt, mit dem er die regressiven Erscheinungen bezeichnete, die den konstruktiven Prozessen entgegenwirken. Diese sorgen im Nervensystem für den Übergang vom ersten elementaren Akt zu komplexeren, gleichzeitig aber auch weniger organisierten Leistungen. Die Anfälligkeit betrifft also die jüngeren Erwerbungen in den höheren Zentren.

Die Regressionen sind das Gegenteil der Integrationen, die vom Einfachen zum Komplexen führen. Unter anderem erklären sie die Störungen von Willenshandlungen und ihre Verdrängung durch archaische Automatismen, die in den primitiven Zentren des Nervensystems enthalten sind. Auflösung heißt für Jackson die Zerstörung der höheren Funktionen, die, gelegentlich in großem Umfang, auch Unzulänglichkeiten der Automatismen in den niederen Zentren verdecken können. So kann der krankhafte Zustand Mängel und Fehler zum Vorschein bringen, die bis zu diesem Zeitpunkt weitgehend verborgen geblieben sind.

Regredieren heißt den Weg der Auflösung einschlagen, sich in eine der Evolution entgegengesetzte Richtung bewegen. Und Jackson hat bereits zu einem erstaunlich frühen Zeitpunkt auf den Umstand hingewiesen, daß die höchstentwickelten Strukturen, die die Grundlage für das Bewußtsein bilden, auf den vielfältigen Aktivitäten beruhen, die «in großer Zahl über den ganzen Körper verteilt sind, vor allem auf diejenigen Regionen, die in besonders hohem Maße an willkürlichen Handlungen beteiligt sind: die Muskulatur der Hände, der Augen, des Sprechens, des Netzhautapparates usw.» Auch André Ombredane weist in seiner Untersuchung ‹L'aphasie et l'élaboration de la pensée explicite› auf diese Auflösungsmechanismen hin und fährt fort: «. . . wenn auch der Bewußtseinszustand seine Besonderheit bewahrt, wenn man auch nicht sagen kann, daß ein Bewußtseinszustand einen Nervenzustand ‹verursacht› und umgekehrt, so läßt sich doch andererseits schwerlich behaupten, daß der Bewußtseinszustand eine ihrem Wesen nach von anderen völlig verschiedene Nervenaktivität voraussetzt. Je intensiver die Bewußtseinszustände sind, desto weniger organisiert, desto komplexer sind die entsprechenden nervösen Verhältnisse und desto weniger automatisch sind auch die Handlungen, die sie steuern. Mit anderen Worten: Die Regression bedeutet immer auch eine mehr oder minder tiefreichende Beeinträchtigung der Mechanismen des Nervensystems.»

Im übrigen sollte man sich hüten, gleich von «Regression» zu sprechen, wenn die Entwicklung eines Kindes etwas hinter der normalerweise beobachteten herhinkt. Ein Kind etwa, das in der Schule zurückbleibt, befindet sich zwar in einem schmerzvollen und schwierigen psychischen Zustand, doch seine Persönlichkeit erleidet dadurch keine tiefgreifenden Veränderungen. Es mag retardiert sein – und auch das meist nicht unwiderruflich –, doch die tieferliegende dynamische Struktur ist nicht tangiert. Wenn die Krankheit hingegen einen Bereich betrifft, der aus vielfältigen Gründen anfällig und wenig gefestigt ist in seiner inneren Struktur, wird die Entwicklung endgültig zugunsten früherer Zustände aufgegeben. Dann haben wir es tatsächlich mit Regression zu tun.

Ganz anders verhält es sich bei der Wiederbelebung eines früheren Zustands, der sich notwendigerweise nichtsprachlich manifestiert, sich aber heute gewissermaßen sprachlich durch bildhafte Hervorrufung der gleichen propriozeptiven Empfindungen wiederentdecken läßt. Die Literatur ist voll von solchen Verweisen, solchen Echos der Vergangenheit, so alt wie die intrauterinen Erfahrungen, die in den zuerst aktiv gewordenen Nervenkernen engrammiert sind. Es hat den Anschein, als blieben die betreffenden Informationen im Bereich dieser Zentren lokalisiert, die wie winzige Gehirne funktionieren. Es bedarf dann eines Impulses von stark mobilisierender, wiederbelebender Kraft, um die Erinnerungen, die in diesen Zentren eingeschlossen sind, zu reaktivieren und dem Hirn zu übermitteln, wobei sie den ihnen entsprechenden Körperausdruck finden und nachher dank der Sprache evoziert werden können, ohne die Gestik hinnehmen zu müssen.

Ich komme noch einmal auf den Fall des Psychiaters zurück, der sich ohne Sprache ausdrückte, zusammengekrümmt wie ein Embryo, der unwiderstehlichen Kraft Folge leistend, die vom vestibulären Hirn ausging: Hier können wir sagen, daß er eine «Erinnerung» wiedererlebte, die in der Geste engrammiert war. Wenn ein solcher Prozeß ausgelöst wird, ist der Wille mit Gewißheit ausgeschlossen und würde auch nichts gegen diesen übermächtigen Impuls auszurichten vermögen. Ein Eingreifen im Bereich der vestibulo-cochleären Zentren mit Hilfe der gefilterten Töne kann diese Erwerbungen reaktivieren und relativieren, so daß sie fortan ihrer tatsächlichen Bedeutung entsprechend eingeordnet werden.

Ein Beispiel ist am ehesten einleuchtend für jemanden, der kein Psychologe ist und nicht täglich mit diesen Konzepten umgeht. Doch ist der folgende Fall erst richtig zu verstehen, wenn man weiß, was Regressionen im Gegensatz zu Reminiszenzen sind und was allgemeine Unreife zu bedeuten hat. Und alles wirkt sich, wie gezeigt, auf die Funktionen aus.

Die am Anfang des Buches beschriebenen Fälle haben uns mit den Reminiszenzen vertraut gemacht. In Anne-Maries Geschichte wurde eingehend ein Fall von Reifungsverzögerung erläutert. Betrachten wir nun einen Fall von Regression. Das Kind wies, zumindest zu Beginn seines Lebens, keine großen Beeinträchtigungen anatomischer Art auf. Möglicherweise hätte eine sehr genaue Analyse dennoch Veränderungen des Nervensystems gezeigt, die der groben Betrachtung nicht zugänglich waren.

Ich will diesen Fall echter Regression schildern, um die grundlegenden Unterschiede deutlich zu machen, die etwa zum Erlebnis des Psychiaters bestehen, der durch die Kraft der vestibulären Reaktionen in nonverbale Ausdrucksformen zurückfiel, oder zur Geschichte Anne-Maries, bei der alles latent vorhanden war. Wir sahen, daß die Schädigungen bei ihr nicht so schlimm waren, wie man hätte fürchten können. Die liebevolle Zuneigung der Adoptivmutter hatte verhindert, daß sich die Verzögerung ihres Reifungsprozesses stärker ausgeprägt hatte. Wahrscheinlich wäre es spätestens beim Tod der Adoptivmutter zu Auflösungserscheinungen gekommen, wenn wir nicht durch unser Eingreifen die Reifung und die Entwicklung einer inneren Dynamik hätten fördern können, wodurch es Anne-Marie möglich wurde, sich auf allen Gebieten zur Selbständigkeit zu entwickeln. An diesem Fall wird im übrigen ersichtlich, wie eine jahrelang stagnierende psychische Entwicklung die Entfaltung der funktionellen Dynamik verhindert. Diese schien nicht vollständig zum Abschluß gekommen zu sein, wie ein Bauwerk, das, aus welchen Gründen auch immer, von den Fundamenten bis zum Dachfirst unvollendet bleibt. Bei dem Psychiater hingegen kam es infolge seiner Einstellung und der intellektuellen Widerstände, von denen ich berichtet habe, sowie einer erheblichen vestibulären Beteiligung, die unser Horchtest aufdeckte, zu einer förmlichen Explosion der Erinnerungen, die im Nervennetz aufbewahrt waren. Bei ihm mußte sich eine dynamische Reorganisation aller Integratoren vollziehen, damit die bislang nur in dem vestibulären Integrator gesammelte Information weitergegeben und endlich in Worte gefaßt werden konnte. Vor dem Akt der Reminiszenz ist eine Verbalisierung nicht möglich gewesen. Erst durch ihn eröffnet sich die Möglichkeit, die Erinnerung zu kortikalisieren, das heißt bewußtzumachen, indem man sie auf die sprachliche Ebene hebt. Erst dann kann man sagen, daß die Übertragung vom vestibulären auf den cochleären Integrator vollzogen ist.

Hélènes Fall dagegen soll uns als Beispiel für eine Regression dienen.

Hélènes Geschichte

Hélène war ein hübsches Kind von mittlerer Größe, mit hellblauen Augen und schönem blonden, gelockten Haar. Die helle Haut ihres Gesichts war mit Sommersprossen übersät. Ihre Hände waren lang und feingliedrig, die Finger zart und kraftlos. Sie wirkte wie eine lächelnde, ängstliche Puppe, und wir hatten den Eindruck, daß sie durch ihr freundliches Auftreten den Kontakt eher vermeiden als anknüpfen wollte. Der Blick aus ihren leuchtenden Augen war unruhig und weigerte sich gewissermaßen, den Dialog aufzunehmen.

Alles war sehr klein an ihr, aber wohlproportioniert, als wäre sie seit längerem nicht mehr gewachsen. Ihre Haltung war schlecht, der Rücken gekrümmt, der Kopf gesenkt. Sie richtete sich nur auf, um, wie Anne-Marie, mit kaum hörbarer Stimme «Ja» oder «Nein» zu antworten. Um sie zu verstehen, mußte ich mich hinunterbeugen und mein Ohr ganz nahe an ihr Gesicht bringen. Ich war verblüfft von der Starrheit ihrer Körperhaltung, der Knappheit und und Langsamkeit ihrer Bewegungen, als würde ihre Motorik sich im Zeitlupentempo vollziehen. Ihre Arme klebten am Körper, während sie nur kleine, unsichere Schritte machte.

Hélène war zwölf, als sie von ihrem Großonkel, ihrer Großtante und deren Schwester zu uns gebracht wurde. Seit dem Tod der Mutter waren sie die Ersatzeltern des Kindes. Und während das Kind unter der Anleitung eines unserer Psychologen der üblichen audio-psycho-phonologischen Abklärung unterzogen wurde, erzählten mir die Adoptiveltern, welche Umstände dafür verantwortlich waren, daß Hélène seit einigen Jahren praktisch nur noch dahinvegetierte.

Ich begegnete ihr 1958 zum erstenmal. Die Tragödie, die Hélènes Leben zerstört hatte, reichte in das Jahr 1952 zurück. Die Anamnese erbrachte folgendes: Die jüdische Mutter floh aus der besetzten Zone Frankreichs, um nicht in die Hände der Deutschen zu fallen. Deren Eltern kamen in Auschwitz ums Leben. Die Schwestern der Mutter konnten sich in Südfrankreich in Sicherheit bringen. Hélènes Mutter war damals sechzehn Jahre alt. Sie lebte allein in Nizza und mußte für sich selber sorgen. Sie hatte verschiedene Stellungen, bevor sie Verkäuferin in einem Geschäft wurde, wo ihr die Inhaber glücklicherweise in jeder Hinsicht behilflich waren – eine neue Erfahrung für sie. In einem Kaufhaus, in dem sie zuvor beschäftigt gewesen war, hatte sie einen Mann kennengelernt, der sie jedoch nur verführen wollte. Das war ihr einziges Abenteuer, das sie nur noch mehr verletzte und verschreckte.

Als Hélènes Mutter von den neuen Arbeitgebern auf eine Art aufgenommen wurde, die weit über das Anstellungsverhältnis hinausging, lebte sie auf und begann, sich ein neues soziales Leben aufzubauen. Mit zwanzig begegnete sie einem anderen Mann, den sie dann auch heiratete. Er war ebenfalls Jude und nach Südfrankreich geflüchtet. Die Ehe schien glücklich zu sein. Zwei Kinder gingen aus ihr hervor: Hélène und ein zwei Jahre jüngerer Bruder. Alles schien sich zum Guten zu wenden. Hélènes Mutter fühlte sich immer geborgener, faßte jeden Tag mehr Vertrauen zum Leben und zeigte neue Tatkraft. Sie begann wieder mit anderen Menschen zu sprechen, wobei sie sich vor allem ihrem Mann gegenüber öffnete. Sie mußte annehmen, daß sie ihm in der Vertrautheit der Ehe ihre ganze Vergangenheit mitteilen könnte, das Schicksal der Familie, den schmerzlichen Verlust der Eltern und die Schwierigkeiten, die sich daraus für sie ergeben hatten. Sie berichtete sogar von dem Abenteuer, dem einzigen, das sie gehabt hatte, mit jenem Mann, der sie verführt hatte.

Überrascht mußte sie feststellen, daß ihr Mann tief getroffen war und völlig aus dem Gleichgewicht geriet. Er war eifersüchtig auf seinen Vorgänger und wurde von seinen Vorstellungen so gepeinigt, daß sich sein ganzes Wesen veränderte und er anfing, seine Frau zu quälen und damit die

Familie zu zerstören. Täglich kam es zu häßlichen Auftritten.
Stets gipfelten sie in dem bösen und verletzenden Vorwurf,
daß sie ihn betrogen hätte. So unglaublich es klingt, dieser
psychisch gestörte Mann bezeichnete seine Frau eines Tages
als Hure. Das war zuviel. Während er zur Arbeit ging, stürzte
sich Hélènes Mutter aus dem Fenster. Hélène befand sich in
der Wohnung und erlebte den Suizid der Mutter (die geglaubt
hatte, allein zu sein) aus nächster Nähe mit.

Sechs Jahre war Hélène damals. Und ihr Wunsch zu leben erlosch im gleichen Augenblick, als ihre Mutter ver-
schwand. Ihre Welt brach zusammen. Sie verkümmerte,
und das um so mehr, als ihre traumatischen Erfahrungen
mit dieser Tragödie noch nicht vorüber waren. Verständli-
cherweise wurde der Vater von schrecklichen Schuldgefüh-
len heimgesucht. Er zog sich in die Alpen zurück, hielt sich
vor den Menschen versteckt. So kümmerten sich die Verwandten mütterlicherseits um die Kinder: der Großonkel
und seine Frau sowie deren Schwester, beides Schwestern
von Hélènes Großmutter. Sie waren alle schon etwas älter,
versuchten aber ihr Bestes. Nachdem sie sich gründlich
über Kindererziehung informiert und überall Ratschläge
eingeholt hatten, stießen sie auf ein Ehepaar, dessen päd-
agogische Fähigkeiten und familiäre Tugenden überall ge-
rühmt wurden. Dieses vorbildliche Paar lebte im Departe-
ment Allier bei Vichy.

Für teures Geld wurden die Kinder in diesem bevorzugten
Heim untergebracht. Einige Monate vergingen. Die Nach-
richten, die man von dem tugendhaften Paar hörte, waren
zufriedenstellend. Doch nach einiger Zeit wurde eine der
beiden Großtanten mißtrauisch, und eines Tages statteten
die Vormunde den Kindern einen Überraschungsbesuch ab.
Sie fanden sie in einem Hühnerstall, fast nackt, wie Tiere
lebend, ohne zu sprechen, ohne menschlichen Kontakt . . .
Man kann sich kaum vorstellen, daß solche Dinge geschehen,
doch sie kommen leider häufiger vor, als man glaubt.

Die seelische und körperliche Verfassung der beiden Kinder bedarf sicherlich keiner näheren Beschreibung. Zwar wurde Klage gegen das Ehepaar erhoben, doch das konnte die Familie kaum trösten. Von diesem Augenblick an begann der «ärztlich-psychologisch-psychiatrische» Kreislauf. Der Junge erholte sich rasch und konnte dem Vater anvertraut werden, der ein gewisses Gleichgewicht wiedergewonnen hatte. Um Hélène, die viel schwerer betroffen war, kümmerten sich auch weiterhin die Ersatzeltern, die alles versuchten, um eine Lösung für ihre Probleme zu finden. Zu diesem Zeitpunkt wurde das Kind auch uns vorgestellt.

Bei ihr war es zu einer so schwerwiegenden Auflösung ihres ganzen Wesens gekommen, daß auch der Körper davon nicht unbeeinträchtigt geblieben war. So wog sie zum Beispiel viel zu wenig. Sie lebte auf so kleiner Flamme, daß sie fast nichts verzehrte, was ihre Situation natürlich nicht verbesserte. Wir versuchten mit gefilterten Tönen den Wunsch zum Horchen zu wecken. Die Reaktion ließ nicht auf sich warten. Der Schlaf wurde ruhiger. Die Alpträume verschwanden. Der Appetit kehrte zurück. Hélène fand ihre aufrechte Haltung wieder und wurde lebhafter, litt aber nach wie vor unter Phasen tiefer Traurigkeit. Nur mit der Sprache ging es nicht voran. Dabei erschien sie ausgesprochen gern zu den Sitzungen im Institut. Offensichtlich nahm sie mit echtem Interesse daran teil.

Bei diesem Kind war eine Reaktivierung des vestibulären und des visuellen Integrators zu beobachten. Allmählich veränderten sich Hélènes Zeichnungen, unter anderem ihre Baumzeichnungen. Bei der Eingangsuntersuchung hatte sie einen winzig kleinen, wenn auch vollkommenen Baum in die obere linke Ecke des leeren Blattes gezeichnet, das man ihr vorgelegt hatte. Alle ihre Zeichnungen entsprachen in den Ausmaßen ihr selbst und waren auch so sauber, ordentlich und gepflegt wie sie. Sie war überaus penibel mit ihrer Kleidung und duldete nicht den kleinsten Fleck darauf. Nach einer Reihe von Sitzungen mit gefilterten Tönen hatten sich die Zeichnungen verändert. Sie waren größer geworden und langsam von der linken oberen Ecke in Richtung Mitte gewandert.

Jeder Tag brachte neue Ereignisse, Fakten, die zeigten, daß das Mädchen erwachte und neue Beziehungen zum Leben knüpfte. Gleichzeitig regte sich, wenn auch sehr vorsichtig, der Wunsch nach Kommunikation. Sie taute mir gegenüber auf, dennoch blieben unsere Territorien durch eine Art Grenze getrennt. Über eine bestimmte Art von Beziehung, die ein für allemal festgelegt schien, durfte ich nicht hinausgehen. Versuchte ich es, zog sie sich sofort zurück. Es gab da offenbar eine Schmerzzone, der sie auswich. Da sie jedoch in anderen Bereichen so gute Fortschritte machte, hofften wir, daß das Hören der gefilterten Töne eines Tages alle Widerstände überwinden würde, mochten sie auch noch so heftig sein.

Im Laufe einer zweiten Sequenz von Sitzungen – die erste dauert in der Regel drei Wochen, die zweite acht Tage – verfiel Hélène in eine unsagbare Verzweiflung, die sie mehrere Stunden lang weinen ließ. Dieser Zustand hielt drei Tage an, dann begann sie, mir vom Tod ihrer Mutter zu erzählen. Noch einmal durchlebte sie die ganze schreckliche Tragödie. Bis in die kleinste Einzelheit berichtete sie mir von dem traurigen Ereignis. Ich erklärte ihr daraufhin, daß ihre Mutter nicht tot sei, da es doch sie, Hélène, die Tochter, gebe und die Muter in ihr fortlebe. Ihre Reaktion war außerordentlich positiv. Ihr Gesicht hellte sich auf, und von nun an machte sie rasche Fortschritte. Sie konnte eingeschult werden, kam in ein Internat und begann gleichzeitig mit der Berufsausbildung. Sie war sechzehn Jahre alt, als wir sie aus den Augen verloren.

Dieser besonders schmerzliche Fall verdient unsere Aufmerksamkeit aus zwei Gründen: Erstens handelt es sich um eine Regression mit Auflösung. Er zeigt nicht nur Beeinträchtigungen der Entwicklungsprozesse, sondern auch Verluste früherer Erwerbungen. Zweitens: Die ontogenetische Entwicklung läßt sich durch das Horchen wieder in Gang setzen, wodurch vorhandene latente Möglichkeiten geweckt werden.

Die verschiedenen Fälle zeigen uns, daß Menschen durch besonders schwierige und schmerzliche Lebensumstände an der harmonischen Entfaltung ihrer psychischen Strukturen gehindert werden können. Alle neuen Stufen, die nicht mit der anatomischen Entwicklung Schritt zu halten vermögen, bauen sich gewissermaßen nicht in Längsrichtung auf, wie es die Projektion in der Zeit verlangen würde, sondern ballen sich um einen bestimmten Punkt zusammen, der zu einem Ort der Fixierung wird. Fortan gibt es eine Diskrepanz zwischen der körperlichen Entwicklung und der des Verhaltens.

Es scheint also recht schwierig zu sein, jede dieser Stufen ohne Zwischenfälle zu erreichen. Jedenfalls bestätigen uns das unsere Erfahrungen, denn immer ist der Prozeß der Menschwerdung schwierig und schmerzlich. So paradox es klingen mag: Jeder muß sich von vielem befreien, um seine Dimension der Größe zu finden.

Das Horchen ist zweifellos der Anziehungspunkt der Entwicklungsspirale. Jede Unterbrechung oder Schwächung beeinträchtigt die Dynamik der Entwicklung, und der Mensch erlebt eine Welt, die sich ständig wiederholt und die sich im Kreis dreht, ohne voranzukommen.

Von allem, was ich in diesem Kapitel dargestellt habe, ist besonders eines wichtig: daß durch die Reaktivierung der Horchfunktion die psychischen Systeme wieder in Gang gesetzt werden, die in einem bestimmten Stadium blockiert waren. So kann man den Betroffenen zur normalen Entwicklung dadurch zurückführen, daß man im Sinne der ontogenetischen Entwicklung auf sein Ohr einwirkt und es zum

Horchen anleitet. Dabei muß besondere Aufmerksamkeit dem Zeitpunkt gelten, zu dem die Entwicklung zum Stillstand gekommen oder zumindest von der Normalität abgewichen war.

Aus anderen
Forschungen

Die Vielzahl der in den letzten fünfzehn Jahren veröffentlichten Forschungsarbeiten zum intrauterinen Leben und insbesondere zum fetalen Hören zeigt deutlich, daß man den Ereignissen, die die Entwicklung des Menschen vor der Geburt prägen, ein immer größer werdendes Interesse entgegenbringt.

Während ich Hypothesen vorbrachte, die den Fachleuten anfangs reichlich abenteuerlich erschienen, suchte ich zugleich in den goldenen Büchern unserer Wissenschaft nach Anhaltspunkten, mit denen sich die These vom fetalen Horchen stützen ließ. Bei der Durchsicht lange zurückliegender Veröffentlichungen stieß ich auf einen Aufsatz aus dem Jahr 1927, in dem H. S. und H. B. Forbes berichteten, daß Feten auf Töne mit motorischen Reaktionen antworten. 1935 beschrieben L. W. Sontag und R. F. Wallace in einer etwas genaueren Untersuchung, daß der Fetus für Schallreize empfänglich ist und dies aktiv manifestiert. Mit dem gleichen Gegenstand beschäftigte sich eine Studie, über die J. Bernard und L. W. Sontag 1947 berichteten. Es hieß dort, der Fetus reagiere auf Tonhöhen.

Nach diesen vielversprechenden Anfängen dauerte es dann aber fünfzehn Jahre, bis man sich 1962 endlich wieder mit den Reaktionen auf akustische Stimulationen beschäftigte. K. P. Murphy und C. M. Smyth, der eine Audiologe, der andere Gynäkologe, berichteten folgendes:

«Als wir etwa 1960 mit der Untersuchung der Ursachen für angeborene Taubheit im Fachbereich Geburtshilfe des University College Hospital begannen, konnten wir beobachten, daß die Herzfrequenz des Fetus erheblich zunahm, wenn wir reine Töne durch die Bauchwand der Mutter leiteten.

Es handelte sich um Töne von 500 bis 4000 Hertz, übertragen durch die Hörer eines Audiometers. Die reinen Töne wiesen im Hörer eine Intensität von 100 Dezibel (0,0002 dyn/cm²) auf.

Ergebnisse:

1 – Nicht getestet
Hinreichende Erweiterung des fetalen Herzens
Sichtbare Reaktionen bei 500 Hz
Sichtbare Reaktionen bei 4000 Hz

	Puls/s
2 – Herzfrequenz	
Mittlere Frequenz der getesteten Population	133,9
Mittlere Beschleunigung nach einer fetalen Aktivität	9,2
Mittlere Beschleunigung nach einer Stimulation von 500 Hz	16,8
Mittlere Beschleunigung nach einer Stimulation von 4000 Hz	10,7

Bei dieser Untersuchung haben wir auch die Feten zweier Diabetikerinnen untersucht. Bei Verwendung audiogener Stimulation haben wir festgestellt, daß sich Veränderungen der Herzfrequenz in beiden Fällen im Alter von dreißig Wochen nach der Empfängnis ergaben. Im Alter von vierunddreißig Wochen konnten wir mit der gleichen Technik keine nennenswerten Veränderungen mehr feststellen, obwohl die Herzfrequenzen auf dem EKG noch erkennbar waren. Später kamen die beiden Kinder als Totgeburten zur Welt.

Wir haben von Anfang an Apparaturen verwendet, die sicherstellten, daß die Mutter die Töne nicht hörte, während wir die Ergebnisse aufzeichneten. Unter diesen Bedingungen konnten wir die Herzfrequenz sowohl der Mutter als auch des Fetus messen. Nach einer kurzen Probephase baten wir die Mutter, die Kopfhörer eines neben dem Bett stehenden

Radios aufzusetzen, um sie von der Harmlosigkeit des Experiments zu überzeugen und ihr jegliche Angst zu nehmen. Die Töne aus den Kopfhörern überlagerten alle Töne aus der Luft, und die Mütter merkten nach eigener (und experimentell verifizierter) Aussage nichts vom Beginn der Schallstimulation und hatten auch keinerlei taktile Empfindung.

Zu Beginn haben wir uns mit Hilfe eines Tokodynamometers davon überzeugt, daß es zu keinen Gebärmutterkontraktionen kam. Sobald wir über einen Schallwandler verfügten, der uns ohne Intensitätsverlust einen Ton von 4000 Hz lieferte, konnten wir darauf hoffen, ausschließlich cochleäre Reaktionen aufzuzeichnen.»

Damit begann die fetale Audiometrie. Zahlreiche Forscher wandten sich ihr zu. Wenn man auf verschiedenen Frequenzebenen die Schallreizschwelle bestimmen kann, ergibt sich eine Reaktionskurve in Form des Audiogramms. In Stockholm begannen B. Johanson, E. Wedenberg und B. Westin die Frage bereits zu ergründen: Der eine beschäftigte sich vor allem mit Problemen der Akustik, der andere versuchte festzustellen, welche Hörschäden beim Kind während des intrauterinen Lebens erkennbar sind, während der dritte seine gynäkologischen Fachkenntnisse einbrachte. 1967 veröffentlichten sie ihre Ergebnisse und gedachten dabei auch der Wissenschaftler, die sich vor ihnen mit diesem Forschungsgebiet beschäftigt hatten:

«Man hat bereits nachgewiesen, daß das Neugeborene auf akustische Reize reagiert und daß man am Fetus bestimmte audiometrische Messungen vornehmen kann (E. Wedenberg, 1956). Etwa nach vierundzwanzig Wochen intrauterinen Lebens sind die Cochlea und die sensorischen Endorgane normal entwickelt (F. C. Ormerod, 1960; T. H. Bast, 1949). Messungen an Frühgeburten, die nach siebenundzwanzig oder achtundzwanzig Schwangerschaftswochen zur Welt kamen, ergaben, daß ein Fetus dieses Alters auf akustische Stimulation mit einer veränderten Pulsfrequenz reagiert (E. Wedenberg, B. Westin, 1958, unveröffentlichter Artikel). Solche Reaktionen des Fetus konnten unlängst aufgezeichnet werden (K. P. Murphy, 1962; K. Fleischer, 1955). Bei Frequenzen unter 1500 Hertz ist auch der taktile Reiz nicht zu vernachlässigen. Bei den Reaktionen Erwachsener muß man Frequenzen über 1500 Hertz verwenden, um die Möglichkeit einer Reaktion auf Vibration auszuschließen (V. O. Knudsen, 1928) . . .

Für diese Untersuchung haben wir Frauen zwischen der dreiunddreißigsten und achtunddreißigsten Schwangerschaftswoche ausgewählt, also Frauen, die zwei bis sieben Wochen vor ihrer Niederkunft standen. Sie lagen auf einem Bett, mit dem Kopf etwas niedriger als mit dem Körper, um die Gefahr einer Kreislaufstörung infolge der liegenden Position soweit wie möglich einzuschränken. Daraufhin lokalisierten wir den Kopf des Fetus und markierten auf der Haut der Schwangeren die Stelle, auf die der Vibrator gesetzt werden sollte. Dann wurde das Mikrofon eines Phonokardiographen dort angesetzt, wo die Herzschläge des Fetus am besten zu hören waren. Wir forderten die Frauen auf, sich während des Experiments zu entspannen.

Nach einer Erholungszeit von fünf bis zehn Minuten begannen wir mit den Kontrollmessungen an den Frauen, bei denen die Herzschläge des Fetus ohne Stimulation aufgezeichnet wurden. Interessanterweise hatte es auf die Reaktionen des Fetus überhaupt keine Auswirkungen, wenn man hinter dem Kopf der Schwangeren in die Hände klatschte, den Vibrator anwendete oder ihr über den Kopfhörer ein Übertönungsgeräusch zuleitete.»

Die Autoren berichten, wie sie die Schallübertragung durch die Bauch- und Gebärmutterwand experimentell untersuchten. Sie setzten einen Vibrator auf den Unterleib und führten ein Mikrofon in die Gebärmutter ein, dies natürlich nicht bei

Schwangeren. Um ferner Hautreaktionen auf die Töne zu vermeiden, verwendeten sie nur Frequenzbereiche über 1000 Hertz. Sie stießen dabei auf ein ähnliches Kurvenplateau, wie ich es mit dem «Spezialanalysator» erhalten hatte, der, wie beschrieben, die tiefen Töne ausblendet (Abb. 50).

Von einem ähnlichen Forschungsansatz berichteten B. Dwornicka, A. Jasienska, W. Smolarz und R. Wawryk in einem Referat, das sie 1964 im polnischen Zabrze (Hindenburg) vor der Medizinischen Akademie Schlesiens hielten. Sie unterstützten darin die Hypothese vom fetalen Horchen und führten aus:

«Die Autoren haben die fetalen Herzrhythmusreaktionen bei zweiunddreißig Frauen im letzten Schwangerschaftsmonat untersucht. Die Ergebnisse wurden bei Tönen zwischen 1000 und 2000 Hertz erzielt, Stärke 100 Dezibel, Dauer 5 Sekunden. Die Pulsfrequenz der Mutter und des Fetus wurden vor, während und nach der Beschallung mit Hilfe eines Hellige-Phonokardiographen aufgezeichnet.

Die Beschleunigung des Herzschlags in der Gruppe mit Tönen über 1000 Hertz betrug im Durchschnitt 7 Schläge pro Minute. In der Gruppe mit Tönen über 2000 Hertz ergab sich eine Zunahme von 11 Schlägen pro Minute. Der Puls der Mütter zeigte keinerlei Beschleunigung, weder während der Beschallung noch danach.»

Die Autoren fahren fort:

«Um mögliche Einflüsse äußerer Stimulation, etwa die Berührungsreize durch Anlegen des Stethoskops, völlig ausschließen zu können, untersuchten wir fünfzig Schwangere ohne Schallreizung. In der Kontrollgruppe ergab sich keinerlei fetale Pulsbeschleunigung.»

Bemerkenswert ist auch die Technik, die die Forscher verwendeten, gibt sie uns doch eine bessere Vorstellung von der Durchführung des Experiments:

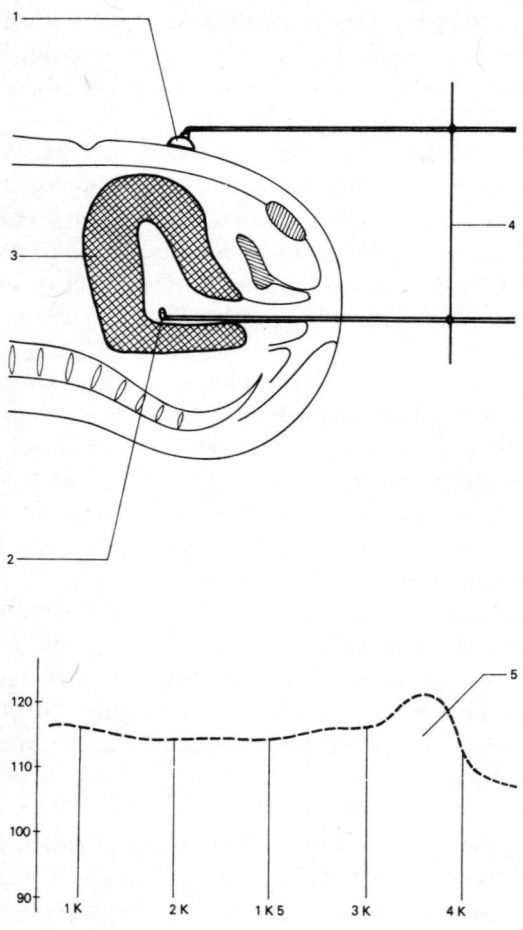

Abb. 50: 1 Vibrator – 2 Mikrofon – 3 Gebärmutter – 4 Haltevorrichtung und Positionsanzeige – 5 Reaktionskurve (nach Johanson, Wedenberg, Westin)

«Wir untersuchten zweiunddreißig Frauen im letzten Schwangerschaftsmonat. Ausschließen konnten wir bei der Anamnese alle Fälle von vererbter Taubheit, von Syphilis, Alkoholismus, von Krankheiten, die während der Schwangerschaft auftraten, sowie die Fälle, in denen Medikamente genommen wurden, die möglicherweise das Ohr in Mitleidenschaft ziehen.

Die Untersuchungen wurden wie folgt vorgenommen: Die Schwangere lag ruhig in einem Saal, in dem der Geräuschpegel 55 Dezibel betrug. Die Messungen wurden mit einem Sonometer der Firma Bruel & Kjaer ausgeführt. Zur Aufzeichnung der Pulsfrequenz wurde ein Hellige-Phonokardiograph mit drei Kanälen verwendet, wodurch eine direkte Auswertung der Aufzeichnung möglich war. Das EKG der Mutter wurde im ersten Kanal gemessen, im zweiten und dritten Kanal der fetale Puls mit den Filtern m1 und m2.

Die Herzaktivität wurde vor, während und nach der Beschallung aufgezeichnet, bis zu dem Augenblick, da die Herzfrequenz zu ihrem Ausgangswert zurückkehrte. Die Beschallung wurde mit einem an der Technischen Hochschule von Gliwice (Gleiwitz) entwickelten Audiometer durchgeführt. Dabei wurde ein Hörer in einer Gummihülle auf die Schambeinfuge beim Kopf des Kindes befestigt. Die Tonstärke betrug 100 Dezibel. Wir untersuchten die Reaktion auf Töne zwischen 1000 und 2000 Hertz. Jeder Ton hatte eine Dauer von 5 Sekunden. Wir haben den fetalen Puls eine bestimmte Zeitspanne vor der Beschallung gemessen und dabei festgestellt, daß seine physiologisch bedingten Schwankungen unbedeutend sind.

Die Gruppe wurde einmal unterteilt. Die erste Untergruppe umfaßte elf Fälle, die dem Einfluß eines Tons von 1000 Hertz und 100 Dezibel ausgesetzt wurden. Im Augenblick der Beschallung oder kurz danach verstärkte sich die Herztätigkeit des Fetus rasch um 5 bis 13 Schläge pro Minute (7 im Durchschnitt), verglichen mit der durchschnittlichen

Frequenz vor der Beschallung. Zwischen der fünften und der fünfzehnten Sekunde fiel die Herztätigkeit wieder auf den Normalwert ab. Gleichzeitig war bei der Mutter keinerlei Pulsbeschleunigung feststellbar, weder während der Beschallung noch danach.

Die zweite Untergruppe umfaßte einundzwanzig Fälle und war den gleichen Untersuchungsbedingungen unterworfen, mit der einzigen Ausnahme, daß die Tonfrequenz 2000 Hertz betrug. In dieser Gruppe wurde eine deutlich höhere Pulsbeschleunigung (zwischen 4 und 29 Schlägen) während der Beschallung beobachtet.»

In ihrer abschließenden Feststellung kommen die Autoren zum gleichen Ergebnis wie J. Bernard und L. W. Sontag in der Veröffentlichung aus dem Jahr 1947: Die Wirkung akustischer Stimuli läßt sich am objektivsten anhand des fetalen Herzrhythmus erfassen.

Die Veröffentlichungen zeigen, daß viele Forscher ähnliche Wege eingeschlagen haben. So haben 1969 N. Sakabe, T. Arayama und T. Suzuki vom Fachbereich Hals-Nasen-Ohren-Heilkunde der Universität Shinshu im japanischen Matsumoto zur evozierten Reaktion des menschlichen Fetus folgendes berichtet:

«Die evozierte Reaktion des menschlichen Fetus auf akustische Stimuli wurde an der Bauchwand von sechs Frauen gemessen, die zwischen der zweiunddreißigsten und achtunddreißigsten Schwangerschaftswoche waren. Die Beschallung umfaßte intermittierende Töne mit einer Frequenz von 1000 Hertz, einer Dauer von 50 Millisekunden, einer Anstiegs- und Abfallphase von 13 Millisekunden. Die Signale wurden alle 4 Sekunden über einen Vibrator geleitet, der an der Bauchwand der Mutter, so nahe wie möglich am Ohr des Fetus, angebracht war. Die Reaktionen wurden mit einer Elektrode an der Bauchoberfläche nahe des fetalen Scheitels aufgefangen. Die Durchschnittswerte wurden von einem Digitalrechner ermittelt.

Die typische Reaktionswelle zeigte vier vorherrschende Abweichungen: eine negative, eine positive, eine negative, eine positive mit den extremen Latenzzeiten von 100 bis 150, 200 bis 300, 500 bis 600 und 700 bis 800 Millisekunden. Wir nehmen an, daß die Abweichungen der evozierten Reaktion beim menschlichen Fetus den vier Komponenten (N1, P2, N2, P3) des langsamen Potentials entsprechen, die bei akustischer Stimulation von Kleinkindern im Bereich des Scheitels anzutreffen sind. Ein genauer Rückschluß auf den Ursprung der in dieser Untersuchung beobachteten Reaktion ist jedoch nicht möglich. Es läßt sich nicht entscheiden, ob die Reaktion dem Gehirn des Fetus entspringt und von seinem auditiven Programm abhängt.

Mit Hilfe von Computern kann man seit einigen Jahren ohne Schwierigkeiten die zerebrale Reaktion ermitteln, die sich bei Neugeborenen und Kleinkindern durch akustische Reize hervorrufen läßt. Es handelt sich um eine Methode, die in der Audiometrie schon ihren festen Platz gefunden hat. Zur Frage zerebraler Reaktionen, die durch akustische Stimulation des Fetus hervorgerufen werden, gibt es hingegen noch kaum Veröffentlichungen. Darüber hinaus liegen keine Informationen über evozierte Reaktionen des Fetus vor, die mit Elektroden an der Bauchwand der Schwangeren aufgezeichnet wurden. Dieser Artikel ist also nur eine vorläufige Bilanz unserer Studie zur Aufzeichnung der Reaktion des Fetus auf Schallreize, die über die Bauchwand der Schwangeren wirken. Wir hoffen, anhand dieser Ergebnisse eine Methode zu entwickeln, mit der sich bestimmte Hörmängel von Kindern schon in der fetalen Phase diagnostizieren lassen.»

Die Autoren ziehen die Möglichkeit in Betracht, die Hörschwellenkurve zu bestimmen, und berichten im Fortgang ihrer Untersuchung von folgenden Fakten:

«Als erster hat A. Peiper 1924 von einer fetalen Reaktion auf akustische Stimuli berichtet. Er hat die Bewegungsveränderungen eines Fetus von vierzig Wochen in Reaktion auf intensive Schallreize beobachtet. In jüngerer Zeit ließ sich in einer Reihe von Untersuchungen feststellen, daß der Fetus im letzten Drittel des intrauterinen Lebens auf akustische Stimuli mit einer Veränderung seiner Bewegungen und seiner Herzfrequenz reagiert (Bernard u. a., 1947; Fleischer, 1955; Murphy u. a., 1962; Johanson u. a., 1964; Dwornicka u. a., 1964; Smyth u. a., 1967).

Mit Hilfe von Elektroden an der Bauchwand der Mutter konnte D. B. Lindsley (1942) das fetale Hirnpotential bei einem Fetus von sieben Monaten messen. Y. Okamoto und T. Kirikae (1951) haben die elektrische Hirntätigkeit bei einem Fetus von acht Wochen beobachtet. Später hat eine Reihe von Forschern das fetale Elektroenzephalogramm aufzeichnen können, wobei sie die Elektroden entweder in die Scheide einführten, an der Bauchwand befestigten oder an der Kopfhaut des Fetus anlegten. So konnte nachgewiesen werden, daß beim menschlichen Fetus eine elektrische Hirntätigkeit stattfindet (Bernstine u. a., 1955; Borkowski u. a., 1955; Rosen u. a., 1965).

F. H. Hon u. a. (1967) haben beim Fetus die evozierte Reaktion bei akustischen Stimuli gemessen. Sie wollten den physiologischen Zustand des Fetus während der Geburt untersuchen, wobei sie die in der evozierten Reaktion beobachteten Veränderungen mit den Modifikationen des Herzschlags verglichen. Im Scheitelbereich des Fetus befestigten sie zwei Elektroden, die sie während der Geburtswehen in die Scheide einführten. Außerdem leiteten sie dem Fetus akustische Stimuli zu, indem sie einen Hörer ganz nahe an seine Ohren brachten. Mit Hilfe eines Mittelwertsystems wurde die evozierte Reaktion aufgezeichnet. Die Autoren ermittelten Wellenformen, die eindeutig zeigten, daß es angesichts der erfolgten Stimulation zu einer Reaktion im Schläfenbereich kam. Wenn der Fetus sich im Normalzustand befindet, hat man die typischen dreiphasigen Formen der evozierten auditiven Reaktion beobachtet. Auch T. P. Barden u. a. (1968) haben versucht, mit Hilfe von Elektroden, die sie an der Kopfhaut befestigten, die evozierte auditive Reaktion des Fetus aufzuzeichnen. Bei einer von sechs Versuchspersonen gelang es ihnen, eine Reaktion hervorzurufen. Diese Reaktion ähnelte ihrer Wellenform nach der evozierten auditiven Reaktion, die man beim Neugeborenen festgestellt hat.

Alle hier zitierten Studien legen aus verschiedenen Gründen den Schluß nahe, daß eine evozierte auditive Reaktion des fetalen Gehirns möglich ist, eine ähnliche Reaktion, wie man sie im Scheitelbereich des Neugeborenen mißt. Die hier durchgeführte Studie hat gezeigt, daß man tatsächlich den Mittelwert der evozierten Reaktionen bei akustischer Reizung aufzeichnen könnte, indem man die Elektroden auf der Bauchwand schwangerer Frauen anbringt. Die vier Abweichungen, die bei der evozierten Reaktion des Fetus zu beobachten waren, schienen weitgehend den vier Komponenten (N1, P2, N2, P3) der Durchschnittsreaktionen (‹Vertexpotential›) auf auditive Stimuli von Neugeborenen zu entsprechen (W. S. Goodman u. a., 1964; E. Weitzman u. a., 1965). Erfolgte keine akustische Stimulation oder waren die aktiven Elektroden während der Stimulation nicht im Scheitelbereich des Fetus angebracht, blieb die Reaktion aus. Im übrigen konnte keine Reaktion auf der Bauchwand nichtschwangerer Frauen festgestellt werden» (Abb. 51).

Interessant ist auch der Bericht eines Melbourner Forscherteams, das, von anderen Gesichtspunkten ausgehend, Arbeiten aus dem Jahr 1971 fortführt. Es geht um Veränderungen des fetalen Herzschlags und um das Auftreten von Bewegungen in Reaktion auf Töne und Schwingungen. J. Grimwade, D. Walker, M. Bartlett, S. Gordon und C. Wood, Mitarbeiter dieses Teams, haben Untersuchungen über die Beschaffenheit der Geräusche veröffentlicht, die in der Gebärmutter wahrgenommen werden. Die Autoren beschrieben ihre Technik wie folgt:

«Man hat festgestellt, daß Faktoren wie Schall, Bewegung und Licht die Entwicklung des Grundreflexsystems im fetalen Gehirn beeinflussen können. Zwar liegen einige Informationen über die funktionelle Entwicklung der sensorischen Rezeptoren während der fetalen Phase vor, doch gibt es keinerlei Hinweise auf die Art der Stimuli, die auf den Fetus einwirken können. Im folgenden berichten wir über die Ergebnisse von Messungen, die im uterinen Schallfeld nahe des Fetus durchgeführt wurden. Dabei wurden auch von außen kommende Töne und Vibrationen erfaßt, die möglicherweise zu dieser Schallenergie beitragen.

Die Messungen wurden an sechzehn Frauen vorgenommen, die am Ende ihrer Schwangerschaft standen, bei de-

Abb. 51: Evozierte Reaktion beim Fetus
1 Vibrator des Schallgenerators
2 Echoelektrode   ⎱ angeschlossen an
3 Referenzelektrode   ⎰ einen Elektroenzephalographen
(nach Sakabe, Arayama, Suzuki)

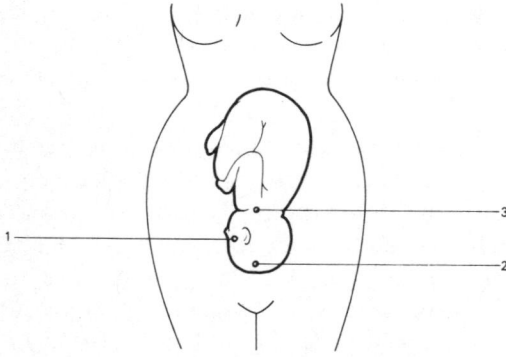

nen die Wehen aber noch nicht eingesetzt hatten, sowie an sieben Frauen, die nicht schwanger waren, bei denen aber eine Ausschabung der Gebärmutter vorgenommen wurde. Mit einem Bruel & Kjaer-Mikrofon (Typ 4136) und einem Frequenzanalysator derselben Firma (Typ 2107) konnten wir den Schall über 55 Dezibel in schmalen Frequenzbändern von 20 bis 40 000 Hertz messen. Das Mikrofon war mit einer in alkoholischer Hexachlorophenlösung sterilisierten Gummihaut überzogen. Bei den Schwangeren wurden zunächst Messungen vor dem Platzen der Fruchtblase gemacht, indem man das Mikrofon in die Gebärmutter nahe des Fetuskopfes einführte. Anschließend wurde die Fruchtblase zum Platzen gebracht und das Mikrofon an das Ohr des Fetus gesetzt. Bei den nichtschwangeren Frauen wurde das Mikrofon nach Weitung des Gebärmutterhalses in die Gebärmutter eingeführt. In allen Fällen wurde die Scheide mit steriler Watte ausgestopft, um die Umgebungsgeräusche auszublenden . . .

Es bleibt festzustellen, ob die inneren Geräusche irgendwelche Auswirkungen auf die Entwicklung der sensorischen Funktion haben. Liefert das intrauterine Geräusch ein Hintergrundsgeräusch, das dem Rauschen der afferenten Nervenbahnen entspricht? Dazu muß man wissen, ob der sensorische Apparat des Fetus empfindlich genug ist, um diese Druckunterschiede zu registrieren. Es ist bereits vorgebracht worden, daß der Herzschlag der Mutter eine Stimulation von engrammatischer Bedeutung ist, auf die der Fetus eine eindeutige Reaktion zeigt. Daraus kann man schließen, daß der Fetus die Veränderungen des Drucks und des Pulses in seiner Umgebung wahrnimmt. Grimwade und seine Mitarbeiter haben gezeigt, daß der ausgetragene Fetus unterschiedlich auf ungewöhnliche vibratorische und akustische Veränderungen reagiert. Da sich fetale Reaktionen auf Frequenzen unterhalb der Hörschwelle aufzeichnen lassen, liegt der Schluß nahe, daß sensorische Bahnen beteiligt sind, die nicht zur Cochlea gehören: etwa die Organe der Haut und des Vestibularapparats.»

Diese letzte Beobachtung ist von besonderem Interesse, weil sie uns einen charakteristischen Aspekt der primären Tätigkeit des Vestibularapparats, dieses archaischen Teils des Ohres, offenbart. Offensichtlich sind nämlich die Rhythmen und Kadenzen schon integriert – gespeichert – in den Vestibulariskernen, die von diesem Teil des Labyrinths abhängen. Von dort aus werden die lokalen Gedächtnisinformationen später an die ihnen zugeordneten Körperschaltkreise weitergegeben, um ihrerseits von den sensorischen Reaktionen zu profitieren. Noch später kommt es zu einer Projektion auf höherer Ebene, vor allem im Gehirn.

Zwar stimmt es, daß der Fetus vestibulär wahrnimmt und daß auch die Hautreaktionen zu berücksichtigen sind, doch haben die Autoren der verschiedenen Studien die Filterfunktion des Ohres vergessen. Diese Funktion wird verstärkt durch die Tatsache, daß die Zellen des Cortischen Organs die tiefen Töne noch nicht erfassen, während sie auf die hohen schon sehr frühzeitig reagieren. Die für die tiefen Töne zuständigen Zellen nehmen ihre Funktion erst nach der Geburt auf. Dies könnte, argumentierte man, so eingerichtet sein, um die Geräusche auszuschalten, die dem Fetus das Leben unerträglich machen würden, nähme er sie alle wahr. Die Dämpfung der hohen Töne durch das Milieu schließt nicht ihre analytische Wahrnehmung mit Hilfe der adaptiven Filter aus, die im Innenohr wirken. Wie beschrieben, bin ich bei meinen eigenen Untersuchungen durch Eliminierung auf die gefilterten Töne gestoßen.

Mit anderen Worten: Seit 1970 gibt es verschiedene Techniken zur Untersuchung der fetalen Reaktionen: Entweder schickt man Töne durch die Bauchwand, oder man verwendet intravaginale Sonden, die akustische Signale aussenden.

Alle aufgezeichneten Reaktionen zeigen, daß der Fetus tatsächlich hört. Mehr noch: Die Ergebnisse führen zu dem Schluß, daß dies nach viereinhalb Monaten intrauterinen Lebens der Fall ist – beim «mid-fetus» also, um einen von H. M. Truby geprägten Begriff zu verwenden. Truby weist ferner darauf hin, daß nicht erst von Geburt an alle Sprachvoraussetzungen angelegt sein können, daß also bereits in der Gebärmutter eine Vorbereitung auf die Sprache stattfinden muß. Er bringt dieser Frage ein besonderes Interesse entgegen, weil er seit 1957 bemüht ist, die Schreie von Neugeborenen zu untersuchen, und zwar jeweils mit den modernsten technischen Mitteln: Sonoröntgenographie, Sonospektographie und oszillographische Analyse. Als ihm später bessere Geräte zur Verfügung standen, zum Beispiel «Visible Speech» und Sonograph, erfaßte er auch die Schreie von Frühgeborenen. Seine Schlußfolgerungen sind eindeutig: Die Schreie der Neugeborenen sind Substrate der Sprache, wenn sie auch noch «nichtsprachlicher» Natur sind. Trotzdem sind sie aufgrund ihrer spezifischen Merkmale als eine «Vorsprache» zu betrachten. H. M. Truby macht sich damit die Auffassung von O. C. Irving zu eigen, der schon 1930 behauptet hat, daß das Sprachvermögen des Säuglings, das in ihm phylogenetisch verankert ist, bereits existiert, wenn mit den ersten Augenblicken nach der Geburt die ontogenetische Sprachentwicklung einsetzt. Die phonologischen Integrationen, die Rhythmus und Intonation betreffen, könnten, so Irving, in der fetalen Großhirnrinde ebenso aufgezeichnet werden wie die neuromuskulären und neurophysiologischen Konditionierungen. In seinen Schlußfolgerungen nähert sich Truby meiner Auffassung an, wenn er behauptet, daß der Fetus nicht nur hört, sondern auch schon zuhört.

Natürlich ist das Frühgeborene in diesem Zusammenhang ein besonders ergiebiger Untersuchungsgegenstand, weil sich aus seinem Verhalten gegenüber Schallreizen auf die Reaktionen schließen läßt, die der Fetus gleichen Alters auf akustische Erscheinungen zeigt. Hier sind die Arbeiten von R. B. Eisenberg besonders interessant, über die dieser in verschiedenen Veröffentlichungen zwischen 1965 bis 1976 berichtet hat. Eisenberg hat in Zusammenarbeit mit verschiedenen Wissenschaftlern nachgewiesen, daß sich das Verhalten von Frühgeborenen unter dem Einfluß unterschiedlicher Schallstimuli verändert: reine Töne, komplexe Töne, hohe, tiefe, synthetische Vokale usw. Gleichzeitig sind elektroenzephalographische Analysen durchgeführt worden, um die kortikale Reaktion auf akustische Reize festzuhalten. Die Resultate zeigen eindeutig, daß bereits eine hochentwickelte oder zumindest einsatzbereite Wahrnehmung vorliegt.

Alle diese Ergebnisse reichen an sich schon aus, uns davon zu überzeugen, daß beim Fetus etwas geschieht, wenn ihm Klangreize zugeleitet werden. Bleibt nur herauszufinden, wie und unter welchen Bedingungen dies vor sich geht. Hier gehen die Meinungen auseinander. Wie erwähnt, lautete der Tenor der Einwände, die gegen meine 1955 geäußerten Thesen erhoben wurden, es sei unmöglich, die behaupteten Vorgänge anatomisch oder gar phylogenetisch zu erklären. Die Situation hätte sich wohl kaum verbessert, wenn nicht glücklicherweise Wissenschaftler der verschiedensten Fachgebiete Beweise vorgelegt hätten, die die herrschenden Lehren erschütterten. Dabei handelte es sich vor allem um die synaptischen Aspekte der Nervenfasern, das heißt um die Verbindungen zwischen den Schaltstellen des Nervensystems. Bemerkenswert ist die Übereinstimmung der unabhängig voneinander zusammengetragenen Ergebnisse, die meine aus der klinischen Beobachtung gewonnenen Hypothesen stützen. Ein solcher praktischer Ansatz ist im übrigen durch nichts zu ersetzen. Er regt durch seine Erkenntnisse zu Forschungsarbeiten an, und ohne die aus ihm geschöpften Leitideen blieben ihre Ergebnisse oft ohne Sinn.

So wurden mir aus verschiedenen Disziplinen die Elemente

geliefert, mit denen ich meine einige Jahre zuvor entwickelten Thesen stützen und ihnen jene Glaubwürdigkeit verleihen konnte, auf die der wissenschaftliche Beweis angewiesen ist: praktische, einfach zu verifizierende Ergebnisse. Diese Forschungsdaten bestätigten zunächst die 1960 von Salk vorgelegten Thesen, denen zufolge der Fetus die Herzgeräusche der Mutter vernimmt. Dann lieferten die vielen Veröffentlichungen, die folgten, den Beweis dafür, daß der Fetus tatsächlich auf Töne reagiert, und es ergab sich die Möglichkeit, *in utero* eine Höruntersuchung vorzunehmen. Schließlich fügten sich auch meine Thesen, die zunächst als abwegig gegolten hatten, in das Bild, und man sah nun kein Verdienst mehr darin, daß ich auf sie gestoßen war. Und es liegt in der Tat kein Verdienst darin. Was mich in der Forschung immer wieder verblüfft, ist nicht der Umstand, daß man etwas entdeckt, sondern vielmehr die Tatsache, daß es so lange dauert, bis dies endlich geschieht.

Auch die Anatomen sind in letzter Zeit auf wichtige Fakten gestoßen, die meine unter einer anderen Fragestellung gewonnenen Erkenntnisse bestätigen. In einer ganzen Reihe von Veröffentlichungen werden neue Untersuchungsergebnisse über die anatomische Entwicklung des Gehörs vorgestellt. Durch sehr spezielle, indirekte Verfahren werden wichtige Daten gewonnen, die unser Wissen über das Ohr auf eine ganz neue Basis stellen. So eröffneten B. J. Anson, B. G. Harper und J. R. Hanson eine neue Forschungsrichtung, als sie 1962 einen Artikel über das Gefäßsystem der Gehörknöchelchen und des Felsenbeins veröffentlichten. In ihrem Bericht heißt es unter anderem: «Obwohl Amboß und Hammer insgesamt den langen Röhrenknochen zuzurechnen sind, ist ihre Markkaverne praktisch verödet.» Diese Tatsache ist nach meiner Auffassung von großer Bedeutung, vergleicht man sie mit der allgemeinen Knochenentwicklung. Wir haben es hier nämlich mit einem ungewöhnlichen Wachstumstempo und einer bemerkenswert atypischen Verteilung der Strukturelemente zu tun. 1974 berichtete Anson zusammen mit T. R. Winch über weitere Ergebnisse dieser Forschung:

«In der Regel verläuft die Entwicklung eines langen Knochens in mehreren Abschnitten. Das spätere Schienbein zum Beispiel ist zunächst ein Knorpel, der von einer Hülle aus Knochenhaut umgeben ist. Im Laufe des folgenden Abschnitts bildet sich im Innern des Knochens das Endost, das die Markhöhle auskleidet. Dank der proximalen und distalen Epiphysenzone kann sich ein Schienbein noch nach zwanzig Jahren verlängern, und zwar aufgrund der Aktivität im Bereich der Knochenhaut. Das Wachstum findet im vaskulären Teil der Knochenlamellen statt, die sich konzentrisch um feine Blutgefäße, die Havers-Kanäle, bilden. Diesen Mechanismen sind die Gehörknöchelchen nicht unterworfen. Sie unterscheiden sich von allen anderen Knochen des menschlichen Skeletts, und zwar bereits im ersten Abschnitt der Morphogenese: Sie bilden sich aus Teilen der Kiemenbögen, aus denen einige anscheinend völlig verschiedene Elemente entstehen – unter anderem eine Wandschicht des Canalis facialis, der Processus styloideus, das Ligamentum stylohyoideum und der Schildknorpel.

Die Gehörknöchelchen beginnen sich wie die typischen langen Knochen aus dem Knorpel zu entwickeln. Doch damit endet die Ähnlichkeit. Die Gewebe, die sie aufbauen, haben nichts mit den Havers-Strukturen zu tun. Sie erreichen rascher, noch in der fetalen Phase, ihre endgültige Gestalt und Größe. Der Steigbügel folgt einem anderen morphogenetischen Weg als Amboß und Hammer. Er bezieht zwei der ihn konstituierenden Teile von Elementen verschiedener Herkunft, nämlich die vordere Protuberanz vom Membranknochen und die vestibuläre Lamina des Steigbügelfußes von der Capsula optica. Bei diesem Vorgang opfert der Steigbügel einen Großteil seiner Substanz.

Diese besonderen Merkmale der Entwicklung, die die verschiedenen Gehörknöchelchen durchlaufen, erklären sowohl die Zerbrechlichkeit des Steigbügels gegenüber der Festigkeit von Hammer und Amboß als auch ihre grundlegend anders geartete Blutversorgung ...

Trotz ihrer Unterschiede ähneln sich Hammer, Amboß und Steigbügel, weil sie alle ihrer Knochenstruktur nach nicht zum Havers-Typus gehören. Histologisch gesehen, sind die Gehörknöchelchen die einzigen Teile des fetalen Schädels, die schon die gleiche Beschaffenheit wie beim Erwachsenen aufweisen ...

Wie die Gehörknöchelchen nimmt auch das Felsenbein nie eine Havers-Struktur an. Die Gefäßkanäle entsprechen also auch nicht dem üblichen System des Skeletts.»

Dieser Ansatz zeigt nicht nur, wie notwendig eine eingehendere Untersuchung des Hörsystems ist, die auch seine kleinsten Einzelheiten erfaßt, sondern er läßt auch etwas erkennen, was alle späteren Veröffentlichungen bestätigen: Die Entstehung aller Systeme des Ohrs, gleichgültig ob es sich um die Gefäße, die Knochen oder irgendwelche anderen Teile handelt, ist früher anzusiedeln, als man gedacht hat. So haben 1963 T. Madonia, F. Modica und G. Cali die Ampullen des menschlichen Fetus untersucht und dabei eine Reihe von Elementen entdeckt, die es möglich erscheinen lassen, daß der vestibuläre Teil des Ohres bereits arbeitet, vor allem im Bereich der Ampullen, zu denen sich die Bogengänge erweitern.

Weitere Erkenntnisse über die anatomische Entwicklung des menschlichen Ohrs lieferte die Radiographie. So konnten G. B. und K. A. Elliott aus Calgary in Alberta (Kanada) im Januar 1964 feststellen, daß Innen- und Mittelohr ihre endgültige Größe schon im fünften Monat der intrauterinen Entwicklung annehmen. Auf einem Kongreß für Hals-Nasen-Ohren-Heilkunde legten sie einen Bericht vor, in dem es heißt:

«Es ist ein beispielloses Ereignis, daß Innenohr, Gehörknöchelchen und Trommelfell schon nach fünf Monaten fetalen Lebens ihre endgültige Größe erreichen. Die Schale des knöchernen Labyrinths zeichnet sich auf dem Röntgenbild sehr scharf ab und wird nicht überlagert durch andere Verknöcherungen. In der Otoradiologie hat sie sich im übrigen als sehr nützlich erwiesen, weil sie uns die Bezugspunkte für die Untersuchung liefert.

Die Cochlea kann von der zwanzigsten Schwangerschaftswoche an als voll funktionsfähig angesehen werden. Es ist vorstellbar, daß die frühzeitige Ausreifung dieser Strukturen zunächst von der Bildung des häutigen Labyrinths abhängt. Denkbar ist auch, daß nach sechs Monaten die längsachsige Scheitel- oder Steißlage von der Tätigkeit des Labyrinths bestimmt wird, die sich in bestimmten Bewegungen des Fetus manifestiert, vor allem in seinen Fußtritten. Das Vorherrschen der Scheitellage scheint darauf zurückzugehen, daß sich die spezifische Dichte des Fruchtwassers erhöht. Dadurch kehrt sich die Schwerkraftpolarität für den längsachsig in der Fruchtblase schwimmenden Fetus um.

Manche schwierige Kindslage, die die Schwangerschaft über andauert, geht auf eine Schädigung oder Verformung des Labyrinths *in utero* zurück. Solche klinischen Ereignisse sollten den Arzt sofort veranlassen, das Ohr auf angeborene Aplasien zu untersuchen. Dadurch dürften viele dieser Mißbildungen frühzeitig entdeckt werden.»

In einer zweiten Veröffentlichung vom März 1964 vertreten G. B. und K. A. Elliott die Auffassung, daß diese unglaublich frühe Entwicklung des Ohres wahrscheinlich durch die Funktion der Frequenzanalyse vorherbestimmt sei, die unmittelbar nach der Geburt erforderlich wird. Die Autoren schreiben:

«Der einzige leitende Knochen des Körpers, der sich auch anderen Funktionen anpaßt, ist das Felsenbein. Diese Struktur eignet sich hervorragend zur Leitung des Schalls, der aus den Nasenresonatoren kommt und vom Jochbein und den Gelenkköpfen des Unterkiefers weitergegeben wird, mit deren Hilfe wir die Lautstärke unserer Stimme kontrollieren und modulieren.»

Einleitend erwähnen G. B. und K. A. Elliott, daß sie in ihrer Untersuchung von einer These ausgegangen seien, die G. E. Shambaugh schon 1959 in seinem Buch über die Gehörchirurgie dargelegt habe. Dort heißt es: «Das Innenohr erreicht als einziges Organ . . . bereits nach der Hälfte der Schwangerschaft . . . seine endgültige Größe.» G. B. und K. A. Elliott weisen auch darauf hin, daß diese Fakten seit 1670 aus einer Reihe eingehender Untersuchungen bekannt seien, die 1930 von T. H. Bast zusammengefaßt wurden.

Die Autoren berichten, daß die bis dahin nur schlecht durchführbare Röntgenuntersuchung des Fetus eine interessante Möglichkeit biete, die Entwicklung des Innenohrs mit der zunehmenden Härtung des knöchernen Labyrinths zu verfolgen. Sie verweisen auf R. A. Willis, der bereits 1958 schrieb, das Innenohr erlebe «eine der raschesten Verwandlungen unter all den verblüffenden Veränderungen, denen der Embryo unterworfen ist». Außerdem meinen G. B. und K. A. Elliott, wie berichtet, diese frühzeitige Entwicklung stehe in direktem Zusammenhang mit der späteren Lautbildungsfunktion. Ich beschränke mich im folgenden auf die wichtigsten Passagen ihrer bahnbrechenden Untersuchung:

«Innenohr, Trommelfell und Gehörknöchelchen erreichen als einzige Strukturen beim Fetus schon nach der halben Schwangerschaft ihre endgültige Größe . . . Bei der Beobachtung von zwanzig Labyrinthpaaren konnte eine bemerkenswerte Übereinstimmung hinsichtlich der Größe festgestellt werden, was darauf schließen läßt, daß die Rezeptoren des in seiner Entwicklung abgeschlossenen cochleären Systems eine Größe erreichen, die mit geradezu mathematischer Genauigkeit vorgegeben und auf die Frequenzen eingestellt ist, die es reproduzieren soll.»

Angesichts so gewichtiger Argumente fiel es mir natürlich schon viel leichter, den Widerständen, mit denen ich es früher zu tun hatte, zu begegnen. Noch nachhaltiger sah ich mich in meinen Theorien bestätigt, als F. Faulkner 1966 eine Untersuchung veröffentlichte, die sich mit der Myelinisation des Ohres im Verlauf der menschlichen Entwicklung beschäftigte. Faulkners Untersuchungen zufolge beginnt dieser Prozeß im sechsten Monat intrauterinen Lebens im Bereich des Hörnervs. Mehr noch: Faulkner schreibt, daß die Bahnen zu dem auf dem Schläfenlappen gelegenen Projektionsfeld des Hörnervs im Gehirn bei der Geburt weitgehend myelinisiert sind. Dieser Befund war für meine Theorie ungeheuer wichtig, weil die Myelinisation zeigt, daß das Ohr zumindest von diesem Augenblick an vollkommen funktionsfähig ist. Nach meiner Auffassung handelte es sich hier also um ein höchst bedeutsames Forschungsergebnis, das mit den irrigen Auffassungen in der Synapsenlehre aufräumte. Die Synapsen sind im Hörsystem nämlich schon sehr frühzeitig angelegt und damit fähig, Informationen weiterzuleiten.

Etwa im selben Zeitraum – 1967 – veranstalteten der Rat für die internationale Organisation der medizinischen Wissenschaften unter der Schirmherrschaft der UNESCO und eine Delegation für wissenschaftliche und technische Forschung unter Leitung von Alexander Minkowski ein Symposium, auf dem Paul Yakolev und André Roch-Lecourt ganz ähnliche Ergebnisse vortrugen. Sie hatten sie im Rahmen einer Studie über die Myelinisierungszyklen der regionalen Reifung des Gehirns ermittelt. Auf demselben Kongreß lieferte R. Marty einen interessanten Beitrag über den Funktionsbeginn des Cortischen Organs an der Schneckenbasis, in dem G. Bredbergs Thesen (vgl. S. 83) und auch die Auffassungen von Wada, Larsell, McCrady und Larsell (vgl. S. 84) bestätigt wurden. Marty stützte sich auch auf Resultate, über die T. H. Bast und B. J. Anson 1949 in ihrer Arbeit über das Schläfenbein und das Ohr berichtet hatten. Damit bestätigte sich erneut, daß das Ohr zuerst die höheren Töne und erst später die mittleren und tieferen erfaßt. Es folgt ein Abschnitt aus Martys Schlußfolgerungen, die mit meinen Auffassungen weitgehend übereinstimmen: «Zwischen dem dritten und vierten Monat fetalen Lebens zeigt sich beim Menschen der erste Abschnitt in der Differenzierung des Cortischen Organs in Form einer Verdickung, die an der Hinterwand im basalen Teil des Cochlearkanals auftritt. Mit fünfundzwanzig Wochen ist die Entwicklung des Cortischen Organs weitgehend abgeschlossen (Bast und Anson, 1949). So verfügt das Neugeborene über alle Voraussetzungen zur Wahrnehmung von Schallstimuli. Allerdings bleibt diese Fähigkeit noch einige Wochen beeinträchtigt, weil der äußere Gehörgang durch Epithelreste verstopft ist und sich im Mittelohr noch eine größere Menge Schleimhautgewebes befindet (Arey, 1954). Allerdings hat es den Anschein, als besäße der Säugling auch nach Beseitigung dieser Hindernisse noch nicht die endgültige Schallwahrnehmungsfähigkeit. Denn bei einer Untersuchung der Hörschwellen Siebenjähriger ergab sich eine Verschiebung der Hörfähigkeit zugunsten der hohen Töne. Später, im Alter zwischen acht und fünfzehn Jahren, läßt diese Empfänglichkeit für hohe Frequenzbereiche nach, während es gleichzeitig zu einer verbesserten Wahrnehmung tiefer Töne kommt (H. Gavini, 1962). Offenbar ist diese Entwicklung ein später Niederschlag der frühzeitigen Reifung der Schneckenbasis.»

In der Diskussion, die sich an R. Martys Vortrag anschloß, teilte P. Laget mit, er habe beim Kaninchen festgestellt, daß sich Reaktionen auf höhere Frequenzen früher einstellen als auf tiefe Töne. In der gleichen Diskussion erklärte C. Dreyfus-Brisac, er habe Reaktionen auf akustische Stimuli bei Frühgeburten von zweiunddreißig Wochen im Zuge einer Untersuchung erhalten, in der er ihre Reaktivierung im Schlaf feststellen wollte. Daraufhin teilte S. Sainte-Anne d'Argassies mit, bei ausgetragenen Neugeborenen lasse sich vom dritten bis sechsten Tag an beobachten, daß sie in Augenblicken besonderer Wachheit beim Vernehmen kurzer, heller Laute von menschlichen Stimmen zur Bewegungslosigkeit erstarren.

1968 machte G. Bredberg auf eine interessante Tatsache aufmerksam: Das Neugeborene ist mit einer solchen Vielfalt sensorischer Zellen ausgestattet, daß es sie praktisch in Überfülle besitzt. Diese Beobachtungen lassen darauf schließen, daß alle diese Elemente nicht von heute auf morgen in Erscheinung treten, sondern daß sie ihre Funktion schon vor der Geburt aufgenommen haben. So sind viele Strukturen des Kindes schon angelegt, bevor der Reifungsprozeß abgeschlossen ist.

Es folgte eine lange Reihe von Veröffentlichungen aus aller Welt, in denen über ähnliche Arbeiten berichtet wurde. Sie brachten eine Fülle neuer Ergebnisse. L. Candiollo und A. C. Levi beschrieben 1969 die Morphogenese der Innenohrmuskeln, während F. Kósa und I. Fazekas 1973 die Ausmaße der Gehörknöchelchen beim menschlichen Fetus untersuchten. Sie kamen zu dem Ergebnis, daß diese Knochen ihren Normalzustand ungefähr nach viereinhalb Monaten intrauterinen Lebens erreichen. Schon Bise und Eryes hatten in der ‹Encyclopédie médicochirurgicale› eine eingehende Untersuchung dieses Gegenstandes vorgelegt. Die Ergebnisse einer entsprechenden Studie über die Embryologie des Ohres legten V. S. Dayal, J. Farkashidy und A. Kokshanian im Jahre 1973 vor. Interessant sind auch die Resultate der Arbeiten über die Morphophysiologie des Gehörs, die 1969 von D. C. Vasilu zusammengetragen wurden, desgleichen die Untersuchungen zur Synthese von DNS und RNS im Laufe der Entwicklung des Innenohrs, die R. J. Ruben in einem Forschungsüberblick zusammengefaßt hat.

Das Interesse am fetalen Gehör nimmt also sichtlich zu. Das Problem ist in vielerlei Hinsicht faszinierend. Trotzdem bleiben noch einige Gebiete im dunkeln. Vieles scheint indessen darauf hinzudeuten, daß das Horchen die verschiedenen Prozesse steuert, die aus der Eizelle ein vollkommenes horchendes Geschöpf machen. Das Horchen scheint der allgemeinen Entwicklung voranzugehen, ihr den Weg vorzuzeichnen und zu bahnen, bis es sich schließlich dank ihrer manifestieren kann.

Aus neuerer Forschung geht hervor, daß das fetale Gehör die Wahrnehmung früher aufnimmt, als man einst glaubte, so daß ich geneigt bin, bereits dem Embryo die Fähigkeit des Horchens zuzuschreiben. Wie gezeigt, fragen sich viele Wissenschaftler nach den besonderen Merkmalen dieser Wahrnehmung, und man ist praktisch einhellig zu der Überzeugung gelangt, daß zunächst die hellen, obertonreichen Töne aufgefangen werden und das Ohr die Rolle eines selektiven Filters übernimmt, selektiv zugunsten hoher Töne, als wäre es ein Hochpaßfilter.

Wir sind zwar noch weit von einer vollständigen Kenntnis des fetalen «Klanguniversums» entfernt, doch die Perspektiven sind vielversprechend, denn in den verschiedensten Ländern sind gegenwärtig Wissenschaftler damit beschäftigt, mehr über die Lebensbedingungen des Fetus herauszufinden. Unter diesen Bedingungen verdienen die Hörerfahrungen besondere Aufmerksamkeit. Dank enormer technischer Fortschritte dürfen wir für die kommenden Jahre entscheidende Erkenntnisse auf dem Gebiet des fetalen Hörens erwarten.

Nachgedanken

Mit dem Beginn des menschlichen Daseins schließt dieses Buch. Sobald das Abenteuer in seine nächste Etappe tritt, endet die uterine Existenz des Fetus. Er lehrt uns, daß das Ende dieser Existenz, sein «Tod», für ihn nur eine Veränderung des Zustands bedeutet. Der Durchgang durch den Scheidenkanal, seine Geburt also, erscheint nur denen als grundlegender Initiationsakt, die ihn seit Jahrtausenden als solchen von außen beobachten.

Und doch hat uns der Fetus empfänglich gemacht für eine Realität, die uns sagt, daß das Abenteuer des Daseins lange vor der Geburt beginnt. Sein eigentlicher Anfang fällt zusammen mit der Befruchtung der Eizelle und ihrer Einnistung. Diesen Augenblick genau zu bestimmen ist schwer, so daß er unbeachtet bleibt, wenn wir ihm auch nicht mit Gleichgültigkeit begegnen. Jedenfalls haben wir seine Bedeutung so heruntergespielt, daß wir ihm nur noch den Status eines gewöhnlichen biologischen Ereignisses zubilligen.

Und doch ist er der eigentliche Beginn jedes Menschen. Er ist das wahre *initium*, bei dem in der Eizelle, durch die Verschmelzung der Chromosomen, das Engagement des Menschen seinen Anfang nimmt. Sicherlich muß man so tief den Schlüssel zur echten Verwirklichung des Menschen suchen. Alle späteren Übergänge sind lediglich blasse Reproduktionen. Einer dieser Übergänge ist die Geburt, der wichtigste zweifellos neben dem Tod. Dieser bezeichnet das

Ende des Daseins, während die Befruchtung den Anfang darstellt.

Der Embryo lebt – das zeigt uns der Fetus. Alles weist darauf hin, daß der Embryo sich eines Tages auch anders manifestieren kann als auf dem Umweg später hervorgerufener Reminiszenzen, wie am Anfang des Buches geschildert. Der «Embryo-Fetus» ist aktiv an allen Erfahrungen der Mutter beteiligt. Er macht die Frau, die ihn trägt, zur zeugenden Mutter. Und er erinnert uns daran, daß das Kontinuum des Lebens durch diesen Akt der immer erneuten Verkörperung sich selbst gleichbleibt.

Eine Überlegung ergibt sich für mich daraus, die von selbst zur Frage nach unseren Rechten und Pflichten gegenüber diesem Lebensprozeß führt: Jeder Angriff gegen ihn ist Zerstörung von Leben. Diese Schlußfolgerung war nicht Ziel des vorliegenden Buches. Sie ist einfach ein Vorschlag zum Nachdenken, zu Überlegungen, die vielleicht später weiterführen.

Außerdem liegt die Folgerung nahe, daß ein Kind, welches ein so intensives Leben im Leib der Mutter führt, von dieser ein Maß an Verständnis und Einfühlung braucht, das über unsere gewohnten Vorstellungen weit hinausgeht. Die werdende Mutter muß ihre Schwangerschaft vergessen, um sich ganz dem Wesen zuwenden zu können, das in ihr heranwächst, und es mit all ihrer Liebe und Zuneigung zu umgeben. Alles spricht dafür, daß die Mutter der organischen Kraft, die vorprogrammierten Gesetze gehorcht und von einer Stoffwechselbeziehung getragen wird, nur ihren Lauf zu lassen braucht.

Die Liebe, die das werdende Kind verlangt, zwingt uns auch dazu, unsere Einstellung zu diesem in heutiger Zeit so mißverstandenen Gefühl zu überprüfen. Lieben heißt frei lassen, und Frei-lassen heißt, dem werdenden Menschen uneingeschränkt eine Existenz ohne Probleme zu gewähren, damit sein Leben, in der stärksten Bedeutung des Wortes, reines Gedächtnis sein kann, das ihn auf seinem ganzen Weg begleitet. Mit dem Leben verbunden sein heißt frei sein, und das heißt zugleich lieben können. Es ist klar: Dies zeigt sich in der Fähigkeit zu horchen, ganz auf den anderen einzugehen.

Wie wir gesehen haben, führt uns der Fetus durch die Schule des Horchens. Er hat es sehr eilig, sein Ohr zu entwickeln, dieses Ohr, das er später mit allen Kräften auf die Rede der Erwachsenen richten wird. Und genau dies ist der wunde Punkt. Er erhofft so viel von uns, und wir verstehen es nicht, ihm zu geben, was er braucht. Was wir ihm zu sagen haben, ist zu wenig, zu gleichgültig, zu lieblos. Unsere Ohren sind seit langem verschlossen, weil sie in dieser Hinsicht nie geschult wurden. Es ist erstaunlich, mit welcher Hartnäckigkeit sich jeder werdende Mensch immer wieder auf dem Weg des Horchens bemüht, und das, obwohl er keine Antwort erhält. Das zeigt, wie tief dieser Akt ontogenetisch in jedem Menschen verankert ist. Er ist es, weil sich in ihm das Sein manifestieren will. Dieser Wunsch zeigt sich von Anfang an. Als Leitschnur dient ihm das Horchen.

Von allen, die geboren werden, erhalten nur wenige eine Antwort, und die wenigen finden sie meist erst recht spät im Verlauf jener wahrhaftigen Geburt, die die Existenz darstellt in einem Körper, der an physischer Energie verliert, während die Vitalität des Seins wächst. Das Sein ist durch und durch Vitalität. Doch wieviel wird von ihr abgetötet, indem man durch falsche Erziehung Automaten produziert, wandelnde Tote. Es gibt so viele Möglichkeiten, den Geist, der uns erst zu Menschen macht, an der Entfaltung zu hindern.

Ich habe die langen Jahre, die der Erforschung des intrauterinen Horchens gewidmet waren, vor allem deshalb durchgehalten, weil ich mir sicher war, durch diese Arbeit positiv auf die Kommunikation des Menschen mit seiner Umwelt einwirken zu können. Ich war davon überzeugt, daß der Mensch sich auf das Horchen schon in der embryonalen Phase vorbereitet – als habe diese die Aufgabe, die anatomischen Bestandteile des Gehörs und der dazugehörenden Nervenkomplexe auszubilden. Ferner wußte ich, daß dieses ganze Arsenal aufgebaut wird, damit der Fetus auf seine dringende Forderung eine Antwort erhält – damit sein Wunsch, so früh wie möglich eine Beziehung zu seiner Umgebung anzuknüpfen, in Erfüllung geht. Schließlich sah es so aus, als ob das Horchen die Bewegkraft für alles sei, sogar für den Wunsch zu leben. Zu leben, mit offenen Ohren zu leben, das ist wahres Er-leben, Erkennen – immer reicher werden durch alles, was die Umwelt zu übermitteln vermag. Doch leider erweist sich die uterine Welt meist als ebenso taub für diese Forderung wie später die Welt der Menschen.

Man weiß nicht recht, was man dem Neuankömmling sagen soll, genausowenig wie später dem heranwachsenden Kind. Wie soll man die Kommunikation mit ihm aufnehmen? Und warum? Es ist wahr – man weiß erst seit kurzem, daß der Fetus zur Wahrnehmung fähig ist. Und jetzt soll man sich gar noch mit dem Gedanken vertraut machen, daß er für die Schallwelt empfänglich ist? Was jede Mutter zu erzählen weiß – daß sich das Kind nämlich in ihrem Leib bewegt, wenn Musik, ein Laut oder eine Stimme ertönt –, wird heute in manchen wissenschaftlichen Kreisen aufgenommen wie eine Offenbarung. Da muß man sich doch fragen, ob wir in der Vergangenheit überhaupt bereit waren, den werdenden Müttern zuzuhören, als sie uns von diesen Dingen erzählten, oder ob wir der Meinung waren, sie müßten ihr Geheimnis für sich behalten, als dürfe niemand in diese streng behütete Intimität eindringen.

Und als ob es damit nicht genug wäre, sollen wir uns jetzt auch noch vorstellen, der Fetus sei in der Lage zu horchen. Wenn das nicht eine Überforderung ist! Vielleicht wäre es tatsächlich zuviel verlangt, wenn ich nicht hätte definieren können, was unter Horchen zu verstehen ist, und wenn ich nicht so ausführlich auf diese neue Dimension eingegangen wäre. Sie muß allerdings im Denken vieler wachsen. Das braucht Zeit. Ermutigend ist, daß dieser Bewußtseinsprozeß immer rascher zu verlaufen scheint. Ideen nehmen Form an, weil sie wahrscheinlich schon lange reif waren. Angesichts einer vorteilhaft veränderten Atmosphäre werden heute neue Gedanken über das Hören und Horchen akzeptiert – aber leider ebenso rasch verworfen und vergessen.

Ich kann mir schwer vorstellen, daß man über den Begriff des Horchens hinausgelangen kann. Und wenn man überhaupt so weit kommt, ihn zu verwirklichen, so wird man feststellen, daß er nicht die Spitze einer hypothetischen Pyramide ist, sondern die Quelle dessen, für das und durch das der Mensch wird, was er werden soll: ein «Horchender».

Merkwürdigerweise ist der Fetus ein solcher, denn er ist zum Horchen bestimmt. Und wenn wir paradoxerweise ein ganz anderes Bild von ihm haben, so deshalb, weil wir außerstande sind, ihm *in utero* diese außergewöhnliche Anlage zu erhalten. So ist die Fähigkeit zu horchen auf das feinste ausgebildet, um dank subtilster Mechanismen sogar das Leben selbst zu vernehmen, und sie erhält als einzige Antwort ein Schweigen vor dem Hintergrund der inneren Körpergeräusche. Das ist wenig. Der Fetus erhofft weit mehr. Und wenn der Wunsch zu horchen keine Gelegenheit zur Entfaltung findet, verkümmert er allmählich, während das Ohr die passive Fähigkeit zu hören behält. Doch wird es sich fortan nur noch für die «Dialoge unter Tauben» eignen. All seine ursprüngliche Dynamik wird also in eine ihrer Bestimmung entgegengesetzte Richtung gelenkt. Während so die wahre Funktion des Ohres erlöscht, verbirgt sich das Wesen des Menschen unter dem Panzer des Körpers. Und von dem Wunsch, zu sein und zu horchen, lebend horchend zu sein, bleibt nur das Sehnen eines Körpers, der taub ist für das Sein, das ihn trägt.

So ist der Embryo-Fetus in seiner heranwachsenden organischen Struktur nur noch die Schale eines horchenden Wesens. Leider versteifen wir uns immer wieder darauf, aus ihm eine Schale zu machen, die sich einbildet zu hören. Im Zeichen dieses grundlegenden Irrtums steht schon der Anfang, und er erneuert sich in jedem Menschen, der im Leib seiner Mutter heranwächst. Schon von da an gilt es, den Teufelskreis zu durchbrechen.

Doch wie kann das geschehen? Erstens, indem sich die Frauen klarmachen, wie schön es ist, die Möglichkeit in sich zu tragen, Mutter zu sein, in welchem Maße dies eine Bevorzugung und schon an sich eine große Gabe ist. Ich verstehe, daß es für sie recht schwierig sein muß, diese Fähigkeit in ihrer vollen Bedeutung wahrzunehmen. Es ist zuallererst notwendig, sie von der reinen Funktion der Vermehrung zu unterscheiden, die – wenn sie auch wunderbar gestaltet ist – doch strikt auf die genetischen Gesetze beschränkt bleibt. Bei der Frau scheint sich alles so einzurichten, daß jeder Neuankömmling Träger des Seins werden kann. Eine Frau trägt ein Kind. Eine Mutter trägt das Sein.

Mit diesem Sein muß die Mutter sprechen. Sie muß lernen, mit ihm in Kommunikation zu treten, einen Dialog zu führen. Dazu brauchte sie nur das Sein in sich gewähren zu lassen. Es findet schon die richtigen Worte, die «Lebensworte» für diesen Teil ihrer selbst, der das Kind ist. Die Wörter ihrer alltäglichen Sprache haben keinen Sinn für das menschliche Wesen in ihr, das alles jenseits der Semantik versteht. Das, was es braucht, kann es der Gefühlswärme entnehmen, die in einer angenehmen und sanften, liebevollen Stimme enthalten ist. Das ist an sich überhaupt nicht kompliziert.

Das Ohr des Embryo-Fetus arbeitet ja wie ein Filter, der alle Schallereignisse auswertet. So nimmt es sie auf eine ganz eigene Weise wahr. Doch eine Stimme, in der Ablehnung oder Haßgefühle mitklingen, kann diese natürlichen Mechanismen zerstören oder beeinträchtigen. In äußersten Fällen kann es zu schwerwiegenden Hörstörungen kommen, die das werdende Kind später in eine Dynamik hineinziehen, die mit der Umwelt in keiner Beziehung steht. Solche Störungen können bis zur Geisteskrankheit führen. Gott sei Dank überbrückt der Wunsch zu horchen manchen Mangel. In diesem Fall sind die Folgen Schwierigkeiten, die die Wege der menschlichen Kommunikation zwar verkomplizieren, aber nicht versperren.

Es mag bei der Lektüre dieses Buches der Eindruck entstanden sein, daß meine Überlegungen einer pessimistischen Grundeinstellung entspringen. Das Gegenteil ist der Fall. Doch es scheint mir geraten, Illusionen zu vermeiden und die Dinge objektiv zu betrachten. Dank einer solchen unvoreingenommenen Betrachtungsweise tritt die Situation nicht nur deutlicher in den Blick, es läßt sich auch die gesamte Dynamik verändern, um aus jenem Labyrinth herauszukommen, in dem bis zu diesem Zeitpunkt alles festgefahren war.

Das Leben zu erhorchen – diesem Ziel gelten, meine ich, von Anfang an alle Kräfte, noch vor dem Erscheinen des Menschen. Ich habe einmal geschrieben: «Vor dem Anfang war das Horchen.» Je stärker wir von dieser grenzenlosen Dimension getragen werden, desto deutlicher spüren wir, wie sie sich bis in die entferntesten Regionen unserer intuitiven Wahrnehmung ausbreitet, bis dorthin, wo das Denken das Geheimnis streift, bis in jene Bereiche unseres Bewußtseins, wo sich die Begegnung des Seins mit sich selbst vollzieht.

Wir müssen offen sein für den Ruf des Horchens, das uns zu sich, zum Horchen, führen will. Eltern können den Anfang ermöglichen. Ihre Vereinigung, ihr Einklang, der der Verschmelzung der Keimzellen vorausgeht, führt zur Öffnung für das Horchen. Es braucht nachher nur mit dem gleichen Elan, mit der gleichen aufmerksamen Zuwendung unterstützt zu werden. Alles, was *in utero* geschieht, kommt dann mit unglaublicher Kraft und Dichte zum Ausdruck. Doch alles, was von diesem Augenblick an geschieht, hat einen so tiefen und weiten Nachhall, daß er sich manchmal der Wahrnehmung entzieht.

Aber die Mutter wird spüren, wie der Dialog in ihr beginnt, der bestrebt ist, sich auf alle Bereiche auszudehnen, während der Vater das Kind, über die Mutter, mit seiner Rede nährt, mit der semantischen Dimension der Sprache. Mit der Zeit wird er die direkte Kommunikation mit dem Leben lernen müssen, das durch seine Vereinigung mit der Mutter entstanden ist. Er wird die seelische Entwicklung des Kindes fördern durch seine sprachliche Zuwendung.

Nicht die soziale Herkunft ist entscheidend für die Gabe, mit einem Embryo zu sprechen, nicht die Bildung im üblichen Sinne gewährleistet die Gefühlswärme, die der Neuankömmling braucht. Denn er sucht die Mutter, ihre Liebe, die aus der Lebenskraft erwächst und nur Ausdruck des Lebens selbst ist.

Aber man muß das Leben lieben, um die Liebe zum Leben vermitteln zu können. Genauso muß man lieben, um Leben zu schenken. Diese Vorstellung ist weit entfernt von jenen utopischen Reglementierungen, mit denen man die Dynamik des Lebens steuern zu können glaubt. Vielleicht braucht der Mensch noch eine Zeitlang die Illusion, er sei der Erzeuger seiner selbst, während er doch in Wirklichkeit nur sein Verhalten erzeugt. Diese Zeit können wir nutzen, um unser Horchen so zu intensivieren, daß es wieder den Klang des Lebens zu vernehmen vermag, der uns in der Kunst zu lieben unterweist, aus der wiederum die Kunst zu leben erwächst.

Doch wie dorthin gelangen? Wir müssen den Lehrer dort suchen, wo er ist. Im Uterus, in dem Universum, wo alles beginnt und aufgebaut wird, wohnt jenes Geschöpf, das uns erzieht, indem es uns seine vielfältigen Bedürfnisse offenbart. Es verlangt, was die Notwendigkeiten des Stoffwechsels erfordern, ebenso wie die besondere Form der Aufmerksamkeit, die es für seine Menschwerdung braucht. Unermüdlich sucht es jene Menschlichkeit, um sich frei von den Schwächen der Persönlichkeit und in alles durchdringender Transparenz als Manifestation des Seins ausdrücken zu können.

Man weiß, wie schwer es ist, auf die Stimme des Lehrers zu hören. Wenn wir ihr jedoch folgen könnten, dann dürften wir hoffen, uns nicht in menschlichen Gesetzen zu verirren, die uns – mal mehr, mal weniger – über Jahrhunderte hinweg noch immer einer ungewissen Zukunft entgegenführen.

Ich bin davon überzeugt, daß wir immer mehr von den Botschaften lernen müssen, die uns der Embryo sendet, denn er ist fähig, den Fetus zu prägen, der wiederum den Menschen in seiner Totalität bestimmt. Dadurch werden wir in den Besitz wahren Reichtums gelangen, eines Reichtums, der von Bedürfnissen befreit.

Ich komme noch einmal auf mein Thema zurück: Die Funktion, auf die sich die gesamte menschliche Dynamik gründet, ist das Horchen. Von Anfang an, in tiefster uteriner Nacht, ist diese grundlegende Fähigkeit vorhanden. Dank ihrer sind die Lebensprozesse in der Lage, die verschiedenen Zellorganisationen zu steuern, unter der ständigen Kontrolle eines genetischen Programms, das bereits der befruchteten Eizelle innewohnt.

In einem der vorstehenden Kapitel habe ich meine Überzeugung, daß das Horchen die gesamte Zellorganisation bestimmt, daß alles von ihm abhängt, zu begründen versucht. Aus dieser Sicht ist das Erhorchen des Lebens das Leitprinzip. Unter seinem Einfluß entfalten sich die verschiedenen Entwicklungsabschnitte: die befruchtete Eizelle, der Embryo und schließlich der Fetus, der sich anschickt, in das Universum des Menschen einzutreten.

Das Leben ist. Es scheint auf die Information einer Ebene zu lauschen, die sich unserer Erfahrung gewöhnlich entzieht und sich nur dem offenbart, der das Leben rückhaltlos bejaht. Das Leben bejahen heißt, es zu erhorchen, heißt, ihm zu gehorchen. Auch das ist keine leichte Sache. Und doch müssen wir wissen, daß durch das Horchen sich die Sprache ausbildet, das Denken beflügelt wird, das Bewußtsein an die Stelle des Unbewußten tritt, als würde das Licht die Dunkelheit verdrängen.

Im Zusammenhang mit der Erziehung ist die Dimension des Horchens von entscheidender Bedeutung, da nur durch sie wahre Kommunikation möglich ist. Kommunikation heißt nicht nur, eine bestimmte Sprache im Umgang mit dem anderen zu verwenden, sondern vor allem, sich diesem anderen ganz zu öffnen. Das ist Horchen. Den Dialog annehmen und ermöglichen. Mit dem anderen einen Einklang herstellen, der von Verständnis und Liebe getragen ist.

Ich möchte also eine *Pädagogik des Horchens* vorschlagen, nachdem wir gesehen haben, daß der Fetus hört, daß er horcht, unter dem Einfluß des Lebensimpulses, dieser erstaunlichen Schöpfungskraft, die ein Wesen schafft, das tausend Möglichkeiten hat, mit Vernunft begabt, mit Verstand versehen ist – fähig, die Welt aufzunehmen, die es umgibt, bereit, auf den Logos zu horchen, der sich unablässig äußert.

Dieses Buch ist eigentlich eine Vorarbeit zu Reflexionen über das Leben. Ich hoffe, daß es anderen Forschern bei ihrer Arbeit hilft. Auch hoffe ich, daß das Buch Eltern eine Orientierungshilfe gibt und daß es sie dazu ermutigt, die einzige Kraft in sich zu fördern und wirksam werden zu lassen, die dem Kind Vertrauen in das Leben gibt: die Liebe.

Ich habe dieses Buch geschrieben, weil ich es nach dreißigjähriger Forschungstätigkeit für notwendig halte, die Ergebnisse meiner Arbeit festzuhalten. Außerdem schien es mir an der Zeit zu sein, meine Auffassungen über das vorgeburtliche Horchen zusammenzufassen, bevor sich darüber falsche Vorstellungen verbreiten, die sich nicht auf eine solide experimentelle Basis und klinische Beobachtung stützen.

Werden wir nun, da wir mehr über den von jedem Lebensfunken erhellten Weg der Existenz erfahren haben, das Beste daraus zu machen wissen? Wird es uns gelingen, als Erwachsene die gegebenen Möglichkeiten zu verwirklichen und unsere Verantwortung gegenüber dem Leben zu tragen, das sich regt und uns fortträgt, das wir nicht besitzen, sondern nur verwalten?

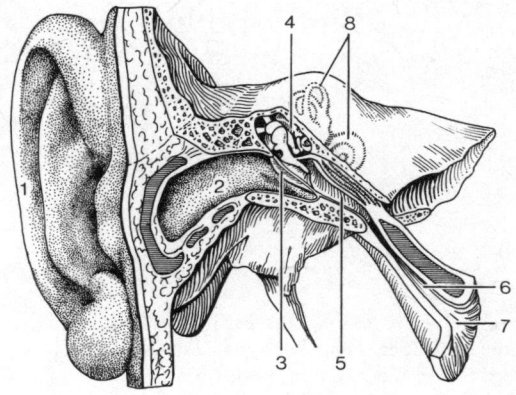

1 Ohrmuschel – 2 Äußerer Gehörgang – 3 Trommelfell – 4 Paukenhöhle
mit Gehörknöchelchen Hammer, Amboß, Steigbügel – 5 Tube –
6 Ohrtrompete – 7 Rachenhöhle – 8 Knöchernes Labyrinth (Innenohr)

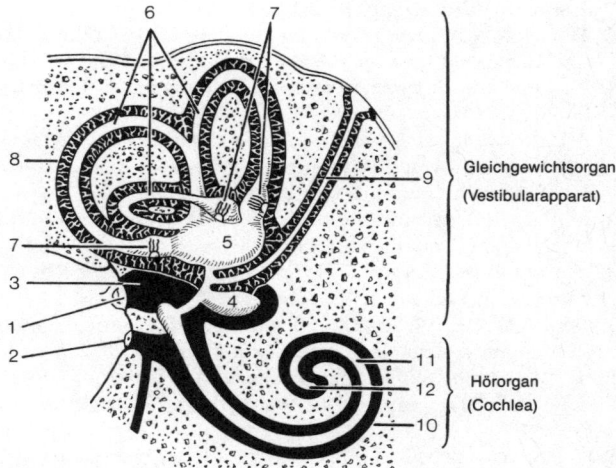

Innenohr   1 Ovales Fenster (Fenestra vestibuli) – 2 Rundes Fenster
(Fenestra cochleae) – 3 Vorhof (Vestibulum) – 4 Sacculus – 5 Utriculus –
6 Bogengänge – 7 Ampullen mit Cristae – 8 Knöchernes Labyrinth mit
Perilymphe – 9 Ductus endolymphaticus – 10 Cochlea (Schnecke) –
11 Ductus cochlearis – 12 Cupula (Schneckenspitze)

Bibliographie

G. ALEXANDER, «Entwicklungsgeschichte, Anthropologie, Varietäten», in Denker & Kahler, *Handbuch der Hals-Nasen-Ohren-Heilkunde*, vol. VI, p. 69, Springer Verlag, Berlin, 1926.

G. ANGGÅRD, «An electrophysiological study of the development of cochlear function in the rabbit», in *Acta Otolaryng.* (Stockholm), suppl. 203, Stockholm, 1965.

B. J. ANSON, B. G. HARPER & J. R. HANSON, «Vascular anatomy of the auditory ossicles and petrous part of the temporal bone in man», in *Ann. Oto-rhino-laryng.*, 71, 622-631, 1962.

B. J. ANSON & WINCH, «Vascular channels in the auditory ossicles in man», in *Ann. Oto-rhino-laryng.*, 83, 142-158, 1974.

L. B. AREY, *Development Anatomy*, W. B. Saunders Company, Philadelphia, 1954.

T. P. BARDEN, P. PELTZMAN & J. T. GRAHAM, «Human fetal electroencephalographic response to intra-unterine acoustic signals», in *Amer. Journ. Obstet. Gynec.*, 100, 1128, 1968.

T. H. BAST, «Ossification of otic capsule in human fetus», in *Contrib. Embryol.*, 121, 21, 53–82, 1930.

T. H. BAST & B. J. ANSON, *The Temporal Bone and the Ear*, Charles C. Thomas, Springfield, 1949.

J. BERNARD & L. W. SONTAG, «Fetal reactivity to tonal stimulation: a preliminary report», in *Journ. Genet. Psychol.*, 70, 205–210, 1947.

R. L. BERNSTINE, W. J. BORKOWSKI & A. H. PRICE, «Prenatal fetal electroencephalography», in *Amer. Journ. Obstet. Gynec.*, 70, 623, 1955.

W. J. BORKOWSKI & R. L. BERNSTINE, «Electroencephalography of the fetus», in *Neurology*, 5, 362, Minneapolis, 1955.

G. BREDBERG, «Cellular pattern and nerve supply of the human Organ of Corti», in *Acta Otolaryng.*, suppl. 236, 1968.

T. H. BULLOCK & G. A. HORRIDGE, *Structure and Function in the Nervous System of Invertebrates*, W. H. Freeman & Company, San Francisco, 1965.

T. H. Bullock, R. Orland & A. Grinnell, *Introduction to Nervous Systems*, W. H. Freeman & Company, San Francisco, 1977.

L. Candiollo & A. C. Lévi, «Studies on the morphologenesis of the middle ear muscles in man», in *Arch. Klin. Exp. Ohr-, Nasen- u. Kehlkopf-Heilk.*, 195, 55–67, 1969.

A. Corti, «Recherches sur l'organe de l'ouïe des mammifères», in *Zool. Wiss.*, III, 109, 1851.

D. E. Crowley & M. C. Hepp-Reymond, «Development of cochlear function in the ear in the infant rat», in *Journ. Corp. Physiol. Psychol.*, 62, 427, 1966.

V. S. Dayal, J. Farkashidy & A. Kokshanian, «Embryology of the ear», in *Canad. Journ. Otolaryng.*, 2, 136–142, 1973.

C. Dreyfus-Brisac, «Ontogenèse du sommeil chez le prématuré humain; étude polygraphique», in *Regional Development of the Brain in Early Life*, Blackwell Scientific Publications, Oxford-Edinburgh, 1967.

B. Dwornicka, A. Jasienska, W. Smolarz & R. Wawryk, «Attempt of determining in the fetal reaction to acoustic stimulation», in *Acta Otolaryng.*, 57, 571–574, 1964.

R. B. Eisenberg, «Auditory behavior in the human neonate. Methodologic problems and the logical design of research procedures», in *Journ. Aud. Res.*, V, 159–177, 1965.

– «Auditory behavior in the human neonate», in *Int. Audiol.*, IV, 65–68, 1965.

– «Auditory behavior in the human neonate. Functional properties of sounds and their ontogenic implications.» The American Speech and Hearing Association, Washington D. C., 1966.

– «The Development of hearing in man. An assessment of current status», in *Asha*, 12, 199–223, 1970.

– «The Organisation of auditory behaviour», in *Journ. Speech and Hearing Res.*, 13, 454–471, 1970.

– «The Ontogeny of auditory behaviour in humans», in L. Jilek & S. Trojan (Hg.), *Ontogenesis of the Brain*, vol. II, pp. 307–315, Universitas Carolinae Pragensis, Prag, 1974.

– *Auditory Competence in Early Life. The Roots of Communicative Behavior*, University Park Press, Baltimore-London-Tokio, 1976.

R. B. Eisenberg, A. Marmarou & P. Giovachino, «Heart rate changes to a synthetic speech. Sonard as an index of individual differences», in *Journ. Aud. Res.*, 14, 29–43, 1974.

G. B. & K. A. Elliott, «Some pathological, radiological and clinical implications of precocious development of the human ear», in *Laryngoscope*, 79, 1160–1171, 1964.

– «Observations on the constitution of the petrosa», *Amer. Journ. Roentgend. Radium. Ther-Nucl-Med*, 91, 633–639, 1964.

F. FAULKNER, *Human Development,* W. B. Saunders Company, Philadelphia, 1966.

K. FLEISCHER, «Untersuchungen zur Entwicklung der Innerohrfunktion (Intra-uterine Kinderbewegungen nach Schallreizen)», in *Z. Laryng. Rhinol.,* 34, 733, 40, 1955.

H. S. & H. B. FORBES, «Fetal sense reaction: Hearing», in *Journ. Comp. Psychol.,* 7, 353–355, 1927.

H. GAVINI, «Le seuil d'audibilité en champ libre chez les enfants», in *Annales télécomm.,* 17, 1–7, 1962.

W. S. GOODMAN, S. V. APPLEBY, J. W. SCOTT & P. E. IRELAND, «Audiometry in newborn children by electroencephalography», in *Laryngoscope,* 74, 1316–1328, 1964.

J. C. GRIMWADE, D. W. WALKER, S. GORDON & C. WOOD, «Human fetal heart rate change and movement in response to sound and vibration», in *Amer. Journ. Obstet. Gynec.,* 109, 86–90, 1971.

F. H. HON, E. J. QUILLIGAN & P. J. DISAIA, «Auditory evoked potentials in the human fetus; a preliminary report», in *Acta Otolaryng.,* 57, 188, Stockholm, 1967.

O. C. IRWIN & T. CURRY, «Vowel elements in the crying vocalization of infants under ten days of age», in *Child Development,* XII, 99–109, 1941.

J. H. JACKSON, Reprint of Hughlings Jackson's papers on affections of speech, in *Brain,* 38, 1915.

– «Selected Writings», hg. v. James Taylor, Hodder & Stoughton, London, 1932.

V. O. KNUDSEN, «Hearing with the sense of touch», in *Journ. General Psychol.,* 1, 320–352, 1928.

W. KOLMER, «Gehörorgan», in *Möllendorffs Handbuch der mikroskopischen Anatomie des Menschen,* Bd. III, 1, Springer Verlag, Berlin 1927.

F. KÓSA & I. FAZEKAS, «Emberi magzatok hallócsontjainak méretei (Size of the auditory ossicles of human fetuses)», in *Fölorrggegyogyazsat,* 19, 153–159, 1973.

O. LARSELL, E. McCRADY & J. F. LARSELL, «The Development of the Organ of Corti in relation to the inception of hearing», in *Arch. Otolaryng.,* 40, 233, Chicago, 1944.

D. B. LINDSLEY, «Heart and brain potentials of human fetuses in utero», in *Amer. Journ. Psychol.,* 55–412, 1942.

T. MADONIA, F. MODICA & G. CALI, «Several interesting aspects of the ampullar crests in the human fetus», in *Clin. otorhinolaryng.,* 15, 272–291, 1963.

R. MARTY, «Maturation postnatale du système auditif», in *Regional Development of the Brain in Early Life,* Blackwell Scientific Publications, Oxford-Edinburgh, 1967.

D. MIKAELIAN & R. J. RUBEN, «Correlations of physiological observations with behavioural responses and with cochlear anatomy», in *Acta Otolaryng.*, 59, 451, Stockholm, 1965.

A. MINKOWSKI, in *Regional Development of the Brain in Early Life*, Blackwell Scientific Publications, Oxford-Edinburgh, 1967.

K. P. MURPHY & C. H. SMYTH, «Responses of fetus to auditory stimulation», in *Lancet*, 1, 972–973, 1962.

V. E. NEGUS, *The Mechanism of the Larynx*, W. M. Heinemann, Medical Books Ltd., 1929.

Y. OKAMOTO & T. KIRIKAE, «Electroencephalographic studies of brains of fetuses and prematures children», in *Journ. Jap. Obstet. Gynec. Soc.*, 3, 461, 1951.

A. OMBREDANE, *L'Aphasie et l'élaboration de la pensée explicite*, P.U.F., Paris, 1950.

F. C. ORMEROD, «The Pathology of congenital deafness», in *Journ. Laryng.*, 79-919, 1960.

A. PEIPER, «Sinnesempfindungen des Kindes vor seiner Geburt», in *Mschr. Kinderheilk.*, 29, 236, 1924.

RAMÓN y CAJAL, *Histologie du système nerveux de l'homme et des vertébrés*, 2 Bde., 1952.

G. RETZIUS, *Das Gehörorgan der Wirbeltiere*. Bd. II: *Das Gehörorgan der Reptilien, der Vögel und der Säugetiere*, Samson et Wallin, Stockholm, 1884.

M. G. ROSEN & R. SATRAN, «Fetal electroencephalography during birth», in *Journ. Obstet. Gynec.*, 26–740, 1965; *Fetal Encephal.*, 1965.

R. J. RUBEN, «Development of the inner ear of the mouse. A radioautographic study of terminal mitoses», in *Acta Otolaryng.*, suppl. 220, Stockholm, 1967.

– «The Synthesis of DNA and RNA in the developping inner ear», in *Laryngoscope*, 79, 1546–1556, 1969.

S. SAINTE-ANNE D'ARGASSIES, Discussion avec R. Marty, in *Regional Development of the Brain in Early Life*, Oxford-Edinburgh, 1967.

N. SAKABE, T. ARAYAMA & T. SUZUKI, «Human fetal evoked response to acoustic stimulation», in *Acta Otolaryng.*, suppl. 252, 29–36, 1969.

L. SALK, «The effects of the normal heartbeat sound on the behaviour of the newborn infant: implication for mental health», in *World Ment. Health*, 12, 168–175, 1961.

– *The Importance of the Heartbeat Rhythm to Human Nature: Theoretical, Clinical and Experimental Observations*. Proceedings of Third World Congress on Psychiatry, Bd. I, pp. 740–746, 1961.

– «‹Mother's› heartbeat as an imprinting stimulus», in *Acad. Scienc. Trans.* (div. Psychol.), pp. 753–763, 1962.

G. E. SHAMBAUGH JR., *Surgery of the Ear,* W. B. Saunders Company, London, 1959.

L. W. SONTAG & R. F. WALLACE, «The movement response of the human to sound stimuli», in *Child Develop., 6,* 253–258, 1935.

D. & K. STANLEY JONES, *La Cybernétique des êtres vivants,* Gauthier-Villars, Paris, 1962.

A. A. TOMATIS, *L'Oreille et le Langage,* p. 70, coll. «Microcosme», Seuil, Paris, 1963.

– *Éducation et Dyslexie,* p. 65, coll. «Sciences de l'éducation», Éditions E.S.F., Paris, 1972.

– *La Libération d'Œdipe, ou de la communication intrautérine au langage humain,* coll. «Sciences de l'éducation», *ibid.,* 1973.

– *Vers l'écoute humaine,* Bd. I, pp. 123–166, *ibid.,* 1974.

– *L'Oreille et la Vie,* coll. «Réponses-Santé», Laffont, Paris, 1977.

H. M. TRUBY, «Prenatal and neonatal speech, *Pre-speech* and *Infantile-speech,* Lexicon», in *Word,* 27, 1, 2, 3, 1971.

H. M. TRUBY, J. F. BOSMA & J. LIND, *«Newborn Infant Cry»,* Almvist-Wiksells Boktryckeri AB, Uppsala, 1965.

A. TUMARKIN, «Evolution of the auditory conducting apparatus in terrestrial vertebrates», in *Hearing Mechanisms in Vertebrates,* 18–40, Ciba Foundation, J. & A. Churchill Ltd., London, 1968.

O. VAN DER STRICHT, «The Development of the pillar cells, tunnel space, and Nucl's spaces in the Organ of Corti», in *Journ. Comp. Neurol.,* 30–283, 1919.

– «The Arrangement and structure of sustencular cells and hair cells in the developing Organ of Corti», in *Contrib. Embryol.,* 9, 109, 1920.

D. C. VASILU, «Contributions to the morphophysiological study of the auditory apparatus», in *Rev. Ronm. Physiol.,* 6, 159–167, 1969.

T. WADA, «Anatomical and physiological studies on the growth of the inner ear of the albino rat», in *Wistlav Inst. Anat. Biol. Memoirs,* 10, 1923.

E. WEDENBERG, «Auditory test on newborn infants», in *Acta Otolaryng.,* 46, 5, 1956.

E. WEITZMAN, W. FISHBEIN & L. J. GRAZIANI, «Auditory evoked responses obtained from the scalp electroencephalogram of the full-term human neonate during sleep», in *Pediatris,* 35, 458–462, 1965.

R. A. WILLIS, *The Borderland of Embryology and Pathology,* Butterworth & Co, London, 1958.

P. S. YAKOLEV & A. ROCH-LECOURT, «The Myelo-genetic cycles of regional maturation of the brain», in *Regional Development of the Brain in Early Life,* Blackwell Scientific Publications, Oxford-Edinburgh, 1967.

Glossar

Afferenz: Gesamtheit der dem Zentralnervensystem zuströmenden Erregung.

Ambidextrie: Gleich ausgebildete Geschicklichkeit beider Hände; Beidhändigkeit.

Ampullen: Ausbuchtungen eines röhrenförmigen Hohlorgans, hier der drei → Bogengänge (vgl. Abb. S. 289).

Aplasie: Fehlende oder unvollkommene Bildung von Organen oder Geweben.

Aquatisch: Dem Wasser angehörend; im Wasser lebend; wässerig.

Audiometrie: Prüfung des Gehörs mit Hörmeßgeräten.

Audio-vokale Schleife: Wechselwirkung zwischen Gehör und Stimme.

Auditiv: Das Gehör betreffend; zum Gehörsinn oder -organ gehörend.

Autismus: Kontaktunfähigkeit, Insichgekehrtsein, Abkapselung.

Balken → *Corpus callosum.*

Blastozyste: Frühstadium des menschlichen Keimes; gelangt nach der Befruchtung in die Uterushöhle, wo es sich in der ersten Schwangerschaftswoche einnistet.

Bogengänge: Die drei häutigen B., von den kreisförmigen knöchernen B. umschlossen, sind Kanäle des → Labyrinths; Bestandteile des → Vestibularapparates (vgl. Abb. S. 289).

Brownsche Molekularbewegung: Unregelmäßige Zitterbewegungen von Teilchen in Flüssigkeiten oder Gasen.

Chromosom: Fadenförmiges Gebilde im Zellkern, Träger von Erbinformation.

Cochlea (Schnecke): Das eigentliche Hörorgan im Innenohr; Bestandteil des → Labyrinths, schneckenförmig in zweieinhalb Windungen um eine knöcherne Achse (Modiolus) gebildet.

Cochleariskerne: Hörnervkerne.

Columella: Das Gehörknöchelchen der Vögel; entwicklungsgeschichtlich gesehen Vorstufe der drei Gehörknöchelchen Hammer, Amboß und Steigbügel im Mittelohr der Primaten.

Corpus callosum (Balken): Wichtiger Nervenfaserstrang, der die beiden Hälften der Großhirnrinde verbindet.

Corpus geniculatum laterale: Kern des → Thalamus; Umschaltstation für die Sehbahnen.

Cortisches Organ: Endapparat des Hörnervs in der → Cochlea: mit Sinneszellen (→ Corti-Zelle) ausgestattet, die auf Schallwellen ansprechen und sie in Nervenimpulse umwandeln.

Corti-Zelle: Haarzelle; Sinneszelle des → Cortischen Organs.

Dendriten: Vielfältige und stark verzweigte Fortsätze der Nervenzellen, an die sie Signale übermitteln.

Deprivation: Mangel, Verlust, Entzug (z. B. Liebesentzug), mangelnde Zuwendung der Mutter.

Distal: Von der Körpermitte weiter entfernt liegend (Gegensatz: → proximal).

DNS: Desoxyribonukleinsäure. Materieller Träger des Erbguts.

Dorsal: Den Rücken oder die Rückseite eines Körperteils betreffend (Gegensatz: → ventral).

Dyslateralisiert: Zustand, gekennzeichnet durch eine unentschiedene, unbestimmte → Lateralität.

Efferent: Herausführend; hinabführend; von einem Organ herkommend.

Ektoderm: Äußere Hautschicht des menschlichen und tierischen Keimes, aus der sich später Oberhaut (Epidermis), Nervensystem, Sinnesorgane sowie Teile des Darms bilden (s. a. → Entoderm).

Endolymphe: Flüssigkeit im häutigen → Labyrinth.

Endost: Faserige Haut, die die Markhöhle der Knochen auskleidet.

Engramm: Im Zentralnervensystem gespeicherter Erinnerungsinhalt.

Entoderm: Inneres Keimblatt; untere Schicht der → Blastozyste; bildet sich zusammen mit dem → Ektoderm; aus dem E. entwickelt sich später ein großer Teil des Verdauungsapparates.

Epiphyse: Endstück (Gelenkstück) an beiden Seiten langer Röhrenknochen.

Exterozeption: Außenwahrnehmung.

Formatio reticularis → *Retikularsystem.*

Havers-Kanäle: Im Zentrum der Knochenlamellen gelegene Kanäle mit feinen Gefäßen, die das Knochengewebe mit Blut versorgen.

Heterolateral: Auf die andere Körperseite bezüglich.

Homolateral: Die gleiche Körperseite betreffend.

Hypotonie: Verminderung des Muskeltonus.

Integrator: Schaltstelle im Nervensystem, in der die Impulse verschiedener Subsysteme zusammenlaufen und koordiniert werden.

Intrinsisch: Von innen her, aus eigenem Antrieb erfolgend.

Kniehöcker, lateraler → *Corpus geniculatum laterale.*

Kortikal: Die Großhirnrinde betreffend.

Labyrinth: Innenohr; das häutige L., bestehend aus → Vestibularapparat und → Cochlea, wird vom knöchernen L. umschlossen (vgl. Abb. S. 289).

Lagena: Teil des Ohrlabyrinths der Vögel; ist an der Regulierung der Grundspannung der Muskulatur beteiligt und wirkt bei der Gleichgewichtssteuerung mit.

Lamina: Dünne Platte, Gewebsschicht (z. B. des Knochengewebes).

Latenzzeit: Hier: Die Zeit, die das Ohr braucht, um sich auf einen akustischen Reiz einzustellen.

Lateralität: «Seitigkeit». Tomatis gebraucht diesen Begriff umfassender im Sinne der Organisation bezüglich der drei Achsen des Raumes.

Legasthenie: Schwäche, Wörter und Sätze zu lesen oder zu schreiben.

Ligament: Sehnenartiges Band aus Bindegewebe, das gegeneinander bewegliche Teile des Körper (vor allem an Gelenken) verbindet.

Logos: Ein weiter philosophisch-theologischer Begriff: Rede, Sprache, aber auch Vernunft (menschliche und göttliche), Schöpfung, Offenbarung.

Mesencephalon: Mittelhirn.

Metamere (Segmente): Systematisch aufeinanderfolgende Körperabschnitte.

Metamerische Reflexbögen: Nervenbahnen, die die Metameren miteinander verbinden.

Myelinisation: Bildung der Markscheide der peripheren Nerven; Voraussetzung für die Fortleitung von Nervenimpulsen.

Nervus vagus: Lungen-Magen-Nerv; Hauptnerv des Parasympathicus; der sensible und motorische Fasern führende X. Hirnnerv erstreckt sich vom Hals bis zum Magen-Darm-Trakt; er innerviert zahlreiche Muskeln (des Kehlkopfes, der Atemwege, des Darms u. a.), Drüsen und den Gehörgang.

Olive (Oliva): Wulst des verlängerten Marks im Rautenhirn. Ihr Kern ist ein Koordinationszentrum zwischen → Retikularsystem und Kleinhirn.

Ontogenese: Die Entwicklung des Individuums von der Eizelle zur Geschlechtsreife.

Otolithische Vesicula: Sinnesorgan des Fisches, dessen Funktion auf einem Zusammenwirken von Haarzellen und einem beweglichen Kalksteinchen beruht; frühe Entwicklungsstufe des Ohrlabyrinths.

Otosaccus: Frühe stammesgeschichtliche Entwicklungsstufe des Ohrlabyrinths; Weiterentwicklung der → otolithischen Vesicula.

Parameter: Bezeichnung für verschiedene Meßgrößen und deren Variable.

Perilymphe: Flüssigkeit, die den Raum zwischen knöchernem und häutigem → Labyrinth ausfüllt.

Phonation: Laut- und Stimmbildung; Art der Entstehung von Stimmlauten.

Phylogenese: Stammesgeschichte der Lebewesen.

Postural: Die Körperhaltung, den Körperausdruck betreffend.

Propriozeption: Eigenwahrnehmung.

Protuberanz: Knochenvorsprung.

Proximal: Näher zur Körpermitte hin liegend (Gegensatz: → distal).

Purkinje-Zellen: Wichtigste Nervenzellen-Kategorie der Kleinhirnrinde; Merkmal: eine üppige «spalierbaumartige» Verzweigung der → Dendriten.

Pyramidenbahn: Bündel von Nervenfasern, die von der Hirnrinde ins Rückenmark ziehen.

Radiographie: Untersuchung und Bildaufnahme mit Hilfe von Röntgenstrahlen.

Retikulär: Netzartig.

Retikularsystem (Formatio reticularis): Netzförmig angeordnetes Nervengewebe im Rückenmark und Hirnstamm; Schaltzentrale des Nervensystems.

RNS: Ribonukleinsäure; wichtigster Bestandteil des Kerneiweißes der Zelle; regelt gemäß genetischem Code Eiweißsynthese in den Zellen.

Sacculus: Im Innenohr gelegenes säckchenförmiges Gebilde; Teil des → Vestibularapparates (vgl. Abb. S. 289).

Segment → *Metamere.*

Spinal: Zur Wirbelsäule, zum Rückenmark gehörend.

Statolith: Steinchen in Gleichgewichtsorganen von Tieren.

Statozyste: Organ der Qualle, das ihre Stellung im Raum regelt; die am Scheitelpol des Tieres gelegene S. steht in direkter Verbindung zum Nervensystem des Bewegungsapparates.

Synapse: Chemisch wirksame Verbindungsstelle zwischen zwei Nerven bzw. zwischen Nerven und Muskeln (neuromuskuläre S.); dient der Übertragung von Nervenimpulsen.

Thalamus: Sehhügel; Teil des Zwischenhirns; wichtige Umschaltstation für die zur Großhirnrinde hin- und fortführenden Nervenbahnen.

Tropismus: Durch äußere Reize bestimmte, gerichtete Bewegung festsitzender Tiere und Pflanzen.

Utriculus: Im Innenohr gelegenes Säckchen, von dem die drei → Bogengänge ausgehen; Teil des → Vestibularapparates (vgl. Abb. S. 289).

Vaskulär: Gefäße (vor allem Blutgefäße) betreffend.

Ventral: Bauchseitig; zur Bauchseite gehörend (Gegensatz: → dorsal).

Vesicula: Bläschen; bläschenförmiges Organ (s. a. → otolithische Vesicula).

Vestibularapparat: Gleichgewichtsorgan im Innenohr, bestehend aus dem Vorhof (Vestibulum), → Sacculus, → Utriculus und den drei → Bogengängen (vgl. Abb. S. 289).

Vestibulariskerne: Vier Kerne des Gleichgewichtsnervs.

Zilien: Sinneshärchen; Bestandteile der Haar- bzw. → Corti-Zellen.

Sachregister